SANSKRIT PRIMER

Primary to Intermediate

COLOR CODED

Prof. Ratnakar Narale

RatnakaR
Pustak-Bharati
Books-India

Author : **Dr. Ratnakar Narale,** Ph.D (IIT), Ph.D. (Kalidas Sanskrit Univ.)
Prof. Hindi, Ryerson University, Toronto
web : www.books-india.com

Title : **Sanskrit Primer, Level -1 Book**
Teach or Learn to Read, Write, Understand, Speak and Think Sanskrit; with main emphasis on empowering the readers to make their own sentences understand and enjoy the precious beauty of speaking in Sanskrit.

This systematically laid out **Five Star** book with the best reviews, is *fully transliterated* for the benefit of the new learners of Sanskrit language. This level I book of twenty novel Lessons and five large Reference Appendices has everything a new learner would ever need to learn the Sanskrit from a basic to the intermediate level, without any external help. The step-by-step approach and review of every step, gives the reader a high degree of success and confidence. It is a treasure of new ideas, techniques, information and reference material. It is rich with examples, exercises and an important chapter of "**Answers** to all the Exercises."

Published by :
Books-India (Pustak Bharati),
Division of PC PLUS Ltd.
Web. : ***www.books-india.com***

Published for :
Sanskrit Hindi Research Institute

ISBN 978-1-897416-91-4

ISBN 978-1-897416-91-4

INDEX

anukramaṇikā अनुक्रमणिका

INTRODUCTION	प्रतिष्ठापनम्	
Lesson 1 The **Sanskrit Alphabet**	संस्कृतवर्णमाला	1
Lesson 2 Reading Sanskrit (Pronunciation)	उच्चाराः	2
Lesson 3 Writing Sanskrit words	शब्दाः	4
Lesson 4 Writing the Vowels	स्वराः	9
Lesson 5 The Sanskrit Characters	संस्कृतवर्णाः	11
Vowels	स्वराः	11
Consonants	व्यञ्जनानि	12
Lesson 6 Writing the Vowel-Signs	स्वरचिह्नानि	14
Application of Vowel-signs		15
Rules for Sanskrit to English Transliteration with diacritical marks		16
Lesson 7 Writing Compound Consonants		19
Lesson 8 Writing Compound Characters	संयुक्तशब्दाः	23
Word Endings	शब्दान्ताः	25
Lesson 9 Introduction to ***Sandhi***	सन्धिः	26
Compounding Vowels	स्वरसन्धिः	28
Compounding Consonants	व्यञ्जनसन्धिः	28
Flowchart of Visarga-Sandhi	विसर्गसन्धिः	31
Lesson 10 Introduction to **Numerals**	संख्याः	32
Lesson 11 BASICS OF MAKING YOUR OWN SENTENCES		36
Vocabulary of Noun	शब्दकोशः	37
Lesson 12 Pronouns	सर्वनामानि	62
Charts of Common Sanskrit Action Words	क्रियापदानि	66
Lesson 13 MAKING YOUR OWN SENTENCES	वाक्यरचना	68
Lesson 14 Modes of speaking sentences		81
Parasmaipadi and Atmanepadi	परस्मैपदी आत्मनेपदी	81
Transitive and Intransitive Verbs	सकर्मकम् अकर्मकम् च	83
The **Causative** Verbs	णिजन्तप्रक्रिया	84
The **Desiderative** Verbs	सन्नन्तप्रक्रिया	85
The **Frequentive** Verbs	यङन्त-यङ्लुगन्तप्रक्रिये	86
Lesson 15 **The Cases**	कारकाणि च विभक्तयः च	87
15.1 The Nominative (1st) Case	प्रथमा	87
15.2 (to) The Accusative (2nd) Case	द्वितीया	88
15.3 (with, by) Instrumental (3rd) Case	तृतीया	88
15.4 (for) The Dative (4th) Case	चतुर्थी	90
15.5 (from) The Ablative (5th) Case	पञ्चमी	91
15.6 (of) The Possessive (6th) Case	षष्ठी	93
15.7 (in, on, at) The Locative (7th) Case	सप्तमी	95
15.8 The Vocative Case	सम्बोधनम्	95

Lesson 16	**The Adjectives**	विशेषणानि	96
	Past Passive Participle, ppp▫	क्त	100
	Past Active Participle	क्तवतु	101
	Present Active Participle	शतृ-शानच्	102
	Potential Participle	तव्यत्, अनीयर्	105
	Indeclinable Past Participle	क्त्वा, ल्यप्	107
	The Infinitive	तुमुन्	109
Lesson 17	The **Adverbs and Conjunctions**		115
	Adverbs	क्रियाविशेषणानि	115
	Conjunctions	यौगिकशब्दाः	118
Lesson 18	The **Prepositions**	औपसर्गिकशब्दाः	121
Lesson 19	**Conversations**	वार्तालापाः	128
Lesson 20	**General Knowledge**	सामान्यज्ञानम्	133
	The Days of the Week	वासराः	133
	The Names of the Months	मासाः	133
	The Names of the Directions	दिशः	134
	Time	समयः	134

APPENDIX :

(i) The Ten Classes of Verbs		गणाः	135
	1. The First Class	भ्वादिः	136
	2. The Second Class	अदादिः	138
	3. The Third Class	जुहोत्यादिः	140
	4. The Fourth Class	दिवादिः	141
	5. The Fifth Class	स्वादिः	143
	6. The Sixth Class	तुदादिः	144
	7. The Seventh Class	रुधादिः	146
	8. The Eighth Class	तनादिः	147
	9. The Nineth Class	क्र्यादिः	150
	10. The Tenth Class	चुरादिः	152

(ii) Charts of **Declensions of the Cases** 167

राम (अ), वन (अ), माला (आ), कवि (इ) 155; वारि (इ), मति (इ), नदी (ई), गुरु (उ), धेनु (उ) 156; वधू (ऊ), पितृ (ऋ), मातृ (ऋ), वाच् (च्) 157; मरुत् (त्), भवत् (त्), जगत् (त्), सुहृद् (द्) शशिन् (न्) 159; आत्मन् (न्), कर्मन् (न्), चन्द्रमस् (स्) 160; पयस् (स्) 158; गरीयस् (स्) 161

(iii) **Declensions of Pronouns** 160

अस्मद्, युष्मद्, तद् *(asmad, yuṣmad, tad)*, यद् *(yad)* 160; एतद्, इदम् *(etad, idam)*, सर्व *(adas, sarva)* 161; किम् *(kim)* 162.

(iv)	**Declensions of Numerical Adjectives**		162
(v)	Chart of **Participles**	कृदन्तानि	164
(v)	Chart of **Tenses and Moods**	क्रियापदानि	165
	Books by Ratnakar Narale		179

INTRODUCTION

Hari Om. I believe, we do not have to reject English just because we want to learn Sanskrit, rather we should make use of this world class language to advance it to the celestial Sanskrit language. It is often said that "Sanskrit must be taught through Sanskrit medium only (संस्कृत-माध्यमेन एव)." The words are very inspirational and patronizing, but practically it is unsuitable in certain cass and self study situations.

The fact is that a teacher can not teach Sanskrit by speaking in Sanskrit only - without any use of the mediums of signs, cue cards, gestures, objects and some use of a language the reader understands. For teaching a language thorugh a book, the pictures and words written in a common language are used in place of signs and gestures.

A significant factor in the approach of this book is the input from our students regarding their needs and difficulties over number of years. Thus, while putting this book together, first consideration is given to the fact that learners may not know how to read or speak the Devanāgarī alphabet, if they came from the countries outside India or from the provinces of India where Hindi not the first language. For such learners, this book covers every aspect a new reader may need to learn the Devanagari script fully well. Also, Sanskrit words are ***transliterated*** with proper *diacritical* marks and English meaning of Sanskrit words is provided.

The book progresses step by step, without jumping ahead on what is not yet taught, and covers all basic aspects of grammar in a very delicate manner. In addition, after every step, the material is reviewed cumulatively under an entry called, '**what we have learned so far**.' This **cumulative learning** is one of the beautiful aspects of this book.

A care is taken to make sure that, the material being discussed on any page deals only with the information covered in previous pages, a very simple principle but most uncommon. For this substantial purpose, you will notice that the three 'tenses' are introduced cumulatively without mixing with the 'cases' prematurely. After this, the seven cases are demonstrated, now together with the use of the tenses we learned. The key aspect of this book is that it shows you '**how to make your own Sanskrit sentences**,' rather than teaching through premade sentences.

I have tried to make this book easy as and useful as possible. Nevertheless, I beg the readers to forgive me for any errors or omissions. I hope you will find this book interesting and useful. ॐ तत् सत्।

LESSON 1

THE SANSKRIT ALPHABET

Vowels (*svarāh*)

अ	आ	इ	ई	उ	ऊ	ऋ	ॠ	ऌ	ॡ	ए	ऐ	ओ	औ	अं	अः
a	ā	i	ī	u	ū	ṛ	ṛ’	l’	l’	e	ai	o	au	m˜	ḥ:

Consonants (*vyañjanāni* व्यञ्जनानि)

क	ख	ग	घ	ङ	the Gutterals (see Lesson 5.3↓)		
ka	kha	ga	gha	ńa			
च	छ	ज	झ	ञ	the Palatals		
ća	ćha	ja	jha	ña			
ट	ठ	ड	ढ	ण	the Cerebrals		
ṭa	ṭha	d’a	d’ha	ṇa			
त	थ	द	ध	न	the Dentals		
ta	tha	da	dha	na			
प	फ	ब	भ	म	the Labials		
pa	pha, f	ba	bha	ma			
य	र	ल	व	श	ष	स	ह
ya	ra	la	va	śa	ṣa	sa	ha

LESSON 2

LEARN TO PRONUNCE SANSKRIT CHARACTERS

See section 5.3 for details on :

(1) Guttural कण्ठ्य *(kaṇthya,* with throat),
(2) Palatal तालव्य *(tālavya,* with palate),
(3) Cerebral मूर्धन्य *(mūrdhanya* with cerebrum),
(4) Dental दन्त्य *(dantya,* with teeth,
(5) Labial ओष्ठ्य *(oṣṭhya,* with lips),
(6) Nasal अनुनासिक *(anunāsi*k, with nose)

(1) THE VOWELS :

Vowel	Stands for	Sounds like	As in	Pronunciation
a	(अ)	A	Abide	Guttural
ā	(आ)	a	car	Guttural
i	(इ)	I	pin	Palatal
ī	(ई)	ee	peel	Palatal
u	(उ)	u	pull	Labial
ū	(ऊ)	oo	pool	Labial
ṛ	(ऋ)	ri, ru	ring, crucial	Cerebral
ṛ'	(ॠ)	ree, rū	reed, crude	Cerebral
lṛ	(ऌ)	lri, lru	-	Dental
e	(ए)	a	bake	Guttural+Palatal
ai	(ऐ)	ai	Saigaon	Guttural+Palatal
o	(ओ)	o	go	Guttural+Labial
au	(औ)	au	sauna	Guttural+Labial

(2) THE SEMIVOWELS :

m˜	(अं)	a~	nasal
ḥ:	(अः)	half-h	breath

(3) THE CONSONANTS :

Vowel	Stands for	Sounds like	As in	Pronunciation
k	(क्)	k	pink	Guttural
kh	(ख्)	kh	khyber	Guttural
g	(ग्)	g	bug	Guttural
gh	(घ्)	gh	ghost	Guttural

ń	(ङ्)	n	bring	Guttural
ć, c	(च्)	ch	chum	Palatal
ćh	(छ्)	chh	witch-hunt	Palatal
j	(ज्)	j	jug	Palatal
jh	(झ्)	dgeh	hedgehop	Palatal
ñ	(ञ्)	n	punch	Palatal
ţ	(ट्)	t	cuţ	Cerebral
ţh	(ठ्)	th	hot-house	Cerebral
ď	(ड्)	d	red	Cerebral
ďh	(ढ्)	dh	adhere	Cerebral
ņ	(ण्)	n	hunt	Cerebral
t	(त्)	t	Istanbul	Dental
th	(थ्)	th	thunder	Dental
d	(द्)	th	other	Dental
dh	(ध्)	dh	Buddha	Dental
n	(न्)	n	men	Dental
p	(प्)	p	cup	Labial
ph	(फ्)	ph, f	photo	Labial
b	(ब्)	b	rub	Labial
bh	(भ्)	bh	abhore	Labial
m	(म्)	m	mug	Labial
y	(य्)	y	yes	Palatal
r	(र्)	r	rub	Cerebral
l	(ल्, ल्)	l	love	Dental
v	(व्)	v, w	Volkswagon	Dental + Labial
ś	(श्)	sh	shoot	Palatal
ș	(ष्)	sh	wish	Cerebral
s	(स्)	s	sun	Cerebral
h	(ह्)	h	hug	Guttural

LESSON 3

WRITING SANSKRIT WORDS

PRACTICING SIMPLE CONSONANTS

Study the order of the Sanskrit consonants given in Lesson 1, and then do the following exercises.
PLEASE NOTE : Uniquely in this book, the characters are grouped according to their shapes, and not according to their usual aplhabetical order. For, we have observed that with this novel method, it is easy for a new learner to co-relate and remember the *Sanskrit* characters. All Sanskrit letters and words have a line on top to indicate the grouping of characters into a word. Follow this rule for each letter consistently.

व्	+	◌ा	=	व
v		a		va

3.1 Letters : व *va (wa)*, ब *ba*, क *ka* (Shown with Yellow Colour on the Back Cover)

व् → व — v → va

ब् → ब — b → ba

व् → व → क — v → va → ka

(stork)

(lotus)

EXERCISE 2 : Only on what we have learned so far. Write the following in Sanskrit :

1. ka, ba, ka
2. ba, va, ba
3. va, ka, ba
4. ba, va, ka
5. ka, va, ba
6. va, ba, ka
7. क, ब, व
8. कक, कब, कव
9. बब, बक, बव
10. वव, वक, वब
11. ककक, कबव, कवव
12. वबक, बकव

ANSWERS : (1) क, ब, क (2) ब, व, ब (3) व, क, ब (4) ब, व, क (5) क, व, ब (6) व, ब, क

3.2 Letters : प pa, ष ṣa, फ pha (fa), ण ṇa (Shown with Light Green Colour on the Back Cover)

प् → प — p → pa

ष् → ष — ṣ → ṣa

प् → प → फ — p → pa → pha, fa

ण् → ण — ṇ → ṇa

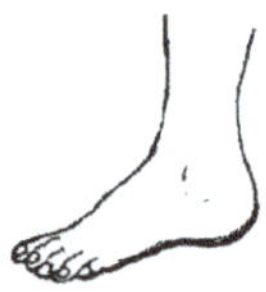

pada (foot)

viṣa (poison)

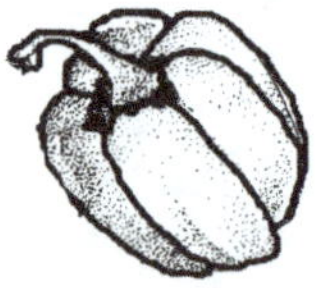

fala, phala (fruit)

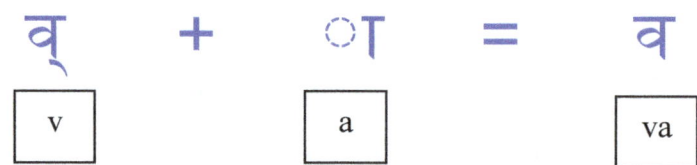

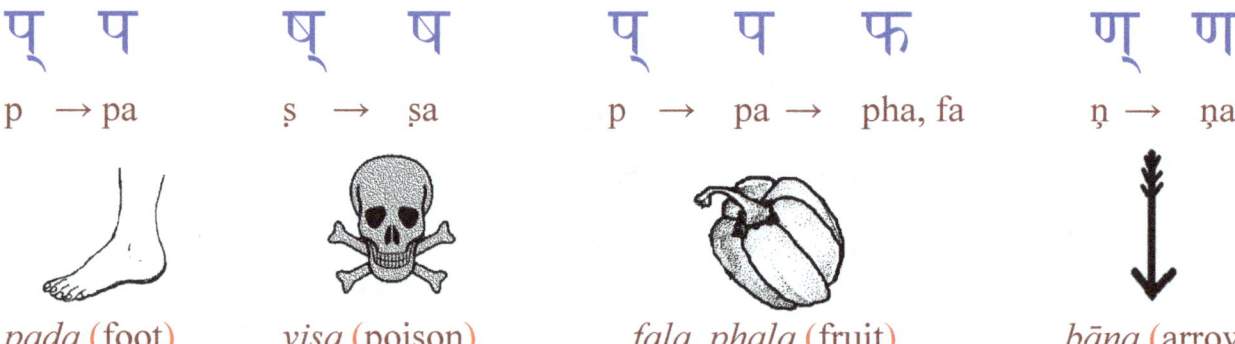

bāṇa (arrow)

EXERCISE 3 : Only on what we have learned so far. Write the following in Sanskrit :

1. pa, pha 2. pha, ba 3. va, pa, ka 4. pa, ṣa, ṇa
5. pha, ṣa, pa 6. ba, pa, pha 7. ष, प, फ 8. क, ण, फ, व
9. ब, ण 10. कण, बब, कप 11. फण, बव, कब 12. णण, षण, षप, बफ
13. कफ, पष, बक, वक 14. पक, बफ, वफ 15. पब, वण, बष, णष 16. पव, कव

ANSWERS : 1. प, फ 2. फ, ब 3. व, प, क 4. प, ष, ण 5. फ, ष, प 6. ष, प, फ

VOCABULARY : बक (stork), कण (particle), पण (vow)

3.3 Letters : त ta, न na, ग ga, म ma, भ bha (Shown with White Colour on the Back Cover)

त् त न् न ग् ग म् म भ् भ

t → ta n → na g → ga m → ma bh → bha

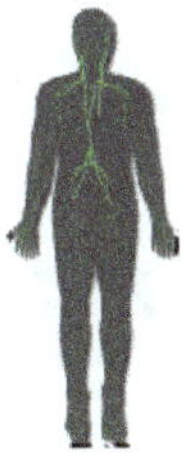
tanu (body)

nara (man)

gaja (elephant)

mīna (fish)

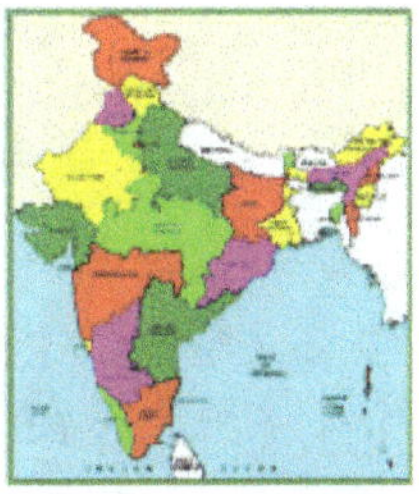
bhārata (India)

EXERCISE 4 : Only on what we have learned so far. Write the following in Sanskrit :

(A) 1. ma, bha 2. bha, ga 3. ma, na 4. ka, ta, ga 5. va, ṣa 6. pa, na

(B) 1. त, न, भ 2. म, भ, न, त 3. ग, त, क, ब 4. तम (darkness), नत (bowed), नग (mountain), कण (particle), वन (forest), गत (gone), तम (darkness), बक (stork), मत (opinion), गगन (sky), पतन (downfall)

ANSWERS : 1. म, भ 2. भ, ग 3. म, न 4. क, त, ग 5. व, ष 6. प न

3.4 Letters : च ća, ज ja, ञ ña, ल or ल la (Shown with Light Orange Colour on the Back Cover)

च् च ज् ज ञ् ञ ल् ल (ल)

ć (ch)→ća (cha) j → ja ñ → ña l → la (la)

chaṭikā (sparrow)

jagat जगत् (world)

luta (spider)

EXERCISE 5 : Only on what we have learned so far. Write the following in Sanskrit

1. ka, ća, ṇa, pa   2. la, ma, ja, ta   3. bha, pha, ṣa   4. mana, manana

5. kaṇa, vana   6. labha, ćala   7 ज, च, ञ   8. ल, ज, च

9. ल, ल   10. जलज, चपल   11. जल, चल   12. लवण, गत

VOCABULARY : मन *mind*, मनन *meditation*, कण *particle*, वन *forest*, लभ *get*, चल *moving*, जलज *water-born*, चपल *quick*, जल *water*, लवण salt, गत gone.

ANSWERS : 1. क, च, ण, प 2. ल, म, ज, त 3. भ, फ, ष 4. मन, मनन 5. कण, वन 6. लभ, चल

3.5 Letters : र ra, स sa, ख kha, श śa (Shown with Grey Colour on the Back Cover)

र   स् स   ख् ख   श् श

ra   s → sa   kh → kha   ś → śa

kara कर (hand)   *sumana* (flower)   *khaga* खग (bird)   *s}aśak* शशक (Rabbit)

EXERCISE 6: Only on what we have learned so far. Read and write in Sanskrit :

1. ća, ja, la   2 ña, ja, ća   3. la, ća, ja   4. sa, kha, ra   5. sa, śa, kha   6. ra, sa, śa

7. च, ज, ञ, ल   8. र, स, ख, श   9. चल, जल, जन   10. कलश, चरण, रस, शर, रस, सम, फल, कमल, सरल, भरत

11. चणक, चरम, समर, कण, परम, चपल, पत, नर 12. नभ, नरक, जल, खल, शर, पर, सम, चल, शरण, सबल

ANSWERS and **VOCABULARY** : 1. च, ज, ल 2. ञ, ज, च 3. ल, च, ज 4. स, ख, र 5. स, श, ख 6. र, स, श 7. ća, ja, ña, la 8. ra, sa, kha, śa. 9. *ćala* (moving), *jala* (water), *jana* (person) 10. *kalaśa* (pot), *ćaraṇa* (foot), *rasa* (juice), *śara* (summary), *sama* (equal), *phala* (fruit), *kamala* (lotus), *sarala* (straight), *bharata* (Bharat) 11. *ćaṇaka* (chikc pea), *ćarama* (extreme), *samara* (battle), *kaṇa* (particle), *parama* (supreme), *ćapala* (quick), *pata* (fall), *nara* (man) 12. *nabha* (sky), *naraka* (hell), *jala* (water), *khala* (enemy), *śara* (arrow), *para* (other), *sama* (equal), *ćala* (moving), *śaraṇa* (surrender), *sabal* (powerful).

3.6 Letters : घ gha, ध dha, छ ćha (Shown with Light Blue Colour on the Back Cover)

घ् घ   ध् ध   छ

gh → gha   dh → dha   ćha

ghaṭa (pot)   *dhana* धन (wealth)   *ćhurikā* (knife)

EXERCISE 7 : Only on what we have learned so far. Read and witer in Sanskrit :

1. ća, ga, ćha 2. na, ća, ma, ćha 3. bha, ća, gha 4. घ, ध, न, ग 5. छ, च, भ, त

6. म, छ, भ, च 7. नग, घन, धन 8. मनन, गत 9. मम, वचन, कनक

10. छल, वध, धवल, मरण, वमन, खर, बल, पल, फल, मल।

ANSWERS and VOCABULARY : 1. च, ग, छ 2. न, च, म, छ 3. भ, च, घ 4. gha, dha, na, ga 5. ćha, ća, bha, ta 6. ma, ćha, bha, ća 7. *naga* (mountain), *ghana* (dense), *dhana* (wealth) 8. *manana* (contemplation), *gata* (gone) 9. *mama* (my), *vaćana* (speech), *kanaka* (gold) 10. *ćhala* (cunning), *vadha* (murder), *dhavala* (white), *marana* (death), *vamana* (vomit), *khara* (donkey), *bala* (strength), *pala* (moment), *phala* (fruit), *mala* (dirt)

3.7 Letters : य ya, थ tha; क्ष kṣa, ज्ञ jña (Shown with Light Green Colour on the Back Cover)

य् य

y → ya

थ् थ

th → tha

क्ष् क्ष

kṣ → kṣa

ज्ञ् ज्ञ

jñ → jña

EXERCISE 8 : Only on what we have learned so far. Write the following in Sanskrit :

(A) 1. ćha, gha, dha 2. dha, gha 3. ya, tha 4. kṣa, jña 5. gha, jña, ya, tha 6. jña, dha, tha, gha.

(B) 1. घ, ध, छ 2. य, थ 3. क्ष, ज्ञ 4. क्षय, शर, यक्ष 5. यज्ञ, रथ, धन 6. घन, यम, क्षर 7. मय धन, वध, जय, लय, यजन, छल, सधन, घन, सम, शरण; 8. भय, शयन, रण, रक्षण, कक्ष, क्षण, पक्ष, लभ, तरल, सरल, गरल; 9. चल, मत, यज्ञ, भक्षण, कर, वर, धर, भर, खर, चर, नर, हर, शर; 10. भक्ष, यक्ष, रक्ष, तक्षक, तज्ञ, कक्ष, यम, शम, क्षण, रक्षण, सज्ञ, यज्ञ, कक्ष, पक्ष, भक्ष, लक्ष, वक्ष, रक्षक, भक्षक, सयज्ञ।

ANSWERS and VOCABULARY : (A) 1. छ, घ, ध 2. ध, घ 4. क्ष, ज्ञ 5. घ, ज्ञ, य, थ 6. ज्ञ, ध, थ, घ (B) 4. क्षय (decline), शर (arrow), यक्ष (a demon) 5. यज्ञ (a sacrifice), रथ (chariot), धन (wealth) 6. घन (dense), यम (control), क्षर (perishable) 7. मय (full of) धन (wealth), वध (slaughter), जय (victory), लय (decline), यजन (performing yajña), छल (cheating), सधन (wealthy), घन (thick), सम (equal), शरण (surrender); 8. भय (fear), शयन (sleep), रण (war), रक्षण (protection), कक्ष (room), क्षण (moment), पक्ष (wing), लभ (obtaining), तरल (liquid), सरल (simple), गरल (poison) 9. चल (movable), मत (opinion), यज्ञ (a sacrifice), भक्षण (eating), कर (hand), वर (better), धर (holding), भर (filling), खर (donkey), चर (moving), नर (man), हर (Shiva), शर (arrow) 10. भक्ष (food), यक्ष (a demon), रक्ष (protect), तक्षक (snake), तज्ञ (expert), कक्ष (room), यम (lord of death), शम (control), क्षण (moment),

रक्षण (protection), सज्ञ (educated), यज्ञ (sacrifice), कक्ष (room), पक्ष (wing), भक्ष (food), लक्ष (aim), वक्ष (bosom), रक्षक (protector), भक्षक (eater), सयज्ञ (yajña performer)

3.8 Letters : ṭa, ṭha, d'a, ńa, d'ha, da, Jha, ha ट, ठ, ड, ङ, ढ, द, झ, ह

(Shown with Red Colour on the Back Cover)

ट

ṭa

vaṭa वट (Banyan)

ठ

ṭha

maṭha मठ (Ashram)

ढ

d'ha

d'hola (drum)

द

da

dīpa (lamp)

ड

d'a

d'olī (d'olī)

ङ

ńa

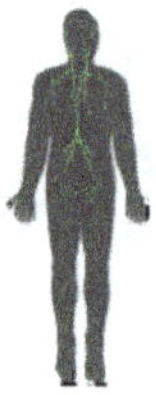

ańg (body)

झ

jha

jhaṣa झष (fish)

ह

ha

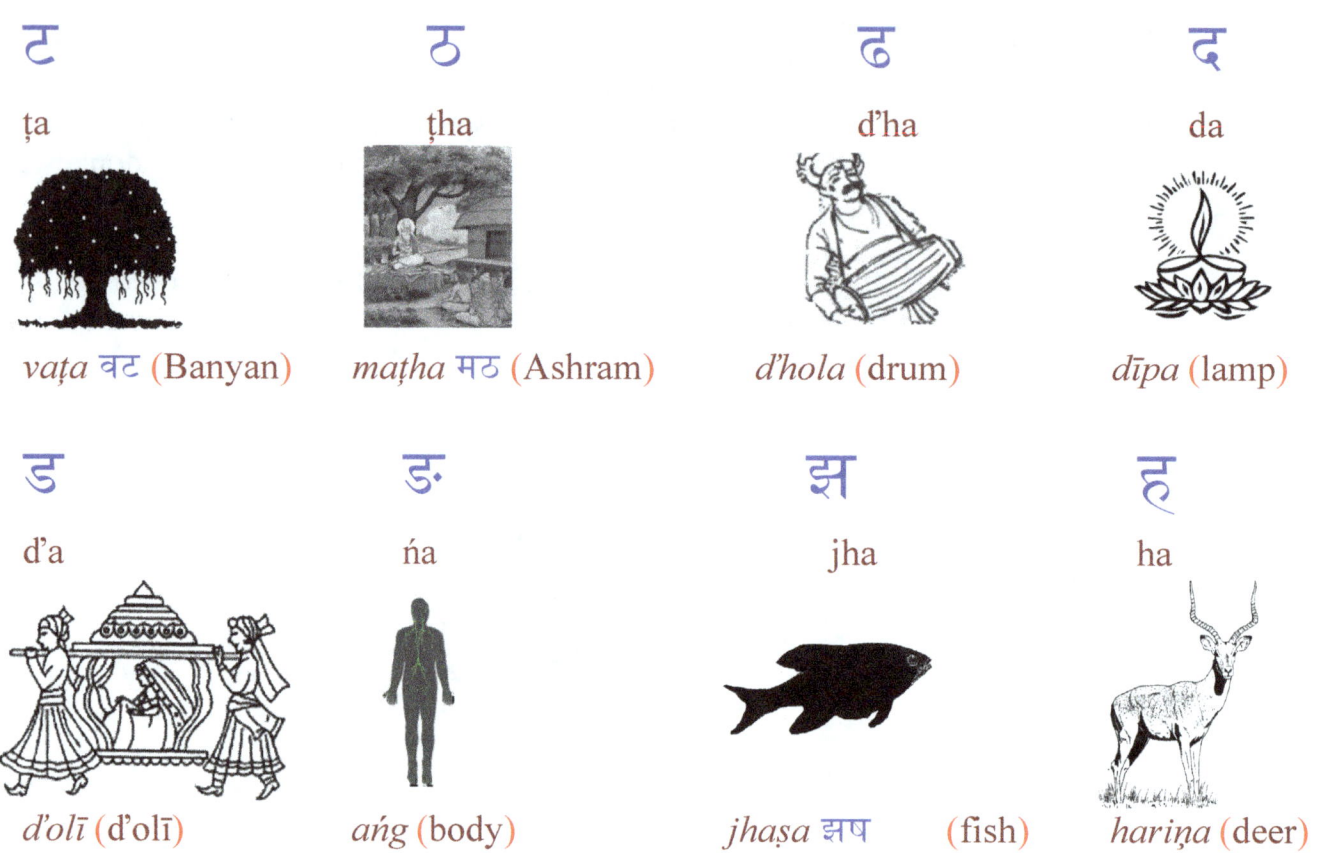

hariṇa (deer)

EXERCISE 9 : Only on what we have learned. Write the following characters in Sanskrit

1. ṭha, ṭa, d'a, ha 2. d'a, ṭa, ṭha 3. ńa, d'a, ṭha 4. d'ha, da, jha 5. da, d'ha, jha 6. ṭa, ṭha, d'a, d'ha 7. ट, ठ, ढ, द, ड, ङ, झ, ह, झ, दल, दम, लभ, जनन 8. डयन, रम, बक, झष, हत, कर, तमस, तल, दम, शम, पवन, हर 9. झष, वर, नर, मद, पट, पटल, पद, बल, वन, सतत, खग, चल 10. भव, मन, बक, भज, वश, लक्ष, लक्षण, घन, धन, वरण, हय।

ANSWERS and VOCABULARY :

1. ठ, ट, ड, ह 2. ड, ट, ठ 3. ङ, ड, ठ 4. ढ, ड, झ 5. द, ढ, झ 6. ट, ठ, ड, ढ 7. दल (army), दम (conrol), लभ (attainment), जनन (reproduction) 8. डयन (flying), रम (entertain), बक (stork), झष (fish), हत (defeated), कर (hand), तमस (darkness), तल (bottom), दम (control), शम (quietning), पवन (wind), हर (Shiva) 9. झष (fish), वर (better), नर (man), मद (intoxication), पट (cloth), पटल (layer), पद (foot), बल (power), वन (jungle), सतत (always), खग (bird), चल (moving) 10. भव (earthy), मन (mind), बक (stork), भज (worship), वश (win), लक्ष (aim), लक्षण (sign), घन (thick), धन (wealth), वरण (choosing), हय (horse)

LESSON 4

STUDY OF SANSKRIT VOWELS

sam˜skṛta-svarāṇām abhyāsah
संस्कृतस्वराभ्यासः।

4.1 Letters : अ *a*, आ *ā*, ओ *o*, औ *au* (Shown with Red Colour on the Back Cover)

अ + ा = आ   अ + ो = ओ   अ + ौ = औ

a → ā   a → o   a → au

EXERCISE 10 : Only on what we have learned so far. Write the Sanskrit characters :

1. अ, आ, ओ, औ   2. आ, अ, औ   3. ओ, औ, ॐ

4. अक्ष, आगम, आगार   5. ओघ, ओज   6. औदक, औक्ष

ANSWERS and VOCABULARY : (4) अक्ष (eye) आगम (scripture) आगार (storehouse) (5) ओघ (flow) ओज (power) (6) औदक (watery) औक्ष (ox)

4.2 Letters : इ *i*, ई *ī* (Shown with White Colour on the Back Cover)

इ   ई

i   ī

EXERCISE 11 : Only on what we have learned so far. Write the following in Sanskrit :

1. a, ā   2. i, ī   3. ā, ā   4. a, ī   5. ā, ī, i   6. ā, ī

7. इ, ई, ईरण, इह, ईड, ईशः, ईक्षक, इतर, इक्षव, ईक्षण, इव

ANSWERS and VOCABULARY :

1. अ, आ 2. इ, ई 3. आ, आ. 4. अ, ई 5. आ, ई 7. i, ī, *īraṇa* (going), *iha* (here), *īḍa* (praise), *īśah* (god), *īkṣaka* (exhibitor), *itara* (other), *ikṣava* (sugarcane), *īkṣaṇa* (eye), *iva* (as if, like).

4.3 Letters : उ *u*, ऊ *ū*, ऋ *ṛ*, ॠ *ṛ*, ऌ *lṛ*, ॡ *lṛ'*

(Shown with Grey and Green Colours on the Back Cover)

उ	ऊ	ऋ	ॠ	ऌ	ॡ
u	ū	ṛ	ṛ'	lṛ	lṛ'

EXERCISE 12 : Only on what we have learned so far

Write the following Sanskrit characters and words :

1. उ, ऊ, उ, ऋ, ॠ
2. उक्षण, उदर
3. उप, उपग, कृपा
4. उपपद, अवकर
5. उपमान, उपल
6. ऊत, ऊषक

ANSWERS and VOCABULARY :

(2). उक्षण (spraying), उदर(stomach) 3. उप (subordinate), उपग (follower) कृपा (mercy) 4. उपपद (subordinate term), अवकर (garbage, dirt) 5. उपमान (similar), उपल (stone) 6. ऊत (stiched), ऊषक (morning)

4.4 Letters : ए *e*, ऐ *ai*

(Shown with Pink Colour on the Back Cover)

ए	ऐ
e	ai

EXERCISE 13 : Only on what we have learned so far

(A) Write the following Sanskrit words in Sanskrit:

1. ए, ऐ
2. एक, एकतर
3. एषण, ऐक्षव
4. ऐरावत, ऐल
5. एतद्, एकादश
6. ऐरावण, ऐश

(B) A lphabetically arrange the words given in items 1-6 above.

ANSWERS and VOCABULARY :

1. एक (one), एकतर (one in two), एषण (desire), ऐक्षव (sugar), ऐरावत (Indra's elephant), ऐल (Iḍā's son), एतद् (this), एकादश (elevan), ऐरावण (Indra's elephent), ऐश (godly).

LESSON 5

THE SANSKRIT CHARACTERS

See the chart of Sanskrit characters on the back cover of the book

A character (*varṇaḥ*ः) that can be pronunced independently is called a VOWEL (*svarah*).

eg अ, इ, उ   a, i, u ...etc.

A character that can NOT be pronunced independently (without the help of a vowel), is called a CONSONANT (*vyañjanānam*).

eg क् + अ = क;   ख्, + अ = ख   k + a = ka;   kh + a = kha ...etc.

5.1 THE VOWELS

Shown with red colour background in the chart on the back cover

Sanskrit vowels are of three types.

(A) The **<u>SHORT</u>** <u>vowels</u> (*hrasvāḥ svarāḥ*) are those which take one unit of time to pronunce them. अ, इ, उ, ऋ, ऌ (*a, i, u, ṛ, lṛ*) are the five basic short vowels.

(B) The **<u>LONG</u>** <u>vowels</u> (*dīrghāḥ svarāḥ*) are those which take two units of time to pronunce them. आ, ई, ऊ, ॠ, ए, ऐ, ओ, औ, ॡ (*ā, ī, ū, ṛ', e, ai, o, au, lṛ'*) are the nine long vowels. Each long vowel is made up of two or more short vowels.

The Short vowels अ, इ, उ, ऋ, ऌ (*a, i, u, ṛ* and *lṛ*) and the Long vowels आ, ई, ऊ, ॠ and ॡ (*ā, ī, ū, ṛ* and *lṛ'*) are together called **SIMPLE** vowels.

The four Long vowels ए, ऐ, ओ औ (*e, ai, o, au*) composed of two dis-similar vowels, are called **DIPTHONGS** (मिश्रस्वराः)

<u>EXAMPLES</u> of Long Vowels :

(1) **Long vowel**	आ	=	**short vowel**	अ	+	**short vowel** अ
(2) **Long vowel**	ई	=	**short vowel**	इ	+	**short vowel** इ
(3) **Long vowel**	ऊ	=	**short vowel**	उ	+	**short vowel** उ
(4) **Long vowel**	ए	=	**short vowel**	अ	+	**short vowel** इ
(5) **Long vowel**	ओ	=	**short vowel**	अ	+	**short vowel** उ

(C) The <u>PLUTA vowels</u> (*plutāḥ svarāḥ* प्लुताः स्वराः) take at least three units of time to pronunce them. The long expressions such as vowel आ (ā) in the word राऽऽऽम, form the pluta vowels.

TABLE 1 : THE VOWELS (What we learned so far)

1.	**Short vowels**	अ, इ, उ, ऋ, लृ	*a, i, u, ṛ, ḷr*
2.	**Long vowels**	आ, ई, ऊ, ॠ, ए, ऐ, ओ, औ, ॡ	*ā, ī, ū, ṛ', e, ai, o, au, ḷr'*
3.	**Simple vowels**	अ, आ, इ, ई, उ, ऊ, ऋ, ॠ, लृ, ॡ	*a, ā, i, ī, u, ū, ṛ, ṛ', ḷr, ḷr'*
4.	**Dipthongs**	ए, ऐ, ओ औ	*e, ai, o, au*
5.	**Pluta vowels**	ऽ	

EXERCISE 14 :

A. Read the following characters:

(1) अ, उ, इ, ऋ (2) इ, ऋ, अ (3) उ, इ, अ

(4) ऊ, आ, ई (5) औ, ए, ओ (6) ए, ऐ, ऊ, आ

B. Fill in the blanks:

(1) अ + अ = -------- (2) अ + उ = -------- (3) अ + इ = --------

ANSWERS : (1) आ (2) ओ (3) ए

5.2 THE CONSONANTS

There are 25 **class consonants** (*varga-vyañjanāni*) and 9 **non-class consonants** (*avarga-vyañjanāni*)

(1) The 25 Class Consonants (Shown with a black outline the chart on the back cover) from *k* क to *m* म (क् to म्) are grouped phonetically into **five classes** (*vargāh*) consisting of five consonants each.

These 25 consonants from *k* to *m* are also called '**contactuals**.'

1.	**Class k**	(क)	क् ख् ग् घ् ङ्	**k kh g gh ń**
2.	**Class ć**	(च)	च् छ् ज् झ् ञ्	**ć ćh j jh ñ**
3.	**Class t**	(ट)	ट् ठ् ड् ढ् ण्	**ṭ ṭh d' d'h ṇ**
4.	**Class t**	(त)	त् थ् द् ध् न्	**t th d dh n**
5.	**Class p**	(प)	प् फ् ब् भ् म्	**p ph b bh m**

(2). The next 4 characters य्, र्, ल्, व् are **semi-consonsnts** (*antasthāh*), Shown with dark blue colour background in the chart on the back cover

(3). The remaining four characters श्, ष्, स्, ह् are the '**warm breath characters**' (*uṣmāṇah*) of which the first three श्, ष्, स् are called '**sibilants**' (Shown with green colour background in the bottom row in the chart on the back cover) and the last one ह् is the '**aspirate**' (shown with purple colour background in the chart on the back cover).

5.3 THE PRONUNCIATION

(1) **GUTTURALS** are अ, आ, : , क्, ख्, ग्, घ्, ङ्, ह् *a, ā, h, k, kh, g, gh, ń, h.*

They are pronunced from the **throat**

(2) **PALATALS** are इ, ई, च्, छ्, ज्, झ्, ञ्, य्, श् *i, ī, ć, ćh, j, jh, ñ, y, ś.*

They are pronunced from the **palate**

(3) **CEREBRALS** are ऋ, ॠ, ट्, ठ्, ड्, ढ्, ण्, र्, ष् *ṛ, ṛ', ṭ, ṭh, ḍ, ḍh, ṇ, r, ṣ.*

They are pronunced from the **roof of the mouth**

(4) **DENTALS** are ऌ, ॡ, त्, थ्, द्, ध्, न्, ल्, स् *lṛ, lṛ', t, th, d, dh, n, l, s.*

They are pronunced from the **teeth**

(5) **LABIALS** are उ, ऊ, प्, फ्, ब्, भ्, म्, व *u, ū, p, ph, b, bh, m, v.*

They are pronunced from the **lips.** Character व *v* is dental-labial; ए, ऐ *e, ai* are guttural-palatal, and ओ, औ *o, au* are guttural-labials.

(6) <u>THE **HARD** CONSONANTS</u> (Shown with green colour background in the chart on the back cover)

The first two consonants from each class (क्, ख्; च्, छ्; ट्, ठ्; त्, थ्; प्, फ *k, kh, ć, ćh, ṭ, ṭh, t, th, p, ph*) and the three <u>sibilants</u> (श्, ष्, स् *ś, ṣ, s*) are <u>Hard Consonants</u> (*kaṭhora-vyañjanāni*)

(7) <u>THE **SOFT** CONSONANTS</u> (Shown with green, bule, black and purple colour backgrounds in the chart on the back cover)

The rest of the consonants, namely, the last three consonants from each class (ग्, घ्, ङ्; ज्, ज्, ञ्; ड्, ढ्, ण्; द्, ध्, न्; ब्, भ्, म् *g, gh, np, j, jh, ñ, ḍ, ḍh, ṇ, d, dh, n, b, bh, m*), the <u>semi-vowels</u> (य्, र्, ल्, व् *y, r, l, v*) and the aspirate (ह् *h*) are <u>Soft Consonants</u> (*mṛdu-vyañjanāni*)

(8) <u>THE **NASAL** CONSONANTS</u> (Shown with black colour background in the chart on the back cover)

The last character from each of the five classes ń, ñ, ṇ, n, m (ङ्, ञ्, ण्, न्, म्), are the <u>Nasal Consonants</u> (*anunāsikāni*)

(9) <u>THE **ANUSVĀRA** AND THE **VISARGA**</u>

Anusvāra (ं) and *visarga* (:) are two more sounds in Sanskrit.

The *anuswāra* is the modification of nasal consonants ङ्, ञ्, ण्, न्, म् and अँ (*ń, ñ, ṇ, n, m, m˜*). The the *visarga* is the modified form of consonant स् or र् (*s* or *r*).

Even though they are not counted as separate characters, the *anusvāra* and *visarga* are counted among the consonants, but sometimes they are also treated as semi-vowels.

Together they are called *Āyogavāha/* (*āyogavāhau*)

LESSON 6

THE SANSKRIT VOWEL-SIGNS

Vowels :	अ	आ	इ	ई	उ	ऊ	ऋ	ॠ	ए	ऐ	ओ	औ
signs :		◌ा	ि◌	◌ी	◌ु	◌ू	◌ृ	◌ॄ	◌े	◌ै	◌ो	◌ौ
sound:	a	ā aa	i	ī ee	u	ū oo	ṛ ri	ṛ' rī	e	ai	o	au

◌ा	ि◌	◌ी	◌ु	◌ू	◌ृ	◌ॄ	◌े	◌ै	◌ो	◌ौ
ā	i	ī	u	ū	ṛ	ṛ'	e	ai	o	au
पा	पि	पी	पु	पू	पृ	पॄ	पे	पै	पो	पौ
pā	pi	pī	pu	pū	pṛ	pṛ'	pe	pai	po	pau

पु	पू	कु	कू	रु	रू	छ्रु	कृ	तृ	हृ	दृ	शृ	तॄ
pu	pū	ku	kū	ru	rū	ćhru	kṛ	tṛ	hṛ	dṛ	śṛ	tṛ'

EXERCISE 14 : Only on what we have learned. Read and write the following in Sanskrit :

1. जयी, जयति, जिगीषा 2. जिगीषु, कति 3. शृणु, कृपा 4. दीप, हृदय, पूत, पूति 5. पूजक, पूजन 6. दृति, दृढ 7. ज्ञानी, महा, सुख, दुःख, दृश्, दूषण, वृथा, पृथा, पृथिवी 8. ज्ञानयोग, महाभारतीय, संशय, नील, पौराणिक, भिक्षु, पितृणाम, गुरु, रूप, तरु, तरुण, करुण।

ANSWERS and **VOCABULARY** :

1. जयी (victor), जयति (he wins), जिगीषा (enquiry) 2. जिगीषु (desirous), कति (how many) 3. शृणु (please listen), कृपा (mercy) 4. दीप (lamp) हृदयं (heart), पूत (purified) पूति (rotten) 5. पूजक (worshipper), पूजन (worship) 6. दृति (rush), दृढ (firm) 7. ज्ञानी (wise), महा (great), अहङ्कार (ego) सुख (pleasure), दुःख (pain), दृश् (to see), दूषण (polution), वृथा (false), पृथा (Kuntī), पृथिवी (earth) 8. ज्ञानयोग (yoga of knowledge) महाभारतीय (of Mahabharata) संशय (doubt) नील (blue) पौराणिक (of Puranas), भिक्षु (begger) पितृणाम (of forefathers), गुरु (teacher), रूप (form), तरु (tree), तरुण (youth), करुण (kind)

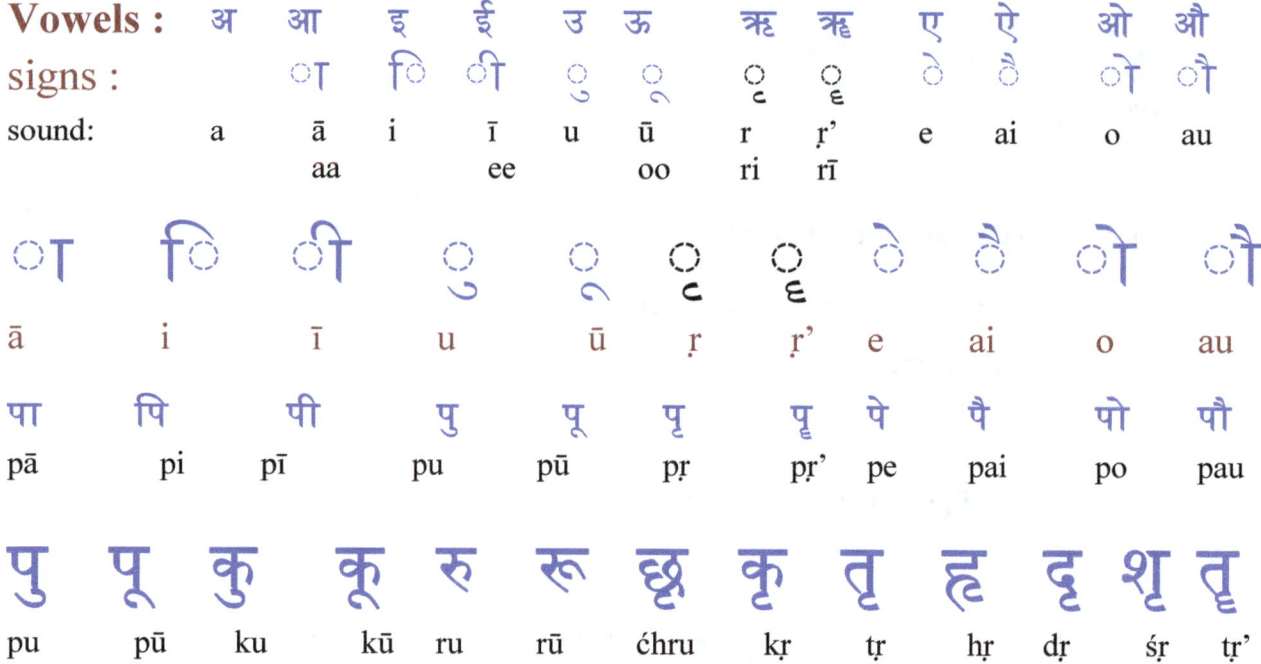

CHART OF VOWEL-SIGNS APPLICATION

अ	आ	इ	ई	उ	ऊ	ऋ	ॠ	ए	ऐ	ओ	औ
	ा	ि	ी	ु	ू	ृ	ॄ	े	ै	ो	ौ
	ā	i	ī	u	ū	r	r’	e	ai	o	au
क	का	कि	की	कु	कू	कृ	कॄ	के	कै	को	कौ
क्ष	क्षा	क्षि	क्षी	क्षु	क्षू	क्षृ	क्षॄ	क्षे	क्षै	क्षो	क्षौ
ख	खा	खि	खी	खु	खू	खृ	खॄ	खे	खै	खो	खौ
ग	गा	गि	गी	गु	गू	गृ	गॄ	गे	गै	गो	गौ
घ	घा	घि	घी	घु	घू	घृ	घॄ	घे	घै	घो	घौ
ङ	ङा	ङि	ङी	ङु	ङू	-	-	ङे	ङै	ङो	ङौ
च	चा	चि	ची	चु	चू	चृ	चॄ	चे	चै	चो	चौ
छ	छा	छि	छी	छु	छू	छृ	छॄ	छे	छै	छो	छौ
ज	जा	जि	जी	जु	जू	जृ	जॄ	जे	जै	जो	जौ
ज्ञ	ज्ञा	ज्ञि	ज्ञी	ज्ञु	ज्ञू	-	-	ज्ञे	ज्ञै	ज्ञो	ज्ञौ
झ	झा	झि	झी	झु	झू	झृ	झॄ	झे	झै	झो	झौ
ञ	ञा	ञि	ञी	ञु	ञू	-	-	ञे	ञै	ञो	ञौ
ट	टा	टि	टी	टु	टू	टृ	टॄ	टे	टै	टो	टौ
ठ	ठा	ठि	ठी	ठु	ठू	ठृ	ठॄ	ठे	ठै	ठो	ठौ
ड	डा	डि	डी	डु	डू	डृ	-	डे	डै	डो	डौ
ढ	ढा	ढि	ढी	ढु	ढू	ढृ	-	ढे	ढै	ढो	ढौ
ण	णा	णि	णी	णु	णू	णृ	-	णे	णै	णो	णौ
त	ता	ति	ती	तु	तू	तृ	तॄ	ते	तै	तो	तौ
थ	था	थि	थी	थु	थू	थृ	थॄ	थे	थै	थो	थौ
द	दा	दि	दी	दु	दू	दृ	दॄ	दे	दै	दो	दौ
ध	धा	धि	धी	धु	धू	धृ	धॄ	धे	धै	धो	धौ
न	ना	नि	नी	नु	नू	नृ	नॄ	ने	नै	नो	नौ
प	पा	पि	पी	पु	पू	पृ	पॄ	पे	पै	पो	पौ
फ	फा	फि	फी	फ/	फू	फृ	-	फे	फै	फो	फौ
ब	बा	बि	बी	बु	बू	बृ	बॄ	बे	बै	बो	बौ
भ	भा	भि	भी	भु	भू	भृ	भॄ	भे	भै	भो	भौ
म	मा	मि	मी	मु	मू	मृ	मॄ	मे	मै	मो	मौ
य	या	यि	यी	यु	यू	यृ	-	ये	यै	यो	यौ
र	रा	रि	री	रु	रू	-	-	रे	रै	रो	रौ
ल	ला	लि	ली	लु	लू	लृ	लॄ	ले	लै	लो	लौ
व	वा	वि	वी	वु	वू	वृ	वॄ	वे	वै	वो	वौ

श	शा	शि	शी	शु	शू	शृ	शॄ	शे	शै	शो	शौ
ष	षा	षि	षी	षु	षू	षृ	-	षे	षै	षो	षौ
स	सा	सि	सी	सु	सू	सृ	सॄ	से	सै	सो	सौ
ह	हा	हि	ही	हु	हू	हृ	-	हे	है	हो	हौ

SIGNS FOR ANUSWARA AND AVAGRAHA

अं *m˜*, अः *h*

पं पः

pam˜ pah

EXERCISE 15 : On what we have learned so far. Read and write the following words.

1. अम्, अः, अण्डजः (born from egg), वंशः (linage), पंकजं (lotus), रंगः (colour), दण्डः (punishment), भंगः (breaking), गंधः (smell), 2. संगः (attachment), संशयः (doubt), हंसः (swan), कंसः (a glass), स्वतः (oneself), कंपनं (shaking), खंजः (bald), भयंकरः (terrible), चंदनं (sandlewood), कंदरं (cave) 3. कंठः (throat), पतंगः (moth), भंजनं (breakage), गंधकः (sulphur), तरंगः (wave), वदनं (mouth), वंदनं (salute), शंखः (conch-shell), संकलनं (weaving), सञ्चयः (assembly), सम्पदा (wealth), मञ्चः (a stage) 4. षडंगं (of six organs), अंब (mother), मंजनं (rubbing compound), अंबरं (sky), शंकरः (Shiva), सचयः (gathering), रंजनं (entertainment), बलवंतः (powerful), भगवंतः (god), संजय (Sanjaya), संगरः (battle), संघः (group), सञ्चः (gathering), संतः (saint) , मंद (slow), अनंतरं (after) 5. छंदः (meter), दंभः (pretending), रंकः (poor), संगमः (meeting), संकरः (admixture). NOTE: The characters shown above with anusvāra are for example purpose only, in actual practice they are written as half nasal characters as shown on the Back Cover with black background colour.

RULES FOR PROPER TRANSLITERATION OF SANSKRIT CHARACTERS INTO ENGLISH, WITH DIACRITICAL MARKS

m˜ (अं), m˜, m (म्); ma (म), ń (ङ्), ñ (ञ्), ṇ (ण्), n (न्), na (न)

Character *m˜* (अं) or *m˜* (म्) is the nasal dot (अनुस्वारः) placed over a chacter in a word :

(i) **m˜** → <u>Within a word</u>, when the nasal dot is followed by any consonant from p-class (p ph b bh m प फ ब भ म), then and <u>then only</u> that nasal dot means half character म् (m).

eg▫ *sam˜padā* संपदा = सम्पदा = सम्पदा। *gum˜phana* गुंफन = गुम्फन = गुम्फन, *am˜bara* अंबर = अम्बर = अम्बर। *dam˜bha* दंभ = दम्भ = दम्भ। *sam˜mati* संमति = सम्मति = सम्मति।

NOTE: संस्कृत is *sam˜skrta* not sam˜skṛta, because स् (of the स्कृतम्) is not a p-class character. Within a word *anusvāra* becomes *m˜* character only if followed by a p-class character and nowhere else.

(ii) **m˜** → <u>Within a word</u>, when the nasal dot is followed by any non-class consonant (*y r l v ś ṣ s h* य र ल व श ष स ह), **<u>that</u> nasal dot means** ***m˜*** अं (just a nasal sound, even though it is generally inaccurately transliterated as *m˜*). **eg▫** संस्कृतं पठ = स्अंस्कृतम् पठ = *sam˜skṛtam˜ paṭha;* NOT *sa<u>m˜</u>skrta<u>m˜</u> paṭha* सम्स्कृतं पठ *or sanskṛtam paṭha* सन्स्कृतं पठ (NOTE: the nasal dots in *sam˜s* संस् and in *kṛtam* कृतं both have different pronunciations, and thus <u>must</u> be transliterated differently (as <u>*m˜*</u> and <u>*m˜*</u>), but NOT both as *m˜*.

Similarly, संयत = sam˜yata, not सम्यत sam˜yata; संरक्षण = sam˜rakṣaṇa, not सम्रक्षण sam˜rakṣaṇa; संलग्न = sam˜lagna, not सम्लग्न sam˜lagna; संवाद = sam˜vāda, not सम्वाद sam˜vada; वंश = vam˜śa, not वम्श vam˜śa; कंस = kam˜sa, not कम्स kam˜sa; संहार = sam˜hara, not सम्हार sam˜hāra ...etc. There is no *m* or *m˜* in these words.

(iii) **m** → The half character *m* म् may come (1) at the end of any word that is followed by any word that is starting with a vowel, **eg▫** *bho Rāma mām˜ tvam uddhara!* भो राम मां त्वम् उद्धर! or (2) it may come at the end of a sentence. **eg▫** *bho Rāma mām˜ uddhara tvam!* भो राम <u>माम्</u> उद्धर <u>त्वम्</u>! भो राम मामुद्धर त्वम्!

(iv) The full character *ma* म (म् + अ = म *m* + *a* = *ma*) may come anywhere in a sentence. **eg▫** *bho Rāma mām˜ tvam uddhara!* भो <u>राम</u> मां त्वम् उद्धर! भो <u>राम</u> मां त्वमुद्धर! भो <u>राम</u> माम् उद्धर त्वम्! भो <u>राम</u> मामुद्धर त्वम्! = भो <u>रामो</u>द्धर त्वं माम्। भो <u>राम</u> त्वमुद्धर माम्।

(v) **m˜** → <u>Within a sentence</u>, when character *m* (म्) comes **at the end of any word** that is followed by a word that begins with any consonant, **only that nasal dot means *m˜*** (म्)

eg▫ *aha<u>m</u> ki<u>m</u> karomi = aha<u>m˜</u> ki<u>m˜</u> karomi* अहम् किम् करोमि = अहं किं करोमि।

(vi) **m** → <u>Within a sentence</u>, when *m* (म्) comes at the end of the sentence, it stays as म् (m).

eg▫ *kim karomi aham = kim˜ karomi aham* किम् करोमि अहम् = किं करोमि अह<u>म्</u>।

AGAIN REMEMBER

Anuswara = ń (ङ्), ñ (ञ्), ṇ (ण्), n (न्), m˜ (म्), m˜ (अं)

For transliterating the nasal dot (*anusvārah* अनुस्वारः) <u>within a word</u>, into English,

the following six rules apply.

(1) When the nasal dot is followed by any character from k-class (क्, ख्, ग्, घ् k, kh, g, gh), that nasal dot is transliterated as → ń (ङ्) **eg▫** *rańka* रङ्क, *rańga* रङ्ग etc.

(2) When the nasal dot is followed by any character from ć-class (च्, छ्, ज्, झ् ć, ćh, j, jh), that nasal dot is transliterated as → ñ (ञ्) **eg▫** *pañća* पञ्च, *rańja* रञ्ज etc.

(3) When the nasal dot is followed by any character from ṭ-class (ट्, ठ्, ड्, ढ् ṭ, ṭh, d', d'h), that nasal dot is transliterated as → ṇ (ण्) **eg▫** *kaṇṭaka* कण्टक, *kaṇtha* कण्ठ etc.

(4) When the nasal dot is followed by any character from t-class (त्, थ्, द्, ध् t, th, d, dh), that nasal dot is transliterated as → n (न्) *anta* अन्त, *pantha* पन्थ etc.

(5) When the nasal dot is followed by any character from p-class (प्, फ्, ब्, भ् p, ph, b, bh), that nasal dot is transliterated as → m (म्) *am˜ba* अम्ब, *dam˜bha* दम्भ etc.

(6) When the nasal dot is followed by any non-class character (य् र् ल् व श् ष् स ह् y, r, l, v, ś, ṣ, s), that

nasal dot is transliterated as → m˜ (अं) *sam˜yama* संयम, सअंयम, *vam˜śa* वंश, वअंश।

EXERCISE 16 : Can you Read and Write the following Sanskrit words? (your future vocabulary)

Sanskrit (*transliteration*, Meaning)

अहम् (*aham* **I**)	आवाम् (*āvām* **we two**)	वयम् (*vayam* **we**)
माम् (*mām* **to me**)	मया (*mayā* **by me**)	
मे (*me* **for me**)	मम (*mama* **my**)	नः (*nah* **to us**)
मयि (*mayi* **in me**)	भवान् (*bhavān* **you**)	भवती (*bhavatī* **you**)
त्वम् (*tvam* **you**)	तव (*tava* **your**)	सः (*sah* **he**)
तम् (*tam* **to him**)	तेन (*tena* **by him**)	ते (*te* **they**)
सा (*sā* **she**)	ताम् (*tām* **to her**)	यः (*yah* **who**)
कः (*kah* **who?**)	यौ (*yau* **who two**)	कौ (*kau* **who two?**),
ये (*ye* **all who**)	के (*ke* **all who?**)	यम् (*yān* **to whom**)
यान् (*yān* **to whom all**)	येन (*yena* **by whom**)	या (*yā* **who f▫**)
याः (*yāh* **who all f▫**)	याम् (*yām* **to whom f▫**)	यया (*yayā* **by whom f▫**)
एषः (*eṣā* **this**)	एते (*ete* **these**)	एतम् (*etam* **to this**)
एतान् (*etān* **to these**)	एतेन (*etena* **by this**)	एतैः (*etaih* **by these**)
एतेषु (*eteṣu* **in these**)	एषा (*eṣā* **this f▫**)	एताः (*etāh* **these f▫**)
एताम् (*etām* **to this f▫**)	एतया (*etayā* **by this f▫**)	एतासु (*etāsu* **in these f▫**)
एतत् (*etat* **this n▫**)	एतद् (*etad* **this n▫**)	एतानि (*etāni* **these n▫**)

कः (*kah* **who? m▫**),	कौ (*kau* **who two? m▫**)	के (*ke* **who all? m▫**)
कम् (*kam* **whom? m▫**)	केन (*kena* **by whom?**)	केषु (*keṣu* **in whom?**)
का (*kā* **who? f▫**),	काः (*akāh* **who all? f▫**)	कया (*kayā* **by whom? f▫**)
काभिः (*kābhih* **by whom all? f▫**)	किम् (*kim* **what? n▫**)	कानि (*kāni* **which all? n▫**)
अयम् (*ayam* **this m▫**)	इमे (*ime* **these m▫**)	इमम् (*imam* **to this**)
अनेन (*anena* **by this**)	एषाम् (*eṣām* **of these**)	एषु (*eṣu* **in these**)
इदम् (*idam* **this n▫**)	इमानि (*imāni* **these n▫**)	असौ (*asau* **this m▫**)

राम (*rāma* **Rām**)	वन (*vana* **forest**)	माला (*mālā* **garland**)
कवि (*akvi* **poet**)	वारि (*vāri* **water**)	मति (*mati* **thinking**)
नदी (*nadī* **river**)	भानु (*bhānu* **sun**)	मधु (*madhu* **honey**)
धेनु (*dhenu* **cow**)	वधू (*vadhū* **bride**)	पितृ (*pitṛ* **father**)
धातृ (*dhātṛ* **bearer**)	मातृ (*mātṛ* **mother**)	गो (*go* **cow**)
नौ (*nau* **boat**)	वाच् (*vāć* **speech**)	राज् (*rāj* **king**)
राट् (*rāṭ* **king**)	जगत् (*jagat* **world**)	आत्मन् (*ātman* **soul**)
शशिन् (*śaśin* **moon**)	दिक् (*dik* **direction**)	पयस् (*payas* **water**)

LESSON 7

COMPOUND CONSONANTS

THE HALF CONSONANTS : (*halantāh* हलन्ताः) -

The Chart shown in Lesson 1 contains the full consonants i.e. each base consonant with vowel *a* (अ) added to it. Let us now see the consonants without this vowel (अ) *a*. These consonants are called Half-consonants (*halantāh* हलन्ताः). They are written either by attaching a small slant at the bottom of the character or by writing their half-letter shapes.

क्	ख्	ग्	घ	ङ्
k	kh	g	gh	ń
च्	छ्	ज्	झ्	ञ्
ć	ćh	j	jh, z	ñ
ट्	ठ्	ड्	ढ्	ण्
ṭ	ṭh	d’	d’h	ṇ
त्	थ्	द्	ध्	न्
t	th	d	dh	n
प्	फ्	ब्	भ्	म्
p	ph, f	b	bh	m
य्	र्	ल्	व्	
y	r	l	v, w	
श्	ष्	स्	ह्	
ś	s	s	h	

COMMON COMPOUND CHARACTERS

With the use of half Consonant Characters

EXERCISE 17 : Read, study and write the following groups of Sanskrit Compound characters. Compare each of them with the corresponding full-character. See the chart on the back cover.

(1) Character k (क्)

K

पक्व (*pakva* ripened), क्लीबम्, (*klībam* weakness) क्लेदः (*kledah* wettness), वाक्यम् (*vākyam* speech), रक्तम् (*raktam* blood), रुक्मिणी (*rukmiṇī* Rukmiṇī), क्वचित् (*kvaćit* sometimes)

(2) Character kh (ख्)

kh

ख्यातिः (*khyātih* fame), आख्या (*ākhyā* saying), सख्यम् (*sakhyam* friendship)

(3) Characters g and gh (ग् ; घ्)

g, Gh

ग्लानिः (*glānih* downfall), अग्निः (*agnih* fire), भाग्यम् (*bhāgyam* fortune), भग्न (*bhagnam* broken), विघ्नम् (*vighnam* obstacle)

(4) Characters ń (ङ्)

ङ् ń　ङ्क ńka　ङ्क्त ńkta　ङ्ख ńkha　ङ्ग ńga　ङ्घ ńgha

ङ्म ńma　ङ्ल ńla　ङ्क्ष ńkṣa　ङ्क्ष्व ńkṣva

लङ्का (*lańkā* Sri Lanka), पङ्क्तिः (*pańktih* line, row), शङ्खः (*śańkhah* conchshell), रङ्गः (*rańgah* colour), सङ्घः (*sańghah* group), वाङ्मयम् (*vāńmayam* literature), आङ्ल (*āńla* English), काङ्क्षा (*kāńkṣā* desire), भुङ्क्ष्व (*bhuńkṣva* please enjoy)

(5) Characters ć and ćh (च् ; छ्)

C, Ch

अच्युतः (*aćyutah* Krishna), अवाच्य (*avāćyah* unspeakable), सुवाच्य (*suvāćya* well said), उच्छ्वासः (*uććhvāsah* breath)

(6) Characters j and ñ (ज् ; ञ्)

j, n~

राज्यम् (*rājyam* kingdom), सज्ज (*sajja* ready), उज्ज्वल (*ujjvala* bright), ज्योतिः (*jyotih* light), पञ्च (*pañća* five), भञ्जनम् (*bhañjanam* destruction), वाञ्छा (*vāñćha~* desire)

(7) Characters ṭ, ṭh (ट्, ठ्)

t ; th पट्टकः (*paṭṭakah* plate), पट्टनम् (*paṭṭanam* town), कण्ठ्य (*kaṇṭhya* guttural)

(8) Character d', d'h (ड्, ढ्)

D` D`h उड्डयनम् (*ud'd'ayanam* flight), ड्डित (*ud'd'ita* flown), चकृढ्वे (*ćakṛd'hve* you all had done)

(9) Character ṇ (ण्)

N पाण्डवः (*pānd'vah* Pānd'vah), कण्ठः (*kaṇṭhah* throat), कण्टकः (*kaṇṭakah* thorn), षण्मासः (*ṣaṇmāsah* six-months)

(10) Characters t, th and dh (त् ; थ् ; ध्)

T, Th, Dh सत्कारः (*satkārah* honour), दुग्धम् (*dugdham* milk), रत्नाकरः (*ratnākarah* ocean), उत्पातः (*utpātah* rise), आत्मा (*ātmā* soul), सत्यम् (*satyam* truth), त्यागः (*tyāgah* sacrifice), त्वरा (*tvarā* rush); तथ्यम् (*tathyam* reality); बाध्य (*bādhya* binding)

(11) Character n (न्)

N आनन्दः (*ānandah* joy), अन्नम् (*annam* food), जन्म (*janma* birth), अन्य (*anya* other), भिन्न (*bhinna* different), वन्दनम् (*vandanam* salute), बन्धनम् (*bandhanam* bondage), पान्थः (*pānthah* traveller)

(12) Characters p, ph (प् ; फ्)

P, Ph समाप्त (*samāpta* ended), अप्सरा (*apsarā* celestial maid), स्वप्नम् (*svapnam* dream), रूप्यकम् (*rūpyakam* Rupee).

(13) Characters b, bh and m (ब् ; भ् ; म्)

B, Hh, M शब्दः (*śabdah* word), शैब्यः (*śaibyah*), सभ्य (*sabhya* gentle), सम्पदा (*sampadā* wealth), सम्यक् (*samyak* right), धृष्ट (*dhṛṣṭa* courageous), अम्ल (*amla* sour)

(14) Characters y and l (य् ; ल्)

Y, L

शय्या! (*śayyā* bed), उल्का (*ulkā* meteor), उल्लेखः (*ullekhah* reference), अल्प (*alpah,* short), कल्याणम् (*kalyāṇam* benefit), वल्गना (*valganā* chatter)

(15) Character v (व्)

V

व्ययः (*vyayah* expense), व्यायामः (*vyāyāmah* exercise), व्योम (*vyoma* sky), व्यूढ (*vyūďha* arranged), व्यङ्गम् (*vyańgam* deformity), व्यवसायः (*vyavasāyah* business)

(16) Chararacter ś (श्)

Ś

विश्वासः (*viśvāsah* trust), निश्चयः` (*niṣćayah* firm resolution), पश्चात् (*paśćāt* after), काश्मीरः (*kāśmīrah*), अवश्यम् (*avaśyam* certainly), विश्लेषणम् (*viśleṣaṇam* analysis)

(17) Character ṣ (ष्)

Ṣ

अष्ट (*aṣṭa* eight), इष्ट (*iṣṭa* desired), कष्टम् (*kaṣṭam* trouble), आविष्कारः (*āviṣkārah* discovery), मनुष्यः (*manuṣyah* man), पुष्पम् (*puṣpam* flower), उष्मा (*uṣmā* heat), ओष्ठः (*oṣṭhah* lip), उष्णः (*uṣṇah* hot), कृष्णः (*kṛṣṇah*), बाष्पम् (*bāṣpam* vapour), भविष्यम् (*bhaviṣyam* future)

(18) Character s (स्)

S

तस्करः (*taskarah* thief), अस्तु (*astu* let it be), स्थितिः (*sthitih* state), स्फटिकः (*sphaṭikah* crystal), स्नायुः (*snāyuh,* muscle), स्पष्ट (*spaṣṭa* clear), अस्य (*asya* of this), हास्यम् (*hāsyam* laughter), स्मितम् (*smitam* a smile), स्वतः (*svatah* oneself), स्कन्दः (*skandah*), स्मृतिः (*smṛtih* memory, rememberance)

(19) Character h (ह् ह्)

ह् h　　हृ hṛ　　ह्ण hṇa　　ह्न hna

ह्य hya　　ह्म hma　　ह्र hra　　ह्ल hla　　ह्व hva

हृदयम् (*hṛdayam* heart), बाह्य (*bāhya* external), ब्रह्म (*brahma* Brahma), आह्लादः (*āhlādah* joy), गृह्णाति (*gṛhṇāti* he takes), ह्रस्व (*hrasvah* short) चिह्नम् (*ćihnam* sign), वह्निः (*vahnih* fire), जिह्वा (*jihvā* toung)

LESSON 8

8.1 STUDY OF SPECIAL COMPOUND CHARACTERS

Characters क् + त can be written as क्त *(kta)*, but there is a special single character क्त for this purpose. eg◻ रक्तम् *(raktam* blood), भक्तिः *(bhaktih* devotion), वक्ता *(vaktā* speaker), युक्तः *(yuktah* equipped)

क्त क्त kta

Character *da* (द) has following common compounds :

1. d + da = dda → द् + द = द्द (उद्देशः *uddeśah* objective, तद्दानम् *taddānam* that charity)
2. d + dha = ddha → द् + ध = द्ध (युद्धम् *yuddham* war, बुद्धिः *buddhih* thinking)
3. d + ga = dga → द् + ग = द्ग (उद्गमः *udgamah* rise, भगवद्गीता *bhagavadgītā*)
4. d + gha = dgha → द् + घ = द्घ (उद्घाटनम् *udghāṭaman* inauguration)
5. d + bha = dbha → द् + भ = द्भ (सद्भावः *sadbhāvah* goodness; उद्भवः *udbhavah* rise)
6. d + ya = dya written as : द् + य = द्य (आद्यः *ādyah* first; द्यूतम् *dyūtam*, gambling)
7. d + ma = dma written as : द् + म = द्म (पद्मम् *padmam* lotus, छद्मी *ćhadmī* cunning)
8. d + va = dva written as : द् + व = द्व (द्वन्द्वः *dvandvah* duality, विद्वान् *vidvān* learned)

द्द dda　　द्घ dgha　　द्ध ddha　　द्ग dga

द्भ dbha　　द्य dya　　द्म dma　　द्व dva

Letter ra (र) forms following two groups of compounds :

(A) When full-consonant र (ra) comes after any half-consonant, it is written as a slanted line (R) attached to that half-consonant.

1. k + ra (क् + र = क्र) चक्रम् *ćakram* wheel, →क्रान्तिः *krāntih* revolution, →क्रोधः *krodhah* anger, क्रिया *kriyā* deed, क्रूरः *krūrah* cruel, क्रेता *kretā* buyer
2. g + ra (ग् + र = ग्र) अग्रम् *agram* tip, अग्रेसरः *agresarah* leader, ग्रामम् *grāmam* village, ग्रीवा *grīvā* neck
3. d + ra (द् + र = द्र) भद्रः *bhadrah* gentle, सुभद्रा *subhadrā*, द्रविड *draviḋa*, द्रोहः *drohah* treachery, द्रुमः *drumah* tree
4. ś + ra (श् + र = श्र) श्रद्धा *śraddhā* faith, विश्रांतिः *viśrāntih* rest, श्री *śrī* divine, श्रेष्ठः *śreṣṭhah* superior, श्रोता *śrotā* listner, श्रुतम् *śrutam* heard
5 t + ra (त् + र = त्र) यंत्रम् *yantram* machine, रात्रिः *rātrih* night, पत्रम् *patram* leaf, त्रेता *tretā* saviour, त्रिधा *tridhā* in three ways, त्रेधा *tredhā* in three ways.

क्र kra   ग्र gra   श्र śra   त्र tra

6. ṭ or d' + ra (ट्र, ड्र) : उष्ट्रः *uṣṭrah* camel, राष्ट्रः *rāṣṭrah* country, पौण्ड्रः *pauṇḍ'rah*

7. s + ra (स् + र = स्र) सहस्रम् *sahasram* thousand, स्रावः *srāvah* a flow

8. s + t + ra (स् + त् + र = स्त्र) स्त्री *strī* woman, अस्त्रम् *astram* weapon, वस्त्रम् *vastram* cloth

ट्र tra   ड्र d'ra   स्र sra   स्त्र stra

(B) When half-consonant र् (r) comes before any consonant, it is written as (|) over next character.

9. र् + प = (र्प); अर्कः *arkah* sun, सर्गः *sargah* the creation, अर्चना *arćanā* worship, वार्ता *vārtā* news, सर्पः *sarpah* snake, कर्म *karma* deed, कार्यम् *kāryam* duty

र्क rka   र्प rpa

Character *ta* (त्) makes following common compounds :

1. t + ta = tta (त् + त = त्त, त्त) उत्तमम् *uttamam* best, सत्ता *sattā* jurisdiction, सत्त्वम् *sattavam* truth. 2. n + na = nna (न् + न = न्न) खिन्न *khinn* sad

3. h + ma = hma (ह् + म = ह्म) ब्रह्म *brahmā* the Creator, ब्रह्मण्डम् *brahmaṇḍ'am* universe

4. h + ya = hya (ह् + य = ह्य) बाह्यः *bāhyah* external, गुह्यम् *guhyam* secret

त्त tta   त्त्व ttva   न्न nna

EXERCISE 18 : What we learned so far. Read and write the following Sanskrit words

1. क्रमः (order), कृष्ण (black), →क्रुद्धः (angry), कृपणः (miser);
2. चञ्चलः (quick), शूच्यः (pure), पूज्यः (holy), ज्योत्स्ना (moonlight), धनञ्जयः (Arjun);
3. स्वप्नम् (dream), प्रश्नः (question), प्राधान्यम् (priority), प्रसन्नम् (pleased), धृष्टद्युम्नः (Draupadī's brother), अन्नम् (food);
4. व्याघ्रः (tiger), वज्रम् (thunderbolt), अभ्रम् (cloud), त्रिलोकः (three worlds), तृप्तः (satisfied), ध्रुवः (steady), धृतिः (courage), प्रत्येक (each), ब्रह्म (God), तीव्रम् (strong);
5. दृष्टिः (vision), वृष्टिः (rain), सृष्टिः (creation), पृथ्वी (earth), मृतात्मा (dead person), पृष्ठम् (surface);
6. वृत्तम् (news), धृतराष्ट्रः (a king's name), नृपः (king), →क्रांतिः (revolution);
7. स्त्री (woman), स्त्रियः (women), स्तोत्रम् (praise), अजस्रम् (huge), सृजनम् (creation); पद्मनाभः (Viśṇu), पद्मा (Lakṣmī), पद्यम् (poetry), गद्यम् (prose);
8. स्थानम् (place), वयस्कः (old), स्मृतिः (memory), स्नानम् (bath), स्निग्धम् (viscous);
9. द्रौपदी, दुर्योधनः, भार्गवः (proper nouns);
10. गर्वः (pride), सर्वः (all), पूर्वम् (earlier), स्वर्गः (heaven), अर्चना (worship), तर्कः (guess), दर्पणः (mirror)

8.2
THE WORD ENDINGS

Below is how consonants and vowels are joined to form words. The last character of a word shows how the word ends. **eg▫** in the word राम (र् + अ + अ + म् + अ) the last letter is अ, therefore, the word राम is अकारान्त (*akārānta* = ending in character अ)

(A) अजन्त (**ending in** अच् **, ending in a vowel**)

(1) राम	= र् + आ + म् + अ	अकारान्त
(2) वन	= व् + अ + न् + अ	अकारान्त
(3) माला	= म् + आ + ल् + आ	आकारान्त
(4) कवि	= क् + अ + व् + इ	इकारान्त
(5) वारि	= व् + आ + र् + इ	इकारान्त
(6) मति	= म् + अ + त् + इ	इकारान्त
(7) नदी	= न् + अ + द् + ई	ईकारान्त
(8) भानु	= भ् + आ + न् + उ	उकारान्त
(9) मधु	= म् + अ + ध् + उ	उकारान्त
(10) धेनु	= ध् + ए + न् + उ	उकारान्त
(11) वधू	= व् + अ + ध् + ऊ	ऊकारान्त
(12) पितृ	= प् + इ + त् + ऋ	ऋकारान्त
(13) धातृ	= ध् + आ + त् + ऋ	ऋकारान्त
(14) मातृ	= म् + आ + त् + ऋ	ऋकारान्त

(B) हलन्त (**ending in a consonant**)

(15) वाच्	= व् + आ + च्	चकारान्त
(16) राज्	= र् + आ + ज्	जकारान्त
(17) मरुत्	= म् + अ + र् + उ + त्	तकारान्त
(18) जगत्	= ज् + अ + ग् + अ + त्	तकारान्त
(19) सुहृद्	= स् + उ + ह् + ऋ + द्	दकारान्त
(20) शशिन्	= श् + अ + श् + इ + न्	नकारान्त
(21) आत्मन्	= आ + त् + म् + अ + न्	नकारान्त
(22) कर्मन्	= क् + अ + र् + म् + अ + न्	नकारान्त
(23) दिश्	= द् + इ + श्	शकारान्त
(24) चन्द्रमस्	= च् + अ + न् + द् +र् + अ + म् + अ + स्	सकारान्त
(25) पयस्	= प् + अ + य् + अ + स्	सकारान्त

LESSON 9
INTRODUCTION TO SANDHI

9.1
COMPOUNDING OF VOWELS
svara-sandheh parićayah स्वरसन्धेः परिचयः।

RATNAKAR'S FLOW CHART FOR VOWEL SANDHI RULES

When two vowels come together, they are mathematically added into a single long vowel.

First vowel	+	Second vowel	=	Result, a long vowel
1 अ, आ	+	अ, आ	=	आ
	+	इ, ई	=	ए
	+	उ, ऊ	=	ओ
	+	ऋ, ॠ	=	अर्
	+	ए, ऐ	=	ऐ
	+	ओ, औ	=	औ
2 इ, ई	+	अ, आ, उ, ऊ, ए, ऐ, ओ, औ	=	य, या, यु, यू, ये, यै, यो. यौ
	+	इ, ई	=	ई, ई
3 उ, ऊ	+	अ, आ, इ, ई, ए, ऐ, ओ, औ	=	व, वा, वि, वी, वे, वै, वो, वौ
4 ऋ	+	अ, आ, इ, ई, उ, ऊ, ए, ऐ, ओ, औ	=	अर् + अ, आ, इ, ई, उ, ऊ, ए, ऐ, ओ, औ
5 ए	+	अ, आ, इ, ई, उ, ऊ, ए, ऐ, ओ, औ	=	अय् + अ, आ, इ, ई, उ, ऊ, ए, ऐ, ओ, औ
ऐ	+	अ, आ, इ, ई, उ, ऊ, ए, ऐ, ओ, औ	=	आय् + अ, आ, इ, ई, उ, ऊ, ए, ऐ, ओ, औ
6 ओ	+	अ, आ, इ, ई, उ, ऊ, ए, ऐ, ओ, औ	=	अव् + अ, आ, इ, ई, उ, ऊ, ए, ऐ, ओ, औ
औ	+	अ, आ, इ, ई, उ, ऊ, ए, ऐ, ओ, औ	=	आव् + अ, आ, इ, ई, उ, ऊ, ए, ऐ, ओ, औ

SANSKRIT VOWEL SANDHI CHART

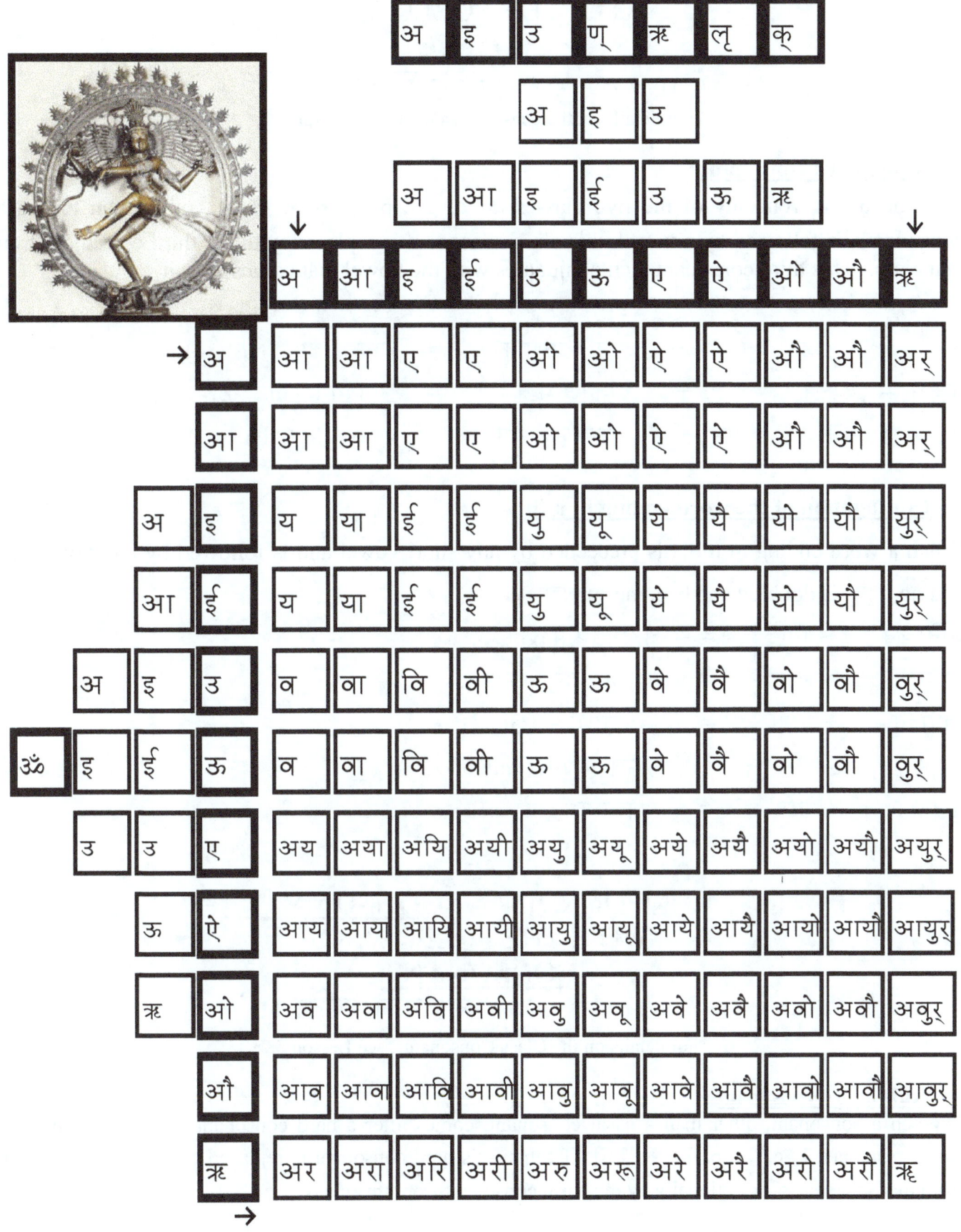

							अ	इ	उ	ण्	ऋ	ऌ	क्	
									अ	इ	उ			
							अ	आ	इ	ई	उ	ऊ	ऋ	
				अ	आ	इ	ई	उ	ऊ	ए	ऐ	ओ	औ	ऋ
			अ	आ	आ	ए	ए	ओ	ओ	ऐ	ऐ	औ	औ	अर्
			आ	आ	आ	ए	ए	ओ	ओ	ऐ	ऐ	औ	औ	अर्
		अ	इ	य	या	ई	ई	यु	यू	ये	यै	यो	यौ	युर्
		आ	ई	य	या	ई	ई	यु	यू	ये	यै	यो	यौ	युर्
	अ	इ	उ	व	वा	वि	वी	ऊ	ऊ	वे	वै	वो	वौ	वुर्
ॐ	इ	ई	ऊ	व	वा	वि	वी	ऊ	ऊ	वे	वै	वो	वौ	वुर्
	उ	उ	ए	अय	अया	अयि	अयी	अयु	अयू	अये	अयै	अयो	अयौ	अयुर्
		ऊ	ऐ	आय	आया	आयि	आयी	आयु	आयू	आये	आयै	आयो	आयौ	आयुर्
		ऋ	ओ	अव	अवा	अवि	अवी	अवु	अवू	अवे	अवै	अवो	अवौ	अवुर्
			औ	आव	आवा	आवि	आवी	आवु	आवू	आवे	आवै	आवो	आवौ	आवुर्
			ऋ	अर	अरा	अरि	अरी	अरु	अरू	अरे	अरै	अरो	अरौ	ऋ

9.2
COMPOUNDING A **CONSONANT** WITH THE FOLLOWING **VOWEL**

svara-vyañjanayoḥ sandhiḥ स्वरव्यञ्जनयोः सन्धिः।

(For details on the Class Consonants, see lesson 3.2)

(1) Rule of 3rd consonant :

If a consonant from any of the five classes (k, ć, ṭ, t, p, क्, च्, ट्, त्, प्), other than the nasal consonants, is followed by a vowel, this class consonant is replaced with the third consonant from that class. (This third consonant then conjugates with the vowel that comes after it). eg▫

क् + उ	=	ग् + उ	= गु	→	सम्यक् + उभयोः	= सम्यगुभयोः (Gītā 5.4)
त् + अ	=	द् + अ	= द	→	तत् + अस्माकम्	= तदस्माकम् (Gītā1.10)
त् + ऋ	=	द् + ऋ	= दृ	→	एतत् + ऋतम्	= एतदृतम् (Gītā 10.14)
त् + ॐ	=	द् + ॐ	= दोम्	→	तस्मात् + ओम्	= तस्मादोम् (Gītā 1.22)

(2) Conjugation of the word ending in n (न्) -

When a word ending in n (न्) is preceeded by any short vowel and is followed by any vowel, the ending n (न्) is doubled and becomes nn (न्न`) eg▫

अनिच्छन्	+ अपि	=	अनिच्छन्नपि (Gītā 3.36)
पश्यन्	+ आत्मनि	=	पश्यन्नात्मनि। (Gītā 6.20)
विषीदन्	+ इदम्	=	विषीदन्निदम् (Gītā 1.27)
गृह्णन्	+ उन्मिषन्	=	गृह्णन्नुन्मिषन्। (Gītā 5.9)
युञ्जन्	+ एवम्	=	युञ्जन्नेवम्। (Gītā 6.15)

9.3
COMPOUNDING A **CONSONANT** WITH THE FOLLOWING **CONSONANT**

vyañjanayoḥ sandhiḥ व्यञ्जनयोः सन्धिः।

(For details on the Class Consonants, see Lesson 5.2)

(3) Rule of 3rd consonant :

* When a consonant, other than a nasal consonant, comes after a hard consonant from any of the five classes (namely, k, ć, ṭ, t, p, क्, च्, ट्, त्, प्), then this hard consonant is replaced by the third consonant from that same class (or optionally by the nasal consonant from that class). eg▫

क् + ब	= ग् + ब	= ग्ब	→ पृथक् + बालाः	= पृथग्बालाः (Gītā 5.4)
क् + म	= ङ् + म	= ङ्म	→ ईदृक् + मम	= ईदृङ्मम (Gītā 11.49)
त् + ग	= द् + ग	= द्ग	→ यत् + गत्वा	= यद्गत्वा (Gītā 15.6)
त् + द	= द् + द	= द्द	→ विद्यात् + दुःखं	= विद्याद्दुखं (Gītā 6.23)
त् + ध	= द् + ध	= द्ध	→ बुद्धियोगात् + धनञ्जय	= बुद्धियोगाद्धनञ्जय (Gita 2.49)
त् + भ	= द् + भ	= द्भ	→ क्रोधात् + भवति	= क्रोधाद्भवति (Gītā 2.63)
त् + य	= द् + य	= द्य	→ अपनुद्यात् + यत्	= अपनुद्याद्यत् (Gītā 2.8)
त् + र	= द् + र	= द्र	→ यत् + राज्यम्	= यद्राज्यम् (Gītā 1.45)
त् + व	= द् + व	= द्व	→ एतत् + विद्मः	= एतद्विद्मः (Gītā 2.6)
त् + ह	= द् + ह	= द्ध	→ धर्म्यात् + हि	= धर्म्याद्धि (Gītā 2.31)

(4) **<u>The Rule of same order Consonant</u>** :

* When any consonant from t (त्) class (t, th, d, dh, n त्, थ्, द्, ध्, न्), is followed by any consonant from ć (च्) class (ć, ćh, j, jh, ñ च्, छ्, ज्, झ्, ञ्), then that consonant from t (त्) class is replaced by the consonant of same order from the ć (च्) class. eg▫

त् + च = च् + च = च्च → आश्चर्यवत् + च = आश्चर्यवच्च (Gītā 2.29)

त् + ज = ज् + ज = ज्ज → स्यात् + जनार्दन = स्याज्जनार्दन (Gītā 1.36)

* When a consonant from t (त्) class (t, th, d, dh, n त्, थ्, द्, ध्, न्), is followed by consonant ś (श्), then that consonant from the t (त्) class (t, th, d, dh, n त्, थ्, द्, ध्, न्), is replaced by the consonant of same order from the ć (च्) class (ć, ćh, j, jh, ñ च्, छ्, ज्, झ्, ञ्).

And the following consonant ś (श्) is optionally replaced by consonant ćh (छ्)

त् + श = च् + छ = च्छ → यत् + शोकम् = यच्छोकम् (Gītā 2.8)

त् + श्र = च् + छ्र = च्छ्र → युद्धात् + श्रेयः = युद्धाच्छ्रेयः (Gītā 2.31)

* However, When consonant t (त्) or d (द्) is followed by consonant l (ल्), then that consonant t (त्) or d (द्) is replaced by consonant l (ल्) eg▫

त् + ल = ल् + ल = ल्ल → भुवनात् + लोकाः = भुवनाल्लोकाः (Gita 8.16)

(5) **<u>Nasal Inflections</u>** :

* If a consonant, other than a nasal consonant, from any class (k, ć, ṭ, t, p क, च, ट, त प), is followed by a nasal consonant, then this class consonant is optionally replaced by the nasal consonant from the same class.

त् + न = न् + न = न्न → तस्मात् + न = तस्मान्न (Gītā 1.37)

त् + म = न् + म = न्म → तत् + मे = तन्मे (Gītā 1.46)
द् + म = न् + म = न्म → सुहृद् + मित्रम् = सुहृन्मित्रम् (Gītā 6.9)

(6) म् becomes a nasal dot (अनुस्वारः)

* When a word ending in letter m (म्) is followed by a word starting with any consonant, then that end-letter m (म्) becomes a nasal dot, and that is placed over the character that is before m (म्).

eg▫ पाण्डवानीकम् व्यूढम् = पाण्डवानीकं व्यूढम्। (Gītā 1.2)

* But, when a word ending in letter m (म्) is at the end of the sentence, that letter m (म्) remains unchanged.

पश्यैतां पाण्डुपुत्राणामाचार्य महतीं चमूम् ।।25।। (Gītā 1.3)
पर्याप्तं त्विदमेतेषां बलं भीमाभिरक्षितम् ।।26।। (Gītā 1.10)

(7) Change of n (न्) to ṇ (ण्) at the end of a word

(a) When letter n (न्) within or at the end of a word is preceded by letter ṛ, ṛ', r or ṣ (ऋ, ॠ, र्, ष्); and

(b) between this n (न्) and the preceding ṛ, ṛ', r or ṣ (ऋ, ॠ, र्, ष्), even if any vowel, an anusvāra, a consonant from class k (क्) or a consonant from class p (प्) or letter y, r, v or h (य्, र्, व् ह्) comes,

(c) in all these cases, this n (न्) changes to ṇ (ण्). eg▫

द्रुपदपुत्रेण → त् + र् + ए + न = त् + र् + ए + ण = त्रेण (Gītā 1.3)
शरीरिणः → र् + इ + नः = र् + इ + णः = रिणः (Gītā 2.18)
कर्मणा → र् + म् + अ + न् + आ = र् + म् + अ + ण् + आ = र्मणा (Gītā 3.20)

(8) Change of s (स्) to ṣ (ष्) at the end of a word -

* If a vowel other than *a* or *ā* (अ, आ) or any consonant from the class *k* (क) or the letter *r* (र्) comes after a word ending in a case suffix such as *saḥ, sā, sām, si, su, syati, syate, syanti, syāmi, sye, sva,* etc. (सः सा, साम्, सि, सु, स्यति, स्यते, स्यन्ति, स्यामि, स्ये, स्व), then in all these cases the *s* (स्) in these suffixes changes to *ṣ* (ष्)

Examples :

एषः (Gītā 3.10) एषा (Gītā 2.39) एतेषाम् (Gītā 1.10) करोषि (Gītā 9.27)
अयनेषु (Gītā 1.11) परिशुष्यति (Gītā 1.29) कथयिष्यन्ति (Gītā 2.34) विशिष्यते (Gītā 7.17)
कथयिष्यामि (Gītā 10.19) हनिष्ये (Gītā 16.14) कुरुष्व (Gītā 9.27)

9.4

CONJUGATION (sandhi) WITH A **VISARGA (:)**

विसर्गसन्धिः।

RATNAKAR'S FLOWCHART FOR VISARGA SANDHI

Before the visarga	the visarga	After the visarga	The result
1. एषः सः	:	any characterother than अ	**visarga is deleted**
↓			
2. Any character	:	त, थ	**visarga becomes स्**
↓			
3. any character	:	च, छ	**visarga becomes श्**
↓			
4. any chcharacter	:	ट, ठ	**visarge becomes ष्**
↓		श, ष्`, स	**visarge becomes** श् . स्
5. any character	:	any hard character	**visarga remains**
↓			
6. आ	:	any other character	**visarga is deleted**
↓			
7. अ	:	अ	(अ + : + अ) **become** ओऽ
↓			
8. अ	:	any other vowel	**visarga is deleted**
↓			
9. अ	:	any soft consonant	अ + **visarga become** ओ
↓			
10. any other vowel	:	any character	**visarga becomes** र्

NOTE : At any place, when more than one sandhi rules seem to be applicable, the first rule as per this Flowchart superseeds the other rules.

LESSON 10

THE SANSKRIT NUMERALS

(1) **Expressive of numbers** (*saṅkhyāvāćakāh* संख्यावाचकाः) eg. one (*eka* एक), two (*dvi* द्वि), three (*tri* त्रि), four (*ćatur* चतुर्), five (*pañćan* पञ्चन्), six (*ṣaṣ* षष्), seven (*saptan* सप्तन्), eight (*aṣṭan* अष्टन्), nine (*navan* नवन्), ten (*daśan* दशन्), eleven (*ekādaśan* एकादशन्) ...etc.

(2) **Sequence indicating** (*kramavāćakāh* क्रमवाचकाः) eg. 1st (*prathama* प्रथम), 2nd (*dvitīya* द्वितीय), 3rd (*tṛtīya* तृतीय), 4th (*ćaturtha* चतुर्थ), 5th (*pañćama* पञ्चम), 6th (*ṣaṣṭha* षष्ठ), 7th (*saptama* सप्तम), 8th (*aṣṭama* अष्टम), 9th (*navama* नवम), 10th (*daśama* दशम), 11th (*ekādaśa* एकादश) ...etc. m.f.n. forms

Number	numerical, m. n. f.		Sequence, m. and n.		Sequence, f.	
1	एक	*eka*	प्रथम	*prathama*	प्रथमा	*prathamā*
2	द्वि	*dvi*	द्वितीय	*dvitīya*	द्वितीया	*dvitīyā*
3	त्रि	*tri*	तृतीय	*tṛtīya*	तृतीया	*tṛtīyā*
4	चतुर्	*ćatur*	चतुर्थ	*ćaturtha*	चतुर्थी	*ćaturthī*
5	पञ्चन्	*pañćan*	पञ्चम	*pañćama*	पञ्चमी	*pañćamaī*
6	षष्	*ṣaṣ*	षष्ठ	*ṣaṣṭha*	षष्ठी	*ṣaṣṭhī*
7	सप्तन्	*saptan*	सप्तम	*saptama*	सप्तमी	*saptamī*
8	अष्टन्	*aṣṭan*	अष्टम	*aṣṭama*	अष्टमी	*aṣṭamī*
9	नवन्	*navan*	नवम	*navama*	नवमी	*navamī*
10	दशन्	*daśan*	दशम	*daśama*	दशमी	*daśamī*
11	एकादशन्	*ekādaśan*	एकादश	*ekādaśa*	एकादशी	*ekādaśī*
12	द्वादशन्	*dvādaśan*	द्वादश	*dvādaśa*	द्वादशी	*dvādaśī*
13	त्रयोदशन्	*trayodaśan*	त्रयोदश	*trayodaśa*	त्रयोदशी	*trayodaśī*
14	चतुर्दशन्	*ćaturdaśan*	चतुर्दश	*ćaturdaśa*	चतुर्दशी	*ćaturdaśī*
15	पञ्चदशन्	*pañćadaśan*	पञ्चदश	*pañćadaśa*	पञ्चदशी	*pañćadaśī*
16	षोडशन्	*ṣoďaśan*	षोडश	*ṣoďaśa*	षोडशी	*ṣoďaśī*
17	सप्तदशन्	*saptadaśan*	सप्तदश	*saptadaṣa*	सप्तदशी	*saptadaṣī*
18	अष्टादशन्	*aṣṭādaśan*	अष्टादश	*aṣṭādaśa*	अष्टादशी	*aṣṭādaśī*
19	नवदशन्	*navadaśan*	नवदश	*navadaśa*	नवदशी	*navadaśī*

From 20 onwards suffixes m. n. तम, f. तमी, may be added to form a sequence indicating numeral.

20	विंशति	*vim˜śati*	विंश(विंशतितम)	*vim˜śa*	विंशी(विंशतितमी)	*vim˜śī*
30	त्रिंशत्	*trim˜śat*	त्रिंश	*trim˜śa*	त्रिंशी	*trim˜śī*
40	चत्वारिंशत्	*ćatvārim˜śat*	चत्वारिंश	*ćatvārim˜śa*	चत्वारिंशी	*ćatvārim˜śī*
50	पञ्चाशत्	*pañćāśat*	पञ्चाश	*pañćāśat*	पञ्चाशी	*pañćāśī*
60	षष्टि	*ṣaṣṭi*	षष्टितम	*ṣaṣṭi*	षष्टितमी	*ṣaṣṭamī*
70	सप्तति	*saptati*	सप्तत	*saptata*	सप्तती	*saptatī*

80	अशीति	*aśīti*	अशीतितम	*aśītitama*	अशीतितमी	*aśītitamī*
90	नवति	*navati*	नवति	*navatia*	नवति	*navatiī*
100	शत, एकशतम्	*śata, ekśatam*	शततम	*śatatama*	शततमी	*śatatamī*
101	एकशत, एकाधिकशत		एकाधिकशततम		एकाधिकशततमी	
102	द्विशत, द्वाधिकशत		द्वाधिकशततम		द्वाधिकशततमी	
103	त्रिशत, त्र्यधिकशत		त्र्यधिकशततम		त्र्यधिकशततमी	
104	चतुःशत, चतुरधिकशत		चतुःशततम		चतुःशततमी	
105	पञ्चशत, पञ्चाधिकशत		पञ्चशततम		पञ्चशततमी	
106	षट्शत, षडधिकशत		षट्शततम		षट्शततमी	
107	सप्तशत, सप्ताधिकशत		सप्तशततम		सप्तशततमी	
108	अष्टशत, अष्टाधिकशत		अष्टशततम		अष्टशततमी	
109	नवशत, नवाधिकशत		नवशततम		नवशततमी	
110	दशशत, दशाधिकशत		दशशततम		दशशततमी	
120	विंशशत		विंशशततम		विंशशततमी	
130	त्रिंशशत		त्रिंशशततम		त्रिंशशततमी	
140	चत्वारिंशशत		चत्वारिंशशततम		चत्वारिंशशततमी	
150	पञ्चाशशत		पञ्चाशशततम		पञ्चाशशततमी	
160	षष्टिशत		षष्टिशततम		षष्टिशततमी	
170	सप्ततिशत		सप्ततिशततम		सप्ततिशततमी	
180	अशीतिशत		अशीतिशततम		अशीतिशततमी	
190	नवतिशत		नवतिशततम		नवतिशततमी	
200	द्विशत		द्विशततम		द्विशततमी	
300	त्रिशत		त्रिशततम		त्रिशततमी	
400	चतुःशत		चतुःशततम		चतुःशततमी	
500	पञ्चशत		पञ्चशततम		पञ्चशततमी	
600	षट्शत		षट्शततम		षट्शततमी	
700	सप्तशत		सप्तशततम		सप्तशततमी	
800	अष्टाशत		अष्टशततम		अष्टशततमी	
900	नवशत		नवशततम		नवशततमी	
1000	दशशत, सहस्र		सहस्रतम		सहस्रतमी	One thousand

SANSKRIT NUMERALS FROM 0 to 99

	0	1	2	3	4	5	6	7	8	9
0	०	१	२	३	४	५	६	७	८	९
1	१०	११	१२	१३	१४	१५	१६	१७	१८	१९
2	२०	२१	२२	२३	२४	२५	२६	२७	२८	२९
3	३०	३१	३२	३३	३४	३५	३६	३७	३८	३९
4	४०	४१	४२	४३	४४	४५	४६	४७	४८	४९
5	५०	५१	५२	५३	५४	५५	५६	५७	५८	५९
6	६०	६१	६२	६३	६४	६५	६६	६७	६८	६९
7	७०	७१	७२	७३	७४	७५	७६	७७	७८	७९
8	८०	८१	८२	८३	८४	८५	८६	८७	८८	८९
9	९०	९१	९२	९३	९४	९५	९६	९७	९८	९९

DECLENSION OF THE
SANSKRIT NUMERALS

एक (one) is always singular, द्वि (two) is always dual and three, four, five त्रि, चतुर्, पञ्च ...etc. are always plural. The declensions of the numerals in the Nominative (1st) case, in all three genders, are given below (For all other cases of numerals, see the 'Declensions of Cases' in the Appendix).

SANSKRIT NUMERALS : (1 to 10)

1	**one**	*ek*	एक	2	**two**	*dvi*	द्वि
3	**three**	*tri*	त्रि	4	**four**	*ćatur*	चतुर
5	**five**	*pañćan*	पञ्चन्	6	**six**	*ṣaṣ*	षष्
7	**seven**	*satpan*	सप्तन्	8	**eight**	*aṣṭan*	अष्टन्
9	**nine**	*navan*	नवन्	10	**ten**	*daśan*	दशन्

Nominative case :				m°		n°		f°	
1	१	*eka*	एक	ekah	एकः	ekam	एकम्	ekā	एका
2	२	*dvi*	द्वि	dvau	द्वौ	dve	द्वे	dve	द्वे
3	३	*tri*	त्रि	trayah	त्रयः	trīṇi	त्रीणि	tisrah	तिस्रः
4	४	*ćatur*	चतुर्	ćatvārah	चत्वारः	ćatvāri	चत्वारि	ćatasrah	चतस्रः

Numbers from 5 to 10 have same case declensions in all three genders m° n° f°

Nominative case :			m° n° f°	
5	५	*pañća*	पंच, पञ्च	m° n° f°
6	६	*ṣaṭ* or *ṣad'*	षट्, षड्	m° n° f°
7	७	*sapta*	सप्त	m° n° f°
8	८	*aṣṭa*	अष्ट	m° n° f°
9	९	*nava*	नव	m° n° f°
10	१०	*daśa*	दश	m° n° f°

LESSON 11

MAKING YOUR OWN SENTENCES

i. In Sanskrit, the action words (verbs, *kriyāpadam* क्रियापदम्) agree with NUMBER (*vaćanam* वचनम्) and PERSON (*puruṣah* पुरुषः) of the subject (*kartā* कर्ता).

ii.A single object takes verb in SINGULAR number. Two subjects connected by '*and,*' take a verb in the DUAL number and a group of more than two subjects takes a verb in PLURAL number.

NOTES : (1) Gender has no effect on the verb, but the verb changes with Person (1st, 2nd, 3rd).
(2) and = *ća* च, is = *asti* अस्ति, are = *santi* सन्ति।

Two or more nouns are connected by word *ća* च। eg॰ Rāma Sītā and Rādhā (i) *Rāmah Sītā Rādhā ća* रामः सीता राधा च। or (ii) *Rāmah ća Sītā ća Rādhā ća* रामः च सीता च राधा च। रामः अस्ति सीता अस्ति राधा अस्ति। रामः सीता राधा च सन्ति।

I am	अहम् अस्मि	*aham asmi*
We are	वयं स्मः	*vayam˜ smah*
You are	भवान्/भवती अस्ति	(m॰) bhavān (f॰) bhavatī asti
He/she/that is	सः, सा, तत् अस्ति	*sah, sā, tat asti*
They all are	ते, ताः, तानि सन्ति	*te, tāh, tāni santi*

EXERCISE 19 : Study the following examples

1. Rītā is, *Rītā asti.* रीता अस्ति। Nīrā is, *Nīrā asti.* नीरा अस्ति। He is, *sah asti.* सः अस्ति। They are, (m॰) *te santi* or (f॰) *tāh santi* ते सन्ति or ताः सन्ति।
2. Rekhā is. *Rekhā asti*. रेखा अस्ति। The book is there. *pustakam asti.* पुस्तकम् अस्ति।
3. I am अहम् अस्मि *aham asmi.* I am Brahma अहं ब्रह्म अस्मि (अहं ब्रह्मास्मि) *aham brahmāsmi.* Thou art that *तत् त्वम् असि tat tvam asi.* Everything is that. *तत् सर्वम् tat sarvam.* (*sarva सर्व* = all)

In Sanskrit,
(1) One person or thing is SINGULAR NUMBER
(2) Two persons or things are DUAL NUMBER, and
(3) More than two persons or things are PLURAL NUMBER

Gender	**Singular**			**Dual**		**Plural**		
Masculine noun	बालकः	*bālakah*	(boy)	बालकौ	*bālakau*	बालकाः	*bālakāh*	(boys)
Feminine noun	बाला	*bālā*	(girl)	बाले	*bāle*	बालाः	*bālāh*	(girls)
Neuter noun	पुस्तकम्	*pustakam*	(book)	पुस्तके	*pustake*	पुस्तकानि	*pustakāni*	(books)

VOCABULARY OF COMMON SANSKRIT NOUNS

INDEX

11.1 **ANIMALS, Domestic / Farm**	ग्राम्यप्राणिनः	grāmyaprāṇinah
11.2 **ANIMALS, Wild**	वन्यपशवः	vanya-pashavah
11.3 **INSECTS**	कृमयः	kṛmayah
11.4 **BIRDS**	पक्षिणः	pakṣiṇah
11.5 **THE BODY PARTS**	शरीरांगानि	śarīrāṅgāni
11.6 **AILMENTS and BODY CONDITIONS**	विकाराः	vikārāh
11.7 **CLOTHING, DRESS etc.**	परिधानानि	paridhānāni
11.8 **RELATIONS**	सम्बन्धाः	sambandhāh
11.9 **HOUSEHOLD THINGS**	गृह्यवस्तुनि	gṛhyavastuni
11.10 **TOOLS**	उपकरणानि	upakaraṇāni
11.11 **FLOWERS**	पुष्पणि	puṣpāṇi
11.12 **FRUITS**	फलानि	phalani
11.23 **VEGETABLES**	शाकानि	śākāni
11.14 **PLANTS**	वनस्पतयः	vanaspatayah
11.15 **FOOD STUFF**	खाद्यपेयानि	khādyapeyāni
11.16 **SPICES**	उपस्करणानि	upaskaraṇāni
11.17 **MINERALS, METALS and JEWELS**	खनीजानि	khanījāni
11.18 **MUSIC**	सङ्गीतं	sangeetam
11.19 **PROFESSIONS**	व्यवसायाः	vyavasāyāh
11.20 **BUSINESS**	व्यापारः	vyāpārah
11.21 **WARFARE**	युद्धं	yuddham
11.22 **TIME**	समयः	samayah

11.1 ANIMALS, Domastic / Farm ग्राम्यप्राणिनः grāmyaprāṇinah

Camel *उष्ट्रः, क्रमेलकः, मयः, स्त्री॰ उष्ट्री, m॰ uṣtrah, kramelakah, mayah, f॰ uṣtrī*

Cat *मार्जारः, बिडालः, (स्त्री॰) मार्जारी, m॰ mārjārah, biḋālah, f॰ mārjārī*

Cow *अर्जुनी, उस्रा, गौः, धेनुः, रोहिणी, शृंगिणी, सौरमेयी*
f॰ arjunī, usrā, gauh, dhenuh, śṛṅgiṇī, saurameyī

Dog *कुक्कुरः, भषकः, श्वन्, शुनकः, सारमेयः*
m॰ kukkurah, bhaśakah, śvan, śunakah, sārameyah

Donkey *खरः, गर्दभः, रासभः m॰ kharah, gardabhah, rāsabhah*

Goat	*अजः, छगलकः, छागः, बस्तः,* (स्त्री०) *अजा, छागी* *m▫ ajah, ćhagalakah, ćāgah, bastah, f▫ Ajā, ćhāgī*
Hare	*शशः, शशकः m▫ śaśah, śaśakah*
Horse	अर्वा, आजानेयः, कर्कः, कियाहः, गन्धर्वः, घोटकः, तुरगः, तुरङ्गः, हयः, तुरङ्गमः, भूमिरक्षकः, वाजी, वाहः, वीतिः, सप्तिः, साधुवाही, सिन्धुवारः, सैन्धवः, अश्वः *m▫ arvā, ājāneyah, karkah, kiyāhah, gandharvah, ghotakah, turagah, turańgah, hayah, turańgamah, bhūmirakṣakah, vājī, vāhah, vītih, saptih, sādhuvāhī, sindhuvārah, saindhavah, aśvah.* (f▫ See Mare↓)
Kitten	*मार्जारशावः m▫ mārjāraśāvah*
Lamb	*मेशशावः m▫ meśaśāvah*
Lizard	*खरटः,* (स्त्री०) *गोधिका m▫ kharatah; f▫ godhikā*
Mare	*अश्व, तुरगी, वडवा, वाजिनी, वामी f▫ aśvā, turagī, vaďavā, vājinī, vāmī*
Mouse	*आखुः, ऊन्दरुः, खनकः, मूषकः m▫ ākhuh, undaruh, khanakah, mūśakah*
Ox	*अनडुत्, भद्रः m▫ anaďut, bhadrah* (see bullock)
Pig	*वराहः, शूकरः m▫ varāhah, śūkarah*
Rabbit	*शशः, शशकः m▫ śaśah, śaśakah*

11.2 ANIMALS, Wild वन्यपशवः vanya-pashavah

Alligator	*ग्राहः,* **नक्रः** *m▫ grāh, nakrah*
Bear	*ऋक्षः, भल्लकः, भालुकः m▫ ṛkṣah, bhallakah, bhālukah*
Cobra	*नागः, फणी m▫ nāgah, faṇī*
Crocodile	*कुंभीरः, ग्राहः,* **नक्रः,** *मकरः m▫ kumbhīrah, grāhah, nakrah, makarah*
Deer	*कुरंगः, कुरंगमः, कृष्णसारः, मृगः, रुरुः, रौहिषः, वानप्रमीः, शंबरः, हरिणः* *m▫ kurańgah, kurańgamah, kṛṣṇasārah, mṛgah, ruruh, rauhiṣah, vānapramīh, śambarah, hariṇah*
Elephant	*इभः, करी, कुंजरः, गजः, द्विरदः, दंती, नागः, वारणः, स्तंबेरमः, हस्ती* *m▫ ibhah, karī, kunjarah, gajah, dviradah, dantī, nāgah, vāraṇah, stamberamah, hastī*
Fish	*झषः, मत्स्यः, मीनः, विसारः m▫ jhaṣah, matsyah, mīnah, visārah*
Fox	*खिंकिरः गोमायुः, शृगालः m▫ khińkirah, gomāyuh, śṛgālah*
Frog	*दर्दूरः, भेकः, मंडुकः, लूरः m▫ dardūrah, bhekah, maṇďukah, lūrah*
Hippo	*करियादः m▫ kariyādah*
Jackal	*क्रोष्टुः, जंबुकः, फेरवः, शृगालः m▫ kroṣtruh, jambukah, feravah, śṛgālah*

Leopard	*चित्रकः, चित्रव्याघ्रः m▫ ćitrakah, ćitravyāghrah*
Lion	*केसरी, मृगपतिः, सिंहः, हरिः m▫ kesarī, mṛgapatih, sim˜hah, harih*
Monkey	*कपिः, कीशः, प्लवंगः, बलीमुखः, मर्कटः, वानरः शाखामृगः m▫ kapih, kīśah, plavańgah, balīmukhah, markatah, vānarah, śākhāmṛgah*
Rhino	*खंडी, गंडः, गंडकः m▫ khańďī, gańďah, gańďakah*
Snake	*अहिः, उरगः, उरंगमः, काकोदरः, कुंडली, चक्री, दंदशूकः, द्विजिह्वः, नागः, पन्नगः, फणी, बिलेशयः, भुजगः, भुजंगः, भुजंगमः, विषधरः, व्यालः, सरीसृपः, सर्पः m▫ ahih, uragah, urańgamah, kākodarah, kuńďalī, ćakrī, dandaśūkah, dvijihvah, nāgah, pannagah, faṇī, bileśayah, bhujagah, bhujańgamah, viṣadharah, vyālah, sarīsṛpah, sarpah*
Tiger	*व्याघ्रः, शार्दूलः m▫ vyāgrah, śārdūlah*
Turtle (m▫)	*कच्छपः, कमठः, कूर्मः m▫ kaććhapah, kamathah, kūrmah*
Turtle (f▫)	*कमठी, कूर्मी, डुलिः f▫ kamathī, kūrmī, ďulih*
Wolf	*ईहामृगः, कोकः, वृकः m▫ īhāmṛgah, kokah, vṛkah*
Zebra	*रासभः m▫ rāsabhah*

11.3 INSECTS कृमयः kṛmayah

Ant	*पिपीलिका f▫ pipīlikā* (Anthill *वल्मीकः valmīkah*)
Bedbug	*मत्कुणः m▫ matkuṇah*
Bee	*अलिः, भृंगः, भ्रमरः m▫ alih, bhṛńgah, bhramarah*
Bug	*कीटः, कृमिः m▫ kītah, kṛmih*
Butterfly	*चित्रपतंगः m▫ ćitrapatańgah*
Cockroach	*झीरुका f▫ jhīrukā*
Crab	*कर्कटः, कर्कटकः m▫ karkatah, karkatakah*
Cricket	*चीरी, झिल्लिका, भृंगारी f▫ ćīrī, jhillikā, bhṛńgārī*
Earthworm	*भूजंतुः m▫ bhūjantuh*
Fly	*मक्षिका, नीला f▫ makṣikā, nīlā*
Glow worm	*खद्योतः m▫ khadyotah*
Grasshopper	*शरभः m▫ śarabhah*
Honey bee	*मधुकरः, (स्त्री▫) मधुमक्षिका m▫ madhukarah, f▫ madhumakṣikā*
Insect	*कीटः, कृमिः, क्रिमिः m▫ kītah, kṛmih, krimih*
Moth	*शलभः m▫ śalabhah*
Scorpion	*द्रोणः, वृश्चिकः m▫ droṇah, vṛśćikah*

Snail	*शंबूकः m▫ śambūkah*
Spider	*ऊर्णनाभः, कोशकारः, जालिकः, तंतुनाभः, मर्कटकः, (स्त्री▫) लूता m▫ ūrṇanābhah, kośakārah, jālikah, tantunābhah, markatakah, f▫ lūtah*
Termite	*वामी f▫ vāmī*

11.4 BIRDS पक्षिणः pakṣiṇah

Black bird	*कुहूरवा, कोकिला, पिका f▫ kuhūravā, kokilā, pikā*
Blue bird	*नीलकंठः m▫ nīlakaṇthah*
Chicken	*कुक्कुटशावः m▫ kukkutaśāvah*
Cock	*कुक्कुटः, ताम्रचूडः, शिखी m▫ kukkutah, tāmraćūd'ah, śīkhī*
Crane	*बलाकः m▫ balākah*
Crow	*काकः, ध्वांक्षः, मौकुलिः, वायसः m▫ kākah, dhvāńkṣah, maukulih, vāyasah*
Dove	*कपोतः, कलरवः, पारावतः m▫ kapotah, kalaravah, pārāvatah*
Duck	*कलहंसः, कादंबः, वरटः m▫ kalaham˜sah, kādambah, varatah*
Eagle	*उत्क्रोशः, गरुडः m▫ utkośah, garud'ah*
Goose	*कलहंसः, चक्रवाकः m▫ kalaham˜sah, ćakravākah*
Hawk	*श्येनः m▫ śyenah*
Hen	*कुक्कुटी f▫ kukkutī*
Kite	*(स्त्री▫) आतापी, (पु▫) चिल्लः f▫ ātāpī, m▫ ćillah*
Owl	*उलुकः, कौशिकः, दिवान्धः, धूकः, निशाटनः, पेचकः m▫ ulukah, kauśikah, divāndhah, dhūkah, niśātanah, pećakah*
Parrot	*कीरः, शुकः m▫ kīrah, śukah*
Pigeon	*कपोतः, कलरवः, पारावतः m▫ kapotah, kalaravah, pārāvatah*
Peacock	*केकी, मयूरः, शिखंडी, शिखी m▫ kekī, mayūrah, śikhaṇd'ī, śikhī*
Rooster	*कुक्कुटः, ताम्रचूडः, शिखी m▫ kukkutah, tāmraćud'ah, śīkhī*
Sparrow	*चटकः m▫ ćatakah*
Swan	*राजहंसः, हंसः m▫ rājham˜sah, ham˜sah*
Vulture	*गृध्रः m▫ gṛdhrah*
Woodpecker	*काष्ठकूटः m▫ kāṣthakūtah*

11.5 THE BODY PARTS शरीराङ्गानि śarīrāńgāni

Abdomen	*उदरं, कुक्षिः m▫ udaram, kukṣih*
Ankle	*गुल्फः, घुटिका m▫ gulfah, f▫ ghutikā*
Arm	*बाहुः, भुजः, (स्त्री▫) भुजा m▫ bāhuh, bhujah, f▫ bhujā*
Artery	*धमनी f▫ dhamanī*
Back	*पृष्ठं n▫ pṛstham*
Beard	*कूर्चं, श्मश्रु n▫ kūrcham, śmaśru*
Belly	*उदरं, कुक्षिः, जठरं, तुन्दं n▫ udaram, kukṣih, jatharam, tundam*
Bellybutton	*उदरगण्डः m▫ udaragaṇḋah*
Blood	*अस्रं, रक्तं, रुधिरं, लोहितं, शोणितं*
	n▫ asram, raktam, rudhiram, lohitam, shoṇitam
Bloodvessel	*असृग्वहा, नाडी, रक्तवाहिनी, शिरा f▫ asṛgvahā, nāḋī, raktavāhinī, śirā*
Body	*अङ्गं, कलेवरं, कायः, गात्रं, तनु, देहः, वपुः, विग्रहः, शरीरं*
	n▫ angam, kalevaram, m▫ kāyah, n▫ gātram, tanu, m▫ dehah, vapuh, vigrahah, n▫ śarīram
Brain	*गोर्दं, मस्तिष्कं n▫ gordam, mastiṣkam*
Breath	*श्वसः m▫ śvāsah*
	(i) in-breath श्वसः m▫ śvāsah; (ii) out-breath उच्छ्वासः m▫ uććhvāsah
Breast	*क्रोडं, वक्षः, (स्त्री▫) स्तनः m▫ kroḋam, vakṣah; (for female) m▫ stanah*
Cadaver	*कुणपः शवः, शवं m▫ kuṇapah, śavah, n▫ śavam*
Cheek	*करटः, कपोलः, गडः, गल्लः m▫ karatah, kapolah, gaḋah, gallah*
Chest	*क्रोडं, वक्षः n▫ kroḋam, vakṣah*
Chin	*चिबुकं, हनुः n▫ ćibukam, m▫ f▫ hanuh*
Ear	*कर्णः, क्षोत्रं, श्रुतिः m▫ karṇah, n▫ kṣotram, f▫ śrutih*
Elbow	*कूर्परः, कफिणः m▫ kūrparah, f▫ kafaṇīh*
Eye	*अक्षि, चक्षुः, नयनं, नेत्रं, लोचनं*
	n▫ akṣi, ćakṣuh, nayanam, netram, loćanam
Face	*आननं, आस्यं, तुण्डं, मुखं, वदनं, वक्त्रं*
	n▫ ānanam, āsyam, tuṇḋam, mukham, vadanam, vaktram
Feather	*पक्षः, पिच्छं m▫ pakṣah, n▫ piććham*
Finger	*अंगुलिः f▫ angulih*
Fist	*मुष्टिः m▫ muṣtih; मुष्टी f▫ muṣtī*
Foot	*चरणं, पदं, पादः n▫ ćaraṇam, padam, m▫ pādah*

Forehead	ललाटं n▫ *lalātam*
Hair	कचः, कुन्तलः, केशः, चिकुरः, बालः *m▫ kaćah, kuntalah, keśah, ćikurah, bālah*
Hand	करः, पाणिः, हस्तः m▫ *karah, pāṇih, hastah*
Head	मूर्धा, मौलिः, शिरः, शीर्षं, शीर्षकं *m▫ mūrdhā, maulih, n▫ śirah, śīrṣam, śīrṣakam*
Heart	हृद्, हृदयं n▫ *hṛd, hṛdayam*
Intestine	अन्त्रं n▫ *antram*
Jaw,	पीचं, हनु n▫ *pīćam, m▫ f▫ hanu*
Joint	सन्धिः m▫ *sandhih*
Kidney	गुर्दः, वृक्कः m▫ *gurdah, vṛkkah*
Knee	जानु n▫ *jānu*
Lap	अङ्कः, क्रोडं, m▫ *aṅkah, n▫ kroḋam*
Life	चैतन्यं, जीवनं, प्राणः n▫ *ćaitanyam, jīvanam, m▫ prāṇah*
Limb	अङ्गं, अवयवः, गात्रं n▫ *aṅgam, m▫ avayavah, n▫ gātram*
Lip	ओष्ठः *upper-lip m▫ oṣthah; lower-lip* अधरः *m▫ adharah*
Little-finger	कनिष्ठा, कनिष्ठिका, कनीका f▫ *kaniṣthā, kaniṣthikā, kanīkā*
Lungs	क्लोमं, फुप्फुसं n▫ *klomam, fuffusam*
Moustache ṣ	श्मश्रु n▫ *śmaśru*
Mouth	आननं, आस्यं, तुण्डं, मुखं, लपनं, वक्त्रं, वदनं *m▫ ānanam, āsyam, tuṇḋam, mukham, lapanam, vaktram, vadanam*
Nail	नखः, नखं m▫ *nakhah, n▫ nakham*
Neck	ग्रीवा f▫ *grīvā*
Nose	घोणा, घ्राणं, नसा, नासा, नासिका *f▫ ghoṇā, n▫ ghrāṇam, f▫ nasā, nāsā, nāsikā*
Palm	करतलः, चपेटः, प्रहस्तः m▫ *kartalah, ćapetah, prahastah*
Pulse	स्पन्दनं n▫ *spandanam*
Rib	पर्शुका f▫ *parśukā*
Shoulder	अंसः, स्कन्धः m▫ *am˜sah, skandhah*
Skeleton	कङ्कालः, पञ्जरः m▫ *kaṅkālah, pañjarah*
Skin	त्वचा f▫ *tvachā*
Skull	कपालः, कपालं, कर्परः m▫ *kapālah, n▫ kapālam, m▫ karparah*
Soul	आत्मा m▫ *ātmā*

Stomach	*अन्नाशयः, उदरं, कोष्ठः m▫ annāśayah, n▫ udaram, m▫ koṣṭhah*
Tail	*पुच्छं, लाङ्गøलं n▫ puććham, lāńgulam*
Tear	*अश्रु n▫ aśru*
Throat	*कण्ठः, गलः m▫ kaṇṭhah, galah*
Thumb	*अङ्गøष्ठः m▫ ańguṣṭhah*
Tongue	*जिह्वा, रसना f▫ jihvā, rasanā*
Tooth	*जम्भः, दन्तः, दंष्ट्रा, दशनः, रदः, रदनः*
	m▫ jambhah, dantah, (f▫) dam˜ṣṭrāh, (m▫) daśanah, radah, radanah
Uterus	*गर्भाशयः, योनिः m▫ garbhāśayah, f▫ yonih*
Vein	*रक्तवाहिनी f▫ raktavāhinī*
Vision	*दृष्टिः f▫ dṛṣtih*
Waist	*कटिः, कटी, श्रोणिः m▫ katih, f▫ katī, śroṇih*
Wrist	*प्रकोष्ठः, मणिबंधः m▫ prakoṣṭhah, maṇibandhah*

11.6 AILMENTS and BODY CONDITIONS विकाराः vikārāh

Asthma	*श्वसरोगः m▫ śvāsarogah*
Belching	*उद्गिरणं n▫ udgiraṇam*
Bleeding	*रक्तस्रावः m▫ raktasrāvah*
Blindness	*अन्धता f▫ andhatā*
Cancer	*कर्कः, कर्कटः m▫ karkah, karkatah*
Cough	*काशः, कासः, क्षवथुः m▫ kāśah, kāsah, kṣavathuh*
Diarrhoea	*अतिसारः m▫ atisārah*
Disease	*अस्वास्थ्यं, आमयः, गदः, रुजा, रोगः, विकारः, व्याधिः*
	n▫ asvāsthyam, m▫ āmayah, gadah, f▫ rujā, m▫ rogah, vikārah, vyādhih
Dysentry	*अतिसारः m▫ atisārah*
Headache	*शिरोवेदना f▫ śirovedanā*
Health	*अनामयं, आरोग्यं, स्वास्थ्यं n▫ anāmayam, ārogyam, svāsthyam*
Hiccup	*हिक्का, हिध्मा f▫ hikkā, hidhmā*
Hurt	*अपकारः, क्षतिः m▫ apkārah, f▫ kṣatih*
Indigestion	*अपाकः, अजीर्णं m▫ apākah, n▫ ajīrṇam*
Obese	*पीनः, पीवरः m▫ pīnah, pīvarah*
Pain	*उद्वेगः, कष्टं, कृच्छ्रं, क्लेशः, तापः, दुःखं, पीडा, वेदना, व्यथा*
	m▫ udvegah, n▫ kaṣtam, kṛćhram, m▫ kleśah, tāpah, m▫ duhkham, f▫ pīd'ā, vedanā, vyathā

Plague	*महामारी f▫ mahāmārī*
Sick	*अस्वस्थः, पीडितः, रुग्णः m▫ asvasthah, pīďitah, rugṇah*
Sleepy	*निद्रालुः, शयालुः m▫ nidrāluh, śayāluh*
Sneeze	*क्षवः, क्षुतं m▫ kṣavah, n▫ kṣutam*
Sore	*ईर्मं, क्षतं, व्रणः n▫ īrmam, kṣatam, m▫ vraṇah*
Sprain	*स्नायुवितानं n▫ snāyuvitānam*
Swelling	*शूयमानः m▫ śūyamānah*
Tuberculosis	*क्षयः m▫ kṣayah*
Vomit	*वमनं n▫ vamanam*
Wound	*क्षतं, व्रणः n▫ kṣatam, m▫ vraṇah*

11.7 CLOTHING, DRESS etc. परिधानानि **paridhānāni**

Belt	*काञ्ची, मेखला kāñćī, mekhalā*
Blanket	*ऊर्णायुः, कम्बलः, रल्लकः m▫ ūrṇāyuh, kambalah, rallakah*
Cap	*शिरस्कं n▫ śiraskam*
Cloth	*वसनं, वस्त्रं, वासः n▫ vasanam, vastram, vāsah*
Coat	*उत्तरीयं, कञ्चुकः, निचोलः n▫ uttariyam, kañćukah, nićolah*
Colour	*रङ्गः m▫ rangah*
Cotton	*कर्पासः, तूलः, पिचुः, पिचुलः m▫ karpāsah, tūlah, pićuh, pićulah*
Glove	*करच्छदः m▫ karaććhadah*
Gown	*कटिवस्त्रं n▫ kativastram*
Hat	*शिरस्कं, शिरस्त्राणं n▫ śiraskam, śirastrāṇam*
Jacket	*कूर्पासकः, निचोलः m▫ kūrpāsakah, nićolah*
Scarf	*चेलं, चेलकः n▫ ćlam, m▫ ćelakah*
Shirt	*चोलः, युतकं m▫ ćolah, n▫ yutakam*
Silk	*कौशं, कौशेयं, कौशाम्बरं, कौशिकं, क्षौमं, टुकुलं n▫ kauśam, kauśeyam, kauśāmbaram, kauśikam, kṣaumam, tukulam*
Skirt	*वस्त्राञ्चलः m▫ vastrāñćalah*
Sock	*पादत्रं n▫ pādatram*
Towel	*मार्जनवस्त्रं n▫ mārjanavastram*
Turban	*उष्णीषं n▫ uṣṇīṣam*
Wool	*ऊर्णा, लोम f▫ ūrṇā, n▫ loma*
Yarn	*तन्तुः, सूत्रं m▫ tantuh, n▫ sūtram*

11.8 RELATIONS सम्बन्धाः **sambandhāh**

Aunt	पितृष्वसा, मातृष्वसा *f▫ pitṛṣvasā, mātṛṣvasā*
Brother	बंधुः, भ्राता, सहोदरः, सोदरः *m▫ bandhuh, bhrātā, sahodarah, sodarah*
Brother' son	भ्रातृव्यः, भ्रातृपुत्रः, भ्रात्रीयः *m▫ bhatṛvyah, bhrātṛputrah, bhrātrīyah*
Brother's daughter	भ्रातृकन्या, भ्रातृसुता, भ्रात्रीया *f▫ bhatṛkanyā, bhrātṛsutā, bhrātrīyā*
Brother's wife	प्रजावती, भ्रातृजाया *f▫ prajāvatī, bhrātṛjāyā*
Child	अपत्यं, अर्भकः, संततिः, सन्तानः *n▫ apatyam, arbhakam, f▫ santtih, m▫ santānah*
Couple	युगलं, युग्मं, दम्पती, वधूवरौ *n▫ yualam, yugmam; dual▫ m▫ dampatī, vadhūvarau*
Daughter	अंगजा, आत्मजा, कन्या, कुमारी, तनया, तनुजा, दुहिता, नन्दिनी, पुत्रिका, पुत्री, सुता *f▫ aṅgajā, ātmajā, kanyā, kumārī, tanayā, tanujā,* *duhitā, nandinī, putrikā, putrī, sutā*
Daughter-in-law	वधूः, स्नुषा *f▫ vadhūh, snuṣā*
Family	कुटुम्बं, कुलं, गोत्रं, जातिः, वंशः *n▫ kutumbam, kulam, gotram, f▫ jātih, m▫ vam˜śah*
Father	जनकः, जनयिता, जनिता, जन्मदः, पिता, तातः *m▫ janakah, janayitā, janitā, janmadah, pitā, tātah*
Father-in-law	श्वशुरः *m▫ śvaśurah*
Father's brother	पितृव्यः *m▫ pitṛvyah*
Father's father	पितामहः *m▫ pitamah*
Father's mother	पितामही *m▫ pitāmahī*
Father's sister	पितृव्या, पितृस्वसा *pitṛvyā, pitṛsvasā*
Forefathers	पितरः, पूर्वजाः, पूर्वाः, वृद्धाः *pl▫ pitarah, pūrvajāh, pūrvāh, vṛddhāh*
Friend	बंधुः, मित्रं, वसस्यः, सखा, सुहृद्, हितः *m▫ bandhuh, n▫ mitram, m▫ vayasyah, sakhā, suhṛd, hitah*
Grand-child	पौत्रः *m▫ pautrah ; f▫* पौत्री *pautrī*
Grand-daughter	पौत्री *f▫ pautrī*
Grand-father	पितामहः; मातामहः *m▫ pitāmahah; mātāmahah*
Grand-son	पौत्रः *m▫ pautrah*
Heair	अंशहारी, उत्तराधिकारी, दायादः, रिक्थहरः, रिक्थी *am˜śahārī, uttarādhikārī, dāyādah, rikthaharah, rikthī*
Husband	इष्टः, उपयन्ता, कान्तः, धवः, नाथः, पतिः, परिग्रहिता, परिणेता,

	प्राणेशः, प्रियतमः, भर्ता, विवोढा, स्वामी, हृदयेशः *m▫ iṣtah, upayantā, kāntah, dhavah, nāthah, patih, parigrahitā, pariṇetā, prāṇeśah, priyatamah, bhartā, vivoḍhā, swāmī, hṛdayeśah*
Husband's brother	देवरः *m▫ devarah*
Husband and wife	जम्पती, दम्पती, जायापती, भार्यापती *(dual▫ m▫) jampatī, dampatī, jāyāpatī, bhāryāpatī*
Husband's sister	ननांदा, याता, श्याली *f▫ nanāndā, yātā, śyālī*
Mother	अंबा, जननी, जनयित्री, जन्मदा, प्रसवित्री, प्रसविनी, प्रसूः *f▫ ambā, jananī, janayitrī, janmadā, prasavitrī, prasavinī, prasūh*
Mother-in-law	श्वश्रूः *f▫ śvaśrūh*
Mother's brother	मातुलः *m▫ mātulah*
Mother's brother's wife	मातुला, मातुलानी, मातुली *f▫ mātulā, mātaulānī, mātulī*
Mother's father	मातामहः *m▫ mātānahah*
Mother's mother	मातामही *f▫ mātāmahī*
Mother's sister	मातृस्वसा *f▫ mātṛsvasā*
Relative	ज्ञातिः, बन्धुः, बान्धवः, सकुल्यः, सगोत्रः *m▫ jñātih, bandhuh, bāndhavah, sakulyah, sagotrah*
Sister	भगिनी, स्वसा, सोदर्या *bhaginī, svasā, sodaryā*
Sister, elder	अग्रजा *f▫ agrajā*
Sister, younger	अनुजा, अवरजा *f▫ anujā, avarajā*
Sister's daughter	भागिनेयी, स्वस्रीया *f▫ bhāgineyī, svasrīyā*
Sister's husband	आवृत्तः, भगिनीपतिः *m▫ āvṛttah, bhaginīpatih*
Sister-in-law	ननान्दा, याता, श्याली *f▫ nanāndā, yātā, śyālī*
Sister's son	भागिनेय, स्वसृपुत्रः, स्वस्रेयः *m▫ bhāgineyah, svasṛputrah, svasreyah*
Son	अङ्गजः, आत्मजः, कुमारः, तनयः, तनुजः, दारकः, नंदनः, पुत्रः, पुत्रकः, सुतः, सुनुः *m▫ angajah, ātmajah, kumārah tanayah, tanujah, dārakah:, nandanah, putrah, putrakah, sutah, sunuh*
Son-in-law	जामाता *m▫ jāmātā*
Widow	अनाथा, गतभर्तृका, निर्णाथा, पतिहीना, विधवा *f▫ anāthā, gatabhartṛkā, nirṇāthā, patihīnā, vidhavā*
Widower	गतजायः, पत्नीहीनः *m▫ gatajāyah, patnīhīnah*

Wife	कलत्रं, कान्ता, क्षेत्रं, गृहाः, गृहिणी, गेहिनी, जाया, दयिता, दाराः, पत्नी, परिग्रहः, प्रिया, भार्या, रमणी, वधूः, वल्लभा, सहधर्मिणी, स्त्री *n▫ kalatram, f▫ kāntā, n▫ kṣetram, f▫ gṛhāh, gṛhiṇī, gehinī, jāyā, dayitā, m▫ dārāh, f▫ patnī, m▫ parigrahah, f▫ priyā, bharyā, ramaṇī, vadhūh, vallabhā, sahadharmiṇī, strī*
Wife's brother	श्यालः *m▫ śyālah*
Wife's sister	श्याली *f▫ śyālī*

11.9 HOUSEHOLD THINGS गृह्यवस्तुनि gṛhyavastuni

Bag	*कोषः, स्यूतः m▫ kośah, syūtah*
Basket	*कण्डोली, करण्डः, मञ्जूषा f▫ kaṇḋolī, m▫ karanḋah, f▫ mañjūṣā*
Bed	*शय्या f▫ śaiyyā*
Blanket	*ऊर्णायुः, कम्बलः m▫ ūrṇāyuh, kambalah*
Bottle	*कूपी f▫ kūpī*
Bowl	*कटोरं, कटोरा, भाजनं, शरावः n▫ katoram, f▫ katorā, n▫ bhājanam, m▫ śarāvah*
Box	*पेटिका, सम्पुटः, समुद्रकः f▫ petikā, m▫ samputah, samudrakah*
Broom	*सम्मार्जनी f▫ sammarjanī*
Brush	*मार्जनी f▫ mārjanī*
Bucket	*उदश्चनं, द्रोणी n▫ udañćanam, f▫ droṇī*
Button	*गण्डः m▫ gaṇḋah*
Candle	*दीपिका f▫ dīpikā*
Chair	*आसनं, पीठं, विष्टरः n▫ āsanam, pīthah, m▫ viṣtarah*
Comb	*कङ्कतिका, प्रसाधनी f▫ kańkatikā, prasādhanī*
Cot	*खट्वा, पर्यंकः f▫ khatvā, m▫ paryańkah*
Cup	*चषकः m▫ ćaṣakah*
Dictionary	*अभिधानं, शब्दकोषः m▫ abhidhānam, m▫ śabdakoṣah*
Dish	*शरावः m▫ śarāvah*
Fuel	*ईन्धनं n▫ īndhanam*
Glass	*चषकः m▫ ćaṣakah*
Key	*कुञ्चिका, ताली f▫ kuñc}ikā, tālī*
Knife	*कृपाणी, छुरिका, छुरी f▫ kṛpāṇī, ćhurikā, ćhurī*
Lamp	*दीपः, दीपकः m▫ dīpah, dīpakah*

Lock	*तालः m▫ tālah*
Mirror	*आदर्शः, दर्पणः, मुकुरः m▫ ādarśah, darpaṇah, mukurah*
Needle	*सूचिका, सूची, सेवनी f▫ sūćikā, sūćī, sevanī*
Oven	*कन्दुः, चुल्ली m▫ kanduh, f▫ ćullī*
Paper	*पत्रकं n▫ patrakam*
Pen	*कलमः, लेखनी m▫ kalamah, f▫ lekhanī*
Pillow	*उपधानं, बालिशं n▫ upadhānam, bāliśah*
Plate	*थालिका, स्थाली f▫ thālikā, sthālī*
Pot	*कलशः, कुंभः, घटः, पात्रं, पिठरः, भाजनं*
	m▫ kalaśah, kumbhah, ghatah, pātram, pitharah, n▫ bhājanam
Rope	*रज्जुः, शुल्बं f▫ rajjuh, n▫ śulbam*
Sack	*स्यूतः m▫ syūtah*
Soap	*फेनिलः m▫ fenilah*
Spoon	*चमसः m▫ chamasah*
Stove	*चुल्ली f▫ ćullī*
String	*तन्तुः, रज्जुः m▫ tantuh, rajjuh*
Swing	*दोला, प्रेङ्खा, हिन्दोलः f▫ dolā, preṅkhah, m▫ hindolah*
Table	*मञ्चः m▫ mañćah*
Thread	*तन्तुः m▫ tantuh*
Umbrella	*छत्रं n▫ chhatram*
Wire	*तारः m▫ tārah*
Wok	*ऋजीषं, कटाहः n▫ ṛjīṣam, m▫ katahah*

11.10 TOOLS उपकरणानि upakaraṇāni

Anvil	*शूर्मी, स्थूणा f▫ śūrmī, sthuṇā*
Awl	*आरा f▫ ārā*
Axe	*कुठारः, परशुः m▫ kuthārah paraśuh*
Blade	*धारा f▫ dhārā*
Chisel	*टङ्कः, तक्षणी, व्रश्चनः m▫ taṅkah, f▫ takṣaṇī, m▫ vraśćanah*
Hammer	*अयोघनः, घनः, द्रुघणः, मुद्गरः*
	m▫ ayoghanah, ghanah, drughaṇah, mudgarah
Knife	*कृपाणी, छुरिका, छुरी f▫ kṛpāṇī, ćhurikā, ćhurī*
Lever	*उत्तोलनदण्डः, तुलायन्त्रं m▫ uttolanadaṇḍah n▫ tulāyantram*
Razor	*क्षुरः m▫ kṣurah*

Saw *करपत्रं, क्रकचं, n▫ karapatram, krakaćam*

Scale, weight *तुला f▫ tulā*

Scissors *कर्तरिका, कर्तरी, कृपाणी, खण्डधारा, छेदनी*

f▫ kartarikā, kartarī, kṛpāṇī, khaṇḋadhārā, ćhedanī

Sickle *दात्रं, लवित्रं n▫ dātram, lavitram*

Spade *अवदारणं, खनित्रं, स्तम्बघ्नः n▫ avadāraṇam, khanitram, m▫ stambaghnah*

11.11 FLOWERS पुष्पाणि puṣpāṇi

Bud *अङ्कुरः, कलिका, कुड्मलः, कौरकं, पल्लवः, मुकुलं*

m▫ aṅkurah, f▫ kalikā, m▫ kuḋmalah, n▫ kaurakam, m▫ pallavah, n▫ mukulam

Flower *कुसुमं, पुष्पं, प्रसूनं, सुमं, सुमनं, सूनं*

n▫ kusumam, puṣpam, prasūnam, sumam, sumanam, sūnam

Fragrance *गन्धः, परिमलः, वासः, सुगन्धः, सुवासः, सौरभं*

m▫ gandhah, parimalah, vāsah, sugandhah, sauvāsah, n▫ saurabham

Jasmine *अम्बष्ठा, अतिमुक्तः, कुन्दं, बकुलः, मल्लिका, माधवी, मालती, यूथिका*

f▫ ambaṣthā, m▫ atimuktah, n▫ kundam, m▫ bakulah, f▫ mallikā, mādhavī, mālatī, yūthikā

Lotus *अम्बुजं, अब्जं, अम्भोजं, अम्भोरुहं, अरविन्दं, उत्पलं, कमलं, कुशेशयं, तामरसं,*

नलिनं, पङ्कजं, पंकेरुहं, पद्म, पुष्करं, मरोरुहं, महोत्पलं, मृणालिनी, राजीवं,

विसप्रसूनं, शतपत्रं, सरसिजं, सरसीरुहं, सहस्रपत्रं, सारसं

n▫ ambujam, abjam, ambhojam, ambhoruham, aravindam, utpalam, kamalam, kuśeśayam, tāmarasam, nalinam, paṅkajam, paṅkeruham, padma, puṣkaram, maroruham, mahotpalam, f▫ mṛṇālinī, n▫ rājīvam, viprasūnam, śatapatram, sarasijam, sarasīruham, sahasrapatram, sārasam

Lotus, blue *कमलं, कुवलयं, इन्दीवरं, नीलोत्पलं*

n▫ kamalam, kuvalayam, indīvaram, nīlotpalam

Lotus, red *कमलं, कोकनदं, रक्तोत्पलं n▫ kamalam, kokanadam, raktotpalam*

Lotus, white *कमलं, कह्लारं, कुमुदं, पुण्डरीकं, सीताभोजं*

n▫ kamalam, kahvāram, kumudam, puṇḋarīkam, sītābhojam

Marigold *गन्धपुष्पं n▫ gandhapuṣpam*

Nectar *अमृतं, पीयूषं, मकरन्दः, मरन्दः, मधु, मुधा, रसः*

n▫ amṛtam, pīyūṣam, m▫ makarandah, marandah, n▫ madhu, f▫ mudhā, m▫ rasah

Night Jasmine रजनीगन्धा *f*▫ *rajanīgandhā*

Petal दलं, पत्रं *n*▫ *dalam, patram*

Pollen परागः, रजः, रेणुः *m*▫ *parāgah, rajah, reṇuh*

Rose ओड्रपुष्पं, जपा *n*▫ *oḋrapuṣpam, f*▫ *japā*

Sunflower सूर्यपुष्पं *n*▫ *sūryapuṣpam*

11.12 FRUITS फलानि phalani

Almond वातामफलं *n*▫ *vātāmaphalam*

Apple आताफलं *n*▫ *ātāphalam*

Banana कदली *f*▫ *kadalī*

Cocoanut नारिकेलं *n*▫ *nārikelam*

Fig अञ्जीरं *n*▫ *anjīram*

Grape द्राक्षा *f*▫ *drākṣā*

Guava आम्रलं *n*▫ *āmralam*

Lemon जम्बीरः, जभः, फलपूरः, बीजपूरः, रुचकः, मातुलङ्गकः *n*▫ *jambīrah, jabhah, m*▫ *phalapūrah, bījapūrah, rućakah, mātulangakah*

Mango आम्रं, आम्रफलं *n*▫ *āmram, āmraphalam*

Melon खर्बूजं *n*▫ *kharbūjam*

Orange ऐरावतः, नारंगः *m*▫ *airāvatah, nārangah*

Papaya मधुकर्कटी *f*▫ *madhukarkatī*

Pineapple अननासं *n*▫ *ananāsam*

Plum बदरीफलं *n*▫ *badrīphalam*

Pomegranate दाडिमं *n*▫ *dāḋimam*

Tamarind अम्लिका *f*▫ *amlikā*

Walnut अक्षोटं *n*▫ *akṣotam*

Watermelon कालिन्दं, तारबूजं *n*▫ *kālindam, tārabūjam*

11.13 VEGETABLES शाकानि śākāni

Beans माषः, शिम्बिका *m*▫ *māśah, f*▫ *śimbikā*

Bittergourd कारवेल्लं *n*▫ *kāravellam*

Cabbage हरितकं *n*▫ *haritakam*

Carrot गृञ्जनं *n*▫ *grñjanam*

Cauliflower गोजिह्वा *f*▫ *gojihvā*

Chilli मरिचं *n*▫ *marićam*

Cocoanut नारिकेलं *n*▫ *nārikelam*

Cucumber	*कर्कटी, चर्मटिका f▫ karkatī, ćarmatikā*
Eggplant	*भण्टाकी, वृत्ताङ्कः f▫ bhaṇtākī, m▫ vṛttāńkah*
Lemon	*जम्बीरः, जभः, फलपूरः, बीजपूरः, रुचकः, मातुलङ्गकः m▫ jambīrah, jabhah, phalapūrah, bījapūrah, rućakah, mātulangakah*
Okra	*भिण्डकः m▫ bhiṇḍ'akah*
Onion	*पलाण्डुः, सुकन्दकः m▫ palāṇḍ'uh, sukandakah*
Peas	*कलायः m▫ kalāyah*
Potato	*आलुः, गोलालुः m▫ āluh, golāluh*
Pumpkin	*कर्कारुः, कुष्माण्डः m▫ karkāruh, kuṣmāṇḍ'ah*
Raddish	*मूलकं, मूलिका n▫ mūlakam, f▫ mūlikā*
Salad	*शदः m▫ śadah*
Spinach	*पालकी f▫ pālakī*
Sugarcane	*इक्षुः, रसालः m▫ ikṣuh, rasālah*
Tomato	*रक्तांगः m▫ raktāńgah*
Vegetable	*शाकः, शाकं, हरितकं m▫ śākah, n▫ śākam, haritakam*
Zuchini	*जालिनी f▫ jālinī*

11.14 PLANTS वनस्पतयः vanaspatayah

Banyan	*अश्वत्थः, न्यग्रोधः, वटः m▫ aśvatthah, nyagrodhah, vatah*
Branch	*विटपः, शाखा m▫ vitapah, f▫ śākhā*
Bud	*अङ्कुरः, कलिका, कुड्मलः, कौरकं, पल्लवः, मुकुलं m▫ ańkurah, f▫ kalikā, m▫ kuḍ'malah, n▫ kaurakam, m▫ pallavah, n▫ mukulam*
Bulb	*कन्दं n▫ kandam*
Climber	*वल्लरी, विल्लः, वल्ली f▫ vallarī, vallih, vallī*
Flower	*कुसुमं, पुष्पं, प्रसूनं, सुमं, सुमनं, सूनं n▫ kusumam, puṣpam, prasūnam, sumam, sumanam, sūnam*
Grass	*घासः, तृणं, शस्यं, शादः m▫ ghāsah, n▫ tṛṇam, śasyam, m▫ śādah*
Green	*हरित्, हरित adj▫ harit, harita*
Guava	*आम्रलं n▫ āmralam*
Juice	*आसवः द्रवः, रसः m▫ āsavah, dravah, rasah*
Leaf	*छदः, पत्रं, पर्णं, दलं m▫ ćhadah, n▫ patram, parṇam, dalam*
Lemon	*जम्बीरः, जभः, फलपूरः, बीजपूरः, रुचकः, मातुलङ्गकः*

	m▫ jambīrah, jabhah, phalapūrah, bījapūrah, rućakah, mātulangakah
Mango	आम्रं n▫ āmram
Palm	तालः m▫ tālah
Peel	वल्कं, शल्कं n▫ valkam, śalkam
Root	पादः, मूलं m▫ pādah, n▫ mūlam
Seed	बीजं n▫ bījam
Stem	काण्डं, नालं n▫ kāṇḋam, nālam
Tamarind	चिञ्चा f▫ ćinćā
Thorn	कण्टकः, शल्यं m▫ kaṇtakah, n▫ śalyam
Tree	तरुः, द्रुमः, पादपः, वनस्पतिः, विटपः, वृक्षः m▫ taruh, drumah, pādapah, vanaspatih, vitapah, vṛkṣah
Vine	लता, वल्लरी, विल्लः, वल्ली f▫ latā, vallarī, vallih, vallī
Wood	दारु, काष्ठं n▫ dāru, kāṣtham

11.15 FOOD STUFF खाद्यपेयानि khādyapeyāni

Beverage	पानं, पानीयं, पेयं n▫ pānam, pānīyam, peyam
Bread	अभ्यूषः m▫ abhyūṣah, रोटिका f▫ rotikā
Butter	कलाटः, नवनीतं m▫ kilātah, n▫ navanītam
Butter ghee	आज्यं, घृतं n▫ ājyam, ghṛtam
Buttermilk	अरिटं, कालशेयं, तक्रं n▫ aritam, kālaśeyam, takram
Black mung	माषः m▫ māṣah
Cheese	दाधजं n▫ dādhajam
Chickpea	चणकः m▫ chaṇakah
Cook	पाचकः, बल्लवः, सूदः m▫ pāćakah, ballavah, sūdah
Corn	शस्यं n▫ śasyam
Drink	पानं, पानीयं, पेयं n▫ pānam, pānīyam, peyam
Flour	क्षोदं, चूर्णं, पिष्टं n▫ kṣodam, ćūrṇam, piṣtam
Food	अन्नं, अशनं, आहारः, ओदनं, खादनं, खाद्यं, भक्तं, भक्षणं, भक्ष्यं, भोजनं, भोज्यं m▫ annam, aśanam, m▫ āhārah, n▫ odanam, khādanam, khādyam, bhaktam, bhakṣaṇam, bhakṣyam, bhojanam, bhojyam
Grain	धान्यं, शस्यं n▫ dhānyam, śasyam
Honey	क्षौद्रं, मधु n▫ kṣaudram, madhu
Ice	हिमं n▫ himam

Kidney beans	*मुद्गः, शिंबा m▫ mudgah, f▫ śimbā*
Kitchen	*पाकशाला f▫ pākśālā*
Lentil	*मसूरः, मसूरा m▫ masūrah, f▫ masūrā*
Milk	*क्षीरं, दुग्धं n▫ kṣīram, dugdham*
Mung green	*मुद्गः m▫ mudgah*
Oil	*अभ्यञ्जनं, तैलं, स्नेहः n▫ abhyañjanam, tailam, m▫ snehah*
Paddy	*धान्यं n▫ dhānyam*
Pea	*कलायः, रेणुकः m▫ kalāyah, reṇukah*
Pickle	*सन्धानं f▫ sandhānam*
Pulse	*वैदलं, शमीजः n▫ vaidalam, m▫ śamījah*
Rice	*तन्दुलः m▫ tandulah*
Salt	*लवणं n▫ lavaṇam*
Samosa	*समाषः m▫ samāṣah*
Sauce	*अवलेहः m▫ avalehah*
Seasum	*तिलः m▫ tilah*
Sugar	*शर्करा, सीता f▫ śarkarā, sītā*
Sweets	*मिष्टान्नं n▫ miṣtānnam*
Wheat	*गोधूमः m▫ godhūmah*
Water	*अम्बु, अम्भः, उदकं, जलं, तोयं, पयः, पानीयं, वारि, सलिलं n▫ ambu, ambhah, udakam, jalam, toyam, payah, pānīyam, vāri, salilam*
Wine	*मदिरा, मद्यं, सुरा f▫ madirā, madyam, surā*
Yougrt	*दधि n▫ dadhi*

11.16 SPICES उपस्करणानि upaskaraṇāni

Aniseed	*मधुरा f▫ madhurā*
Asafoetida	*हिंगुः m▫ hiṅguh*
Basil	*कुठेरकः, तुलसी, पर्णासः m▫ kutherakah, f▫ tulsī, m▫ parṇāsah*
Betel-nut	*ताम्बूलं, पूगं n▫ tāmbūlam, pūgam*
Cardamom	*एला f▫ elā*
Cinnamon	*दारुगन्धः, दारुसिता m▫ dārugandhah, f▫ dārusitā*
Clove	*देवकुसुमं, लवङ्गं n▫ devakusumam, lavaṅgam*
Coriander	*धान्यकं n▫ dhānyakam*
Cumin	*अजाजी, कणा, जरणः, जीरकः f▫ ajājī, kaṇā, m▫ jaraṇah, jīrakah*

Garlic	*अरिष्टं, गृञ्जनं, महाकन्दं, लशूनं, सोनहः* *n▫ ariṣtam, gr̥ñjanam, mahākandam, laśūnam, m▫ sonahah*
Ginger	*आर्द्रकं, गुल्ममूलं, शृंगवेरं n▫ ārdrakam, gulmamūlam, śr̥ṅgaveram*
Hot spice	*सौरभं n▫ saurabham*
Linseed	*अतसी, उमा, क्षुमा f▫ atasī, umā, kṣumā*
Mango powder	*आम्रचूर्णं n▫ āmrac}ūrṇam*
Mint	*अजगन्धः m▫ ajagandhah*
Mustard	*राजिका f▫ rājikā*
Nutmeg	*जातिफलं, पुटकं n▫ jātiphalam, putakam*
Pepper	*मरिचं, मरीचं n▫ marićam, marīćam*
Pepper, black	*ऊषणं, कालकं, कृष्णं, वेल्लजं n▫ ūṣaṇam, kākalam, kr̥ṣṇam, vellajam*
Spice	*उपस्करं n▫ upaskaram*
Salt	*लवणं n▫ lavaṇam*
Sugar	*शर्करा f▫ śarkarā*
Tamarind	*अम्लिका, आम्लीका, तिन्तिका, चिञ्चा f▫ amlikā, āmlīkā, tintikā, ćinćā*
Turmeric	*काञ्चनी, निशा, पीता, वरवर्णिनी, हरिद्रा* *f▫ kāñćanī, niśā, pītā, varavarṇinī, haridrā*
Walnut	*अक्षोटः, अक्षोटं m▫ akṣotakah, n▫ akṣotakam*

11.17 MINERALS, METALS and JEWELS खनीजानि khanījāni

Coal	*अंगारः, खनिजाङ्गारः m▫ angarah, khanijāṅgārah*
Brass	*आरकूटं, पित्तलं, रीती n▫ ārakūtam, pittalam, f▫ rītī*
Copper	*उदुम्बरं, ताम्रं, ताम्रकं, द्व्यष्टं, वरिष्टं, शुल्बं* *n▫ udumbaram, tāmram, tāmrakam, dvyaṣtam, variṣtam, śulbam*
Diamond	*वज्रं, हीरं, हीरकः n▫ vajram, hīram, m▫ hīrakah*
Gold	*अष्टापदं, कनकं, कर्बुरं, काञ्चनं, कार्तस्वरं, गांगेयं, चामीकरं, जातरूपं, जाम्बूनदं, तपनीयं, भर्म, महारजतं, रुक्मं, शातकुम्भं, शृंगिः, सुवर्णं, स्वर्णं, हेम, हाटकं, हिरण्यं* *n▫ aśṭāpadam, kanakam, karburam, kāñćanam, kārtasvaram, gāṅgeyam, ćāmīkaram, jātarūpam, jāmbūnadam, tapanīyam, bharma, mahārajatam, rukma, śāntkumbham, śr̥ngī, suvarṇam, svarṇam, hema, hātakam, hiraṇyam*
Iron	*अयः, आयसः, कालायसं, कृष्णायसं, पिण्डं, लोहः, लोहं, शस्त्रकं* *n▫ ayah, m▫ āyasah, n▫ kālāyasam, kr̥ṣṇāyasam, piṇḍ' am, m▫ lohah, n▫ loham, śastrakam*

Jewel	मिणः, रत्नं	*m*▫ *maṇih, n*▫ *ratnam*
Lead	नागं, योगेष्टं, वप्रं, सीसं, सीसकं	*n*▫ *nāgam, yogeṣtam, vapram, sīsam, sīsakam*
Marble	मर्मरः, मर्मरोपलः, श्लक्ष्णः	*m*▫ *marmah, marmaropalah, ślakṣṇah*
Mercury	पारदः, सूतः	*m*▫ *pāradah, sūtah*
Mine	आकरः, निधिः, रत्नाकरः	*m*▫ *ākarah, nidhih, ratnākarah*
Mineral	खनिजं, धातुः	*n*▫ *khanijam, m*▫ *dhātuh*
Pearl	मुक्ता, मुक्ताफलं, मौक्तिकं, शुक्तिजं	*f*▫ *muktā, n*▫ *muktāphalam, mauktikam, śuktijam*
Ruby	पद्मरागः, माणिक्यं, शोणरत्नं, लोहितकः	*m*▫ *padmarāgah, n*▫ *māṇikyam, śoṇaratnam, m*▫ *lohitakah*
Silver	कलधौतं, खर्जूरं, दुर्वर्णं, रजतं, रूप्यं, श्वेतं	*n*▫ *kaladhautam, kharjuram, durvarṇam, rajatam, rūpyam, śvetam*
Soil	मृद्, मृत्तिका	*f*▫ *mṛd, mṛttikā*
Zinc	दस्ता	*f*▫ *dastā*

11.18 MUSIC सङ्गीतं Sangeetam

Bell	घण्टा	*f*▫ *ghanṭā*
Bugle	शृङ्गं	*n*▫ *śṛṅgam*
Conch	कम्बुः, दरं, शंखः	*m*▫ *kambuh, n*▫ *daram, m*▫ *śankhah*
Devotional song	भजनं	*n*▫ *bhajanam*
Drum	डिण्डिमं, दुन्दुभिः, पटहः, भेरी	*n*▫ *d'ind'imam, f*▫ *dundubhih, m*▫ *patahah, f*▫ *bherī*
Flute	मुरली, वंशः, वेणुः	*f*▫ *muralī, m*▫ *vam˜śah, veṇuh*
Song	गानं, गीतं, गीतिः	*n*▫ *gānam, gītam, f*▫ *gītih*
Violin	पिनाकी, शारङ्गी	*m*▫ *pinākī, śārangī*

11.19 PROFESSIONS व्यवसायाः vyavasāyāh

Actor	अभिनेता, नटः	*m*▫ *abhinetā, natah*
Actress	अभिनेत्री, नटी	*f*▫ *abhinetrī, natī*
Advocate	पक्षसमर्थकः, वक्ता	*m*▫ *pakṣasamarthakah, vaktā*
Agent	प्रतिनिधिः	*m*▫ *pratinidhih*
Artist	कलाकारः, चित्रकरः, शिल्पी	*m*▫ *kalākārah, ćitrakarah, śilpī*

Barber	क्षुरी, क्षौरिकः, नापितः m▫ *kṣurī, kṣaurikah, nāpitah; f*▫ नापिती *nāpitī*
Blacksmith	अयस्कारः, लोहकारः m▫ *ayaskārah, lohakārah*
Carpenter	तक्षकः, त्वष्टा, स्थकारः m▫ *takṣakah, tvaṣtā, sthakārah*
Clerk	कायस्थः, लिपिकारः, लेखकः m▫ *kāyasthah, lipikārah, lekhakah*
Cook	पाचकः, बल्लवः, सूपकारः, सूदः m▫ *pāćakah, ballavah, sūpakārah, sūdah*
Dancer	नर्तकः m▫ *nartakah;* नर्तकी *f*▫ *nartakī*
Dentist	दन्तवैद्यः m▫ *dantavaidyah*
Doctor	वैद्यः m▫ *vaidyah*
Editor	संपादकः m▫ *sampādakah*
Engineer	अभियन्ता, यन्त्रकारः m▫ *abhiyantā, yantrakārah*
Examiner	परीक्षकः m▫ *parīkṣakah*
Farmer	कर्षकः, कृषिकः, कृषिवलः m▫ *karṣakah, kṛṣikah, kṛṣivalah*
Florist	मालाकारः, मालिकः m▫ *mālākārah, mālikah*
Gardener	माली m▫ *mālī*
Goldsmith	कलादः, स्वर्णकारः m▫ *kalādah, svarṇakārah*
Jeweler	मणिकारः, रत्नकारः m▫ *manikārah, ratnakārah*
Landlord	क्षेत्री, भूस्वामी m▫ *kṣetrī, bhūsvāmī*
Lawyer	विधिज्ञः m▫ *vidhijñah*
Magician	इन्द्रजालिकः, कुहकः, कौसृतिकः, मायाकारः, मायी m▫ *indrajālikah kuhakah, kausṛtikah, māyākārah, māyī*
Merchant	आपणिकः, नैगमः, वणिक्, व्यवहारी m▫ *āpaṇikah, naigamah, vāṇik, vyavahārī*
Milkman	आभीरः, गोपः, दोहकः m▫ *ābhīrah, gopah, dohakah*
Milkmaid	आभीरी, गोपिका, गोपी *f*▫ *ābhīrī, gopikā, gopī*
Nurse	परिचारिका, मातृका *f*▫ *parićārikā, mātṛkā*
Painter	चित्रकः, रञ्जकः m▫ *ćitrakah, rañjakah*
Physician	भिषक्, वैद्यः m▫ *bhiṣak, vaidyah*
Poet	कविः, सूरिः m▫ *kavih, sūrih*
Police	रक्षकः, रक्षी, राजपुरुषः m▫ *rakṣakah, rakṣī, rājpuruṣah*
Politician	राजनीतिज्ञः m▫ *rājanītijñah*
Postman	पत्रवाहः, पत्रहारः m▫ *patravāhah, patrahārah*
Priest	पण्डितः, पुरोधसाः, पुरोहितः m▫ *paṇd'itah, purodhasāh, purohitah*

Shoe-maker	चर्मकारः *m▫ ćarmakārah*
Shopkeeper	आपणिकः, क्रयविक्रयिकः, पण्यजीवः, विपणी *m▫ āpaṇikah, krayavikrayikah, paṇyajīvah, vipaṇī*
Surgeon	चिकित्सकः *m▫ ćikitsakah*
Tailor	तुन्नवायः, सूचिकः, सौचिकः *m▫ tunnavāyah, sūćikah, saućikah*
Teacher	अध्यापकः, उपदेष्टा, गुरुः, शिक्षकः *m▫ adhyapakah, upadeṣtā, guruh, śikṣakah*
Washerman	रजकः *m▫ rajakah*

11.20 BUSINESS व्यापारः vyāpārah

Account	*गणना, विगणनं f▫ gaṇanā, m▫ vigaṇanam*
Accountant	*गणकः, लेखकः m▫ gaṇakah, lekhakah*
Advertise	*विज्ञापनं n▫ vijñāpanam*
Annual	*वार्षिक adj▫ vārṣik*
Application	*याचनापत्रं n▫ yāćanāpatram*
Balance	*अवशेषः, शेषः m▫ avaśeṣah, śeṣah*
Balance scale	*तुला f▫ tulā*
Bank	*धनागारं n▫ dhanāgāram*
Bankruptsy	*निर्धनः m▫ nirdhanah*
Business	*नियोगः, यवहारः, व्यवसायः, व्यापारः m▫ niyogah, yavahārah, vyavasāyah, vyāpārah*
Capital	*मूलद्रव्यं n▫ mūladravyam*
Cash	*टण्कः, नाणकं, मुद्रा m▫ taṅkah, n▫ nāṇakam, f▫ mudrā*
Commerce	*क्रयविक्रयः, निगमः, वाणिज्यं m▫ krayavikrayah, nigamah, n▫ vāṇijyam*
Court	*न्यायसभा f▫ nyāyasabhā*
Customer	*क्रेता, ग्राहकः m▫ kretā, grāhakah*
Company	*परिषद्, श्रेणी f▫ pariṣad, śreṇī*
Customer	*क्रेता, ग्राहकः m▫ kretā, grāhakah*
Currency	*प्रचलनं, प्रचलितमुद्रा n▫ praćalanam, f▫ praćalitmudrā*
Deposit	*निक्षेपः m▫ nikṣepah* (ii) a deposit as an advance *उपनिधिः m▫ upanidhih*
Document	*पत्रं, लेखः n▫ patram, m▫ lekhah*
Earnings	*वेतनं m▫ vetanam*
Economy	*अर्थशास्त्रं, वित्तशास्त्रं m▫ arthaśāstram, vittaśāstram*
Electricity	*विद्युत् f▫ vidyut*

Employee	*अधिकृतः m▫ adhikṛtah:*
Employer	*अधिकारी m▫ adhikārī*
Factory	*कर्मशाला f▫ karmaśalā*
Income	*आयः, धनागमः, वेतनं m▫ āyah, dhanāgamah, n▫ vetanam*
Industry	उद्योगः, *व्यवसायः m▫ udyogah, vyavasāyah*
Labourer	*कर्मकरः, कर्मकारः, भृतकः m▫ karmakarah, karmakārah, bhṛtakah*
Land	*भूः, भूमिः f▫ bhūh, bhūmih*
Legal	*धर्म्य, न्याय्य adj▫ dharmya, nyāyya*
Letter	*पत्रं, लेखः n▫ patram, m▫ lekhah*
Loss	*अपचयः, हानिः m▫ apaćayah, f▫ hānih*
Management	*चालनं, विनिमयः, शासनं n▫ ćālanam, m▫ vinimayah, n▫ śāsanam*
Market	*आपणः, निगमः m▫ āpaṇah, nigamah*
Merchandise	*वाणिज्यं n▫ vāṇijyam*
Merchant	*आपणिकः, वाणिजः m▫ āpaṇikah, vāṇijah*
Money	*अर्थः, धनं, द्रव्यं, वित्तं m▫ arthah, n▫ dhanam, dravyam, vittam*
Occupation	*नियोगः, वृत्तिः m▫ niyogah, f▫ vṛttih*
Office	*कार्यालयं n▫ kāryālayam*
Officer	*अधिकारी m▫ adhikārī*
Owner	*स्वामी m▫ swāmī*
Servant	*कर्मकरी, सेवकः m▫ karmakarah, sevakah*
Shop	*आपणः, विपिणः m▫ āpaṇah, vipaṇih*
Store , shop	*आपणः m▫ āpaṇah;*
Warehouse	*कोषः, कोषागारं, भाण्डागारं m▫ koṣah, n▫ koṣāgāram, bhāṇḋāgāram*
Wholesale	*स्तूपविक्रयः m▫ stūpavikrayah*

11.21 WARFARE युद्धं yuddham

Aggression	*अतिक्रमणं, आक्रमणं, लङ्घनं n▫ atikramaṇam, ākramaṇam, lańghanam*
Airforce	*वायुसेना f▫ vāyusenā*
Arm	*अस्त्रं, आयुधं, शस्त्रं, शस्त्रास्त्रं n▫ astram, āyudham, śastram, śastrāstram*
Armless	*अनायुध, अभुज, अशस्त्र, निःशस्त्र adj▫ anāyudh, abhuj, aśastra, nihśastra*
Army	*अनीकं, आनीकं, चमूः, दण्डं, दलं, पृतना, बलं, वाहिनी, सेना, सैन्यं n▫ anīkam, ānīkam, f▫ ćamūh, n▫ danḋam, dalam, f▫ pṛtanā, n▫ balam, f▫, vāhinī, senā, n▫ sainyam*

Arrow — इषुः, काण्डं, नाराचः, बाणः, मार्गणः, विशिखः, शरः, शीलीमुखः, सायकः
m▫ iṣuh, n▫ kāṇd'am, m▫ nārāćah, bāṇah, mārgaṇah, viśikhah, śarah, śīlīmukhah, sāyakah

Attack — अभियोगः अवस्कंदः, आक्रमः, आपातः
m▫ abhiyogah, avaskandah, ākramah, āpātah

Battle field — रणः, रणभूमिः, रणाङ्गणं, समरः
m▫ raṇah, f▫ raṇabhūmih, n▫ raṇāńgaṇam, m▫ samarah

Bomb — अग्न्यस्त्रं *n▫ agnyastram*

Bloodshed — नृहत्या, रक्तपातः *f▫ nṛhatyā, m▫ raktapātah*

Bow — इष्वासः, कार्मुकं, कोदण्डं, चापं, धनुः, शरावापः, शरासनं
m▫ iśvāsah, n▫ kārmukam, kodaṇd'am, ćāpam, dhanuh, m▫ śarāvāpah, n▫ śarāsanam

Bow-man — धनुर्धरः, धनुर्भृत्, धनुष्मत्, धानुष्कः, धन्वी, निषंगी
m▫ dhanurdharah, dhanurbhṛt, dhanuṣmat, dhānuṣkah, dhanvī, niṣańgī

Cavalry — तुरगबलं, सादिगणः *n▫ turagbalam, m▫ sādigaṇah*

Chariot — रथः, स्यन्◌ंदनः *m▫ rathah, syandanah*

Commander — चमूपतिः, सेनाध्यक्षः, सेनानायकः, सेनानीः
m▫ ćamūpatih, senādhyakṣah, senānāyakah, senānīh

Defeat — अभिभवः, पराजयः, पराभवः, परिभवः
m▫ abhibhavah, parājayah, parābhavah, paribhavah

Defence — त्राणं, रक्षणं, रक्षा, संरक्षणं *n▫ trāṇam, rakṣaṇam, f▫ rakṣā, n▫ sam˜rakṣaṇam*

Dictator — एकाधिपतिः *m▫ ekādhipatih*

Enemy — अरातिः, अरिः, रिपुः, वैरी, शत्रुः *m▫ arātih, arih, ripuh, vairī, śatruh*

Fight — आहवः, आजिः, द्वन्द्वं, युध्, युद्धं, प्रधनं, रणः, रणं, समरः, संख्यं, संग्रामः, समितिः
m▫ āhavah, ājih, n▫ dvandvam, f▫ yudh, n▫ yuddham, pradhanam, m▫ raṇah, n▫ raṇam, m▫ samarah, n▫, sańkhyam, m▫ sangrāmah, f▫ samitih

Fort — कोटः, दुर्गं *m▫ kotah, n▫ durgam*

Freedom — स्वातन्त्र्यं *n▫ svātantryam*

Gun — गुलिप्रक्षेपणी, भुशुण्डी *f▫ guliprakṣepaṇī, bhuśuṇd'ī*

Navy — जलसेना, नौसेना *f▫ jalasenā, nausenā*

Non-violence — अहिंसा, शान्तिः *f▫ ahimsā, śāntih*

Peace — शांतिः *f▫ śāntih*

Sacrifice — त्यागः *m▫ tyāgah*

Secret	गुह्यं, गौप्यं, रहस्यं	*n▫ guhyam, gaupyam, rahasyam*
Ship	जलयानं, पोतः	*n▫ jalayānam, m▫ potah*
Spear	कुन्तः, शूलः	*m▫ kuntah, śūlah*
Spy	अपसर्पः, गुप्तचरः, चरः	*m▫ apasarpah, guptaćarah, ćarah*
Sword	असिः, कृपाणः, खड्गः,	*f▫ asih, m▫ krpāṇah, khad'gah*
Victory	जयः, विजयः	*m▫ jayah, vijayah*
War	आहवः, आजिः, द्वन्द्वं, युध्, युद्धं, प्रधनं, रणः, रणं, समरः, संख्यं, संग्रामः, समितिः	*m▫ āhavah, ājih, n▫ dvandvam, f▫ yudh, n▫ yuddham, pradhanam, m▫ raṇah, n▫ raṇam, m▫ samarah, n▫, saṅkhyam, m▫ sangrāmah, f▫ samitih*

11. 22 TIME समयः samayah

Time	समयः, कालः, वेला। *m▫ samayah, kālah, velā*
Second	क्षणः, निमिषः, विपलम्। *m▫ kṣaṇahm nimiṣah n▫ vipalam*
Minute	पलम्, कला। *n▫ palam, f▫ kalā*
Hour	घटी। *f▫ ghatī*
Day	अहन्, दिनम्, दिवसः, वारः, वासरः, तिथिः। *n▫ ahan, dinam, m▫ divasah, vārah, vāsarah, f▫ tithih*
Night	रात्रिः, रात्री, निशा। *f▫ rātrih, rātrī, niśā*
Dawn	उषः, उषा, प्रभातम्। *n▫ uṣah, f▫ uṣā, n▫ prabhātam*
Noon	मध्यदिनम्, मध्याह्नः। *n▫ madhyadinam, m▫ madhyanhah*
Afternoon	अपराह्नः, पराह्नः, विकालः। *m▫ aparānhah, parānhah, vikālah*
Midnight	मध्यरात्रिः, अर्धरात्रिः। *m▫madhyarātrih, ardharātrih,*
Week	सप्ताहः, सप्तदिनम्। *saptāhah, n▫ saptadinam*
Year	वर्षः, वत्सरः, अब्दः, समा। *m▫ varṣah, vatsarah, sbdah, f▫ samā*
Age	कल्पः, युगम्। *n▫ kalpam, yugam*
Day-before-yesterday	परह्यः। *adv▫ parahyah*
Yesterday	ह्यः, पूर्वेद्युः। *adv▫ hyah, pūrvedyuh*
Today	अद्य *adv▫ adya*
Now	अधुना, इदानीम्, सम्प्रति। *adv▫ adhūnā, idānīm, samprati*
Tomorrow	श्वः, परेद्युः। *adv▫ śvah, paredyuh*
Day-after-tomorrow	परश्वः *adv▫ paraśvah*

Always	सदा, सर्वदा, सततम् । *adv▫ sadā, sarvadā, satatam,*
Periodically	समयतः, काले काले। *adv▫ samayatah, kāle kāle*
Sometime	एकदा, पुरा, प्राक्। *adv▫ ekadā, purā, prāk*
Sometimes	क्वचित्, कदाचित्। *adv▫ kvachit, kadāchit*
Maybe	कदाचित्। *adv▫ kadāchit*
Never	न कदापि, न जातु। *adv▫ na kadāpi, na jātu*
Eever	जातु, एकदा। *n▫ jātu, ekadā*

LESSON 12
PRONOUNS
sarvanāma सर्वनाम।

A word such as I, we, you, he, it, she, they, that etc. used in place of a noun (*nāma* नाम) is called PRONOUN (*sarvanāma* सर्वनाम). In Sanskrit there are 35 pronouns. namely, अदस्, अधर, अन्तर, अन्य, अन्यतर, अपर, अवर, अस्मद्, इतर, इदम्, उत्तर, उभ, उभय, एक, एतद्, किम्, डतम (कतम, यतम ...), डतर (कतर, यतर ...), तद्, त्यद्, त्व, त्वत्, दक्षिण, अन्य, अन्यतर, द्वि, नेम, पर, पूर्व, भवत्, यद्, युष्मद्, विश्व, सम, सर्व, सिम, स्व। The most commonly used pronouns are :

(1) I (*aham* अहम्) (2) We (*vayam* वयम्) (3) You (*tvam* त्वम्), You, plural (*yūyam* यूयम्), Your honour m▫ (*bhavān* भवान्), Your honour f▫ (*bhavatī* भवती). Sir! (*śrīmān* श्रीमन्!), Madam! (*śrīmatī* श्रीमति!) (4) He, That (*sah* सः), They m▫ (*te* ते) (5) She, That (*sā* सा), They f▫ (*tāh* ताः) (6) It n▫ (*idam, etat* इदम्, एतत्), This - m▫ (*ayam, eṣah* अयम्, एषः), This f▫ (*iyam, eṣā* इयम्, एषा) (7) That n▫ (*tat* तत्), Those (*tāni* तानि), These n▫ (*imāni, etāni* इमानि, एतानि), m▫ (*ime, ete* इमे, एते), f▫ (*imāh, etāh* इमाः, एताः) (8) What? Which? (n▫ *im?* किम्? m▫ कः, f▫ का), Which n▫ (*yat* यत्), Who m▫ (*yah* यः), Who f▫ (*yā* या), Which - plural n▫ (*yāni* यानि), Who - plural m▫ (*ye* ये), f▫ (*yāh* याः) (9) Who? m▫ (*kah?* कः?), Who f▫ (*kā?* का?) (10) Whom? m▫ (*kam?* कम्?), Whom f▫ (*kām?* काम्?) (11) Whose? (m▫ *kasya?* कस्य? f▫ *kasyāh?* कस्याः?)

EXAMPLES cum **EXERCISE** : PRONOUNS (for declensions, see Apendix 2)

(1) I am a boy. *aham˜ bālakah asmi.* (अहं बालकः अस्मि); I am a girl. *aham˜ bālikā asmi.* (अहं बालिका अस्मि) . We are boys. *vayam˜ bālakāh smah. vayam˜ bālakāh.* (वयं बालकाः स्मः, वयं बालकाः); We are girls *vayam˜ bālikāh smah. vayam˜ bālikāh.* (वयं बालिकाः स्मः, वयं बालिकाः)

(2) You are a boy. *tvam˜ bālakah asi.* (त्वं बालकः असि); You are girls *yūyam˜ bālikāh stha.* (यूयं बालिकाः स्थ). Sir! Are you a teacher? *śrīman! bhavān adhyāpakah asti vā?* (श्रीमन्! भवान् अध्यापकः अस्ति वा) Madam! Are you a teacher? *śrīmati! bhavatī adhyāpikā asti vā?.* (श्रीमति! भवती अध्यापिका अस्ति वा)

(3) He is a man. *sah manuṣyah/puruṣah/narah asti.* (सः मनुष्यः/पुरुषः/नरः अस्ति);

That is a man. *sah manuṣyāh asti.* (सः मनुष्यः अस्ति); They are men. *te manuṣyāh santi.* (ते मनुष्याः सन्ति)

(4) She is a woman. *sā strī asti.* (सा स्त्री अस्ति); That is a woman. *sā strī asti.* (सा स्त्री अस्ति)

They are women. *tāh striyah santi.* (ताः स्त्रियः सन्ति)

(5) It is a book. *idam˜ pustakam asti.* (इदं पुस्तकम् अस्ति)

This is a boy. *eṣah bālakah.* (एषः बालकः); This is a girl. *eṣā bālikā.* (एषा बालिका)

(6) That house. *tad gṛham.* (तद् गृहम्); Those houses. *tāni gṛhāṇi.* (तानि गृहाणि)

(7) These houses. *etāni gṛhāṇi.* (एतानि गृहाणि); These boys. *ete bālakāh.* (एते बालकाः)

These girls. *etāh bālikāh.* (एताः बालिकाः)

(8) What reason? *kim˜ kāraṇam?* (किं कारणम्?) Which house? *kim˜ gṛham?* (किं गृहम्?)

(9) Which n▫ *yat* (यत्); Who m▫ *yah* (यः); f▫ *yā* (या)

(10) Who is he? m▫ *sah kah asti?* (कः अस्ति?); Who is she ? f▫ *sā kā asti?* (सा का अस्ति?)

(11) Whose book? *kasya pustakam?* कस्य पुस्तकम्?

(12) Who are they? *te ke santi?* ते के सन्ति?

(13) I am. *aham asmi.* अहम् अस्मि। He is. *sah asti* सः अस्ति। She is. *sā asti.* सा अस्ति। That is. *tad asti.* तद् अस्ति। They are. *te santi.* ते सन्ति or *tāh santi.* ताः सन्ति, or *tāni santi.* तानि सन्ति। We are. *vayam˜ smah.* वयं स्मः Books are. *pustakāni santi.* पुस्तकानि सन्ति। Boys are, girls are. *bālakāh santi.* बालकाः सन्ति। *bālikāh santi.* बालिकाः सन्ति। Houses are. *gṛhāṇi santi.* गृहाणि सन्ति। House is. *gṛham asti.* गृहम् अस्ति।

NOTE: The Second Person Honorific Pronouns 'you' m▫ and f▫ (भवान् mý and भवती fý) are always treated as if they were Third Person Pronouns (he, she, they), instead of Second Person (you).

EXAMPLES : Honorific pronouns (m▫) *bhavān* and (f▫) *bhavatī*

(1) What do you do (singular) *tvam˜ kim˜ karoṣi?* त्वं किं करोषि। (m▫ honorofic) *bhavān kim˜ karoti?* भवान् किं करोति। (f▫ honorofic) *bhavatī kim˜ karoti?* भवती किं करोति।

(2) What do you do (plural) *yūyam˜ kim˜ kurutha?* यूयं किं कुरुथ। (m▫ honorofic, plural) *bhavantah kim˜ kurvanti?* भवन्तः किं कुर्वन्ति। (f▫ honorofic plural) *bhavatyah kim˜ kurvanti?* भवत्यः किं कुर्वन्ति।

EXERCISE 20 : Fill in the blanks with pronouns. (for declensions, see Apendix)

(1) That book. -------------- पुस्तकम्। Which girl. -------------- बालिका।

(2) Whose house. -------------- गृहम्। (3) What reason? --------------

(4) He is. -------------- अस्ति। She is. -------------- अस्ति। It is -------------- अस्ति।

(5) You are भवान् -------------- or भवती -------------- (6) Who are they? -------------- ?

ANSWERS : 1. तत्, का 2. कस्य/कस्याः 3. किम् 4. सः, सा, तत् 5. अस्ति, अस्ति 6. ते के, ताः काः?

TABLE 3-A : COMMON SANSKRIT **ACTION WORDS**, Sanskrit **VERB STEMS**

VERB STEMS		
अट्	*aṭ*	roam
अस्	***as***	**be**
आह्वे	*āhve*	call
इष्	***iṣ***	**want**
कथ्	*kath*	tell
कम्	*kam*	desire
कृ	***kṛ***	**do**
कृत्	*kṛt*	cut
क्री	*krī*	buy
वि√क्री	*vi√krī*	sell
क्षल्	*kṣal*	wash
क्षि	*kṣi*	perish
खन्	*khan*	dig
खाद्	*khād*	eat
गम्	*gam*	go
आ√गम्	*ā√gam*	come
गै	*gai*	sing
ग्रह्	*grah*	take
ग्रह्	*grah*	receive
चल्	*ćal*	walk
चिन्त्	*ćint*	think
चुर्	*ćur*	steal
छिद्	*ćhid*	divide
जन्	*jan*	be born
वि√जि	*vi√ji*	win
जीव्	*jīv*	live
ज्ञा	*jñā*	know
डी	*d'ī*	fly
तन्	*tan*	spread

VERB STEMS		
तुद्	*tud*	hurt
तुल्	*tul*	weigh
त्यज्	*yaj*	abandon
दह्	*dah*	burn
दा	*dā*	give
धा	*dhā*	bear
धाव्	*dhāv*	run
धृ	*dhṛ*	hold
नश्	*naś*	ruin
नी	*nī*	carry
पच्	*pać*	cook
पठ्	*paṭh*	read
पत्	*pat*	fall
पा	*pā*	drink
पृच्छ्	*pṛććh*	ask
ब्रू	*brū*	speak
भज्	*bhaj*	serve
भञ्ज्	*bhañj*	break
भिक्ष्	*bhikṣ*	beg
भी	*bhī*	fear
भू	***bhū***	**become**
मन्	*man*	agree
मिल्	*mil*	meet
मुञ्च्	*mñuć*	free
मृ	*mṛ*	die
यज्	*yaj*	worship
युज्	*yuj*	join
रक्ष्	*rakṣ*	protect
रुच्	*ruć*	like

VERB STEMS		
रुद्	*rud*	cry
रुध्	*rudh*	stop
लभ्	*labh*	get
ला	*lā*	bring
ला	*lā*	take
लिख्	*likh*	write
लुण्ठ	*luṇṭh*	rob
वद्	*vad*	say
वप्	*vap*	sow
वह्	*vah*	flow
विद्	*vid*	understand
वृ	*vṛ*	accept
अपा√वृ	*apā√vṛ*	open
शक्	***śak***	**can**
श्रु	*śru*	hear
सृज्	*sṛj*	make
सृप्	*sṛp*	move
स्तभ्	*stabh*	stop
स्था	*sthā*	stay
स्मृ	*smṛ*	remember
वि√स्मृ	*vi√smṛ*	forget
स्वप्	*svap*	sleep
हन्	*han*	kill
हृ	*hṛ*	take away

NOTE : The underlined five are most important action words required for making sentences.

TABLE 3-B : ENGLISH ALPHABETICAL LIST, **VERB STEMS** (= transitive verbs)

VERB STEMS		
accept	वृ	*vṛ*
abandon	त्यज्	*tyaj*
agree	मन्	*man*
ask	पृच्छ्	*pṛććh*
be	अस्	***as***
bear	धा	*dhā*
be born	जन्	*jan*
become	भू	***bhū***
beg	भिक्ष्	*bhikṣ*
break	भञ्ज्	*bhañj*
bring	ला	*lā*
burn	दह्	*dah*
buy	क्री	*krī*
call	आह्वे	*āhve*
can	शक्	***śak***
carry	नी	*nī*
come	आ√गम्	*ā√gam*
cook	पच्	*pać*
cry	रुद्	*rud*
cut	कृत्	*kṛt*
desire	कम्	*kam*
die	मृ	*mṛ*
dig	खन्	*khan*
divide	छिद्	*ćhid*
do	कृ	***kṛ***
drink	पा	*pā*
eat	खाद्	*khād*
fall	पत्	*pat*

VERB STEMS		
fear	भी	*bhī*
flow	वह्	*vah*
fly	डी	*ḍī*
forget	वि√स्मृ	*vi√smṛ*
free	मुञ्च्	*mñuć*
get	पा	*pā*
give	दा	*dā*
go	गम्	*gam*
hear	श्रु	*śru*
hold	धृ	*dhṛ*
hurt	तुद्	*tud*
join	युज्	*yuj*
kill	हन्	*han*
know	ज्ञा	*jñā*
like	रुच्	*ruć*
live	जीव्	*jīv*
make	सृज्	*sṛj*
meet	मिल्	*mil*
move	सृप्	*sṛp*
open	अपा√वृ	*apā√vṛ*
perish	क्षि	*kṣi*
protect	रक्ष्	*rakṣ*
read	पठ्	*paṭh*
receive	ग्रह्	*grah*
remember	स्मृ	*smṛ*
roam	अट्	*aṭ*
rob	लुण्ठ	*luṇṭh*
ruin	नश्	*naś*

VERB STEMS		
run	धाव्	*dhāv*
say	वद्	*vad*
sell	वि√क्री	*vi√krī*
serve	भज्	*bhaj*
sing	गै	*gai*
sleep	स्वप्	*svap*
sow	वप्	*vap*
speak	ब्रू	*brū*
spread	तन्	*tan*
stay	स्था	*sthā*
steal	चुर्	*ćur*
stop	रुध्	*rudh*
stop	स्तभ्	*stabh*
take	ग्रह्	*grah*
take away	हृ	*hṛ*
tell	कथ्	*kath*
think	चिन्त्	*ćint*
understand	विद्	*vid*
walk	चल्	*ćal*
want	इष्	***iṣ***
wash	क्षल्	*kṣal*
weigh	तुल्	*tul*
win	वि√जि	*vi√ji*
worship	यज्	*yaj*
write	लिख्	*likh*

NOTE : The underlined five are most important action words required for making sentences.

TABLE 4 : TYPICAL TENSE SUFFIXES

PRESENT	Singular	Dual	Plural		ATMANEPADI	Singular	Dual	Plural
1st p▫	मि mi	वः vah	मः mah		**1st p▫**	**ए *e***	**वहे *vahe***	**महे *mahe***
2nd p▫	सि si	थः thah	थ tha		**2nd p▫**	**से *se***	**आथे *āthe***	**ध्वे *dhve***
3rd p▫	ति ti	तः tah	अन्ति anti		**3rd p▫**	**ते *te***	**आते *āte***	**अन्ते *ante***
PAST	Singular	Dual	Plural		**FUTURE**	Singular	Dual	Plural
1st p▫	अम् am	व va	म ma		1st p▫	स्यामि syāmi	स्यावः syāvah	स्यामः syāmah
2nd p▫	ः	तम् tam	त ta		2nd p▫	स्यसि syasi	स्यथः syathah	स्यथ syatha
3rd p▫	त् t	ताम् tām	अन् an		3rd p▫	स्यति syati	स्यतः syatah	स्यन्ति syanti
REQUEST	Singular	Dual	Plural		**POTENTIAL**	Singular	Dual	Plural
1st p▫	आनि āni	आव āva	आम āma		1st p▫	ईयम् īyam	ईव īva	ईम īma
2nd p▫	:	तम् tam	त ta		2nd p▫	ईः īh	ईतम् ītam	ईत īta
3rd p▫	तु tu	ताम् tām	अन्तु antu		3rd p▫	ईत् īt	ईताम् ītām	ईयुः īyuh

TYPICAL CASE SUFFIXES (विभक्तयः)

(1) MASCULINE NOUN ENDING IN *(a)* अ (राम) Rāma

CASE-विभक्ति	Singular	Dual	Plural
(1st) Nominative -	रामः	रामौ	रामाः
(2nd) Accusative (to, what?)	रामम्	रामौ	रामान्
(3rd) Instrumental (with, by)	रामेण	रामाभ्याम्	रामैः
(4th) Dative (for, to)	रामाय	रामाभ्याम्	रामेभ्यः
(5th) Ablative (from. than)	रामात्	रामाभ्याम्	रामेभ्यः
(6th) Possessive (of)	रामस्य	रामयोः	रामाणाम्
(7th) Locative (in, on)	रामे	रामयोः	रामेषु
Vocative (address)	राम	रामौ	रामाः

(2) NEUTER NOUN ENDING IN *(a)* अ (वन) forest

(1st) Nominative -	वनम्	वने	वनानि
(2nd) Accusative (to, what?)	वनम्	वने	वनानि

THE REST IS SAME AS MASCULINE NOUN (राम) Rāma

(3) FEMININE NOUN ENDING IN *(ā)* आ (माला) necklace

CASE-विभक्ति	Singular	Dual	Plural
(1st) Nominative -	माला	माले	मालाः
(2nd) Accusative (to, what?)	मालाम्	माले	मालाः

(3rd) Instrumental (with, by)	मालया	मालाभ्याम्	मालाभिः
(4th) Dative (for, to)	मालायै	मालाभ्याम्	मालाभ्यः
(5th) Ablative (from. than)	मालायाः	मालाभ्याम्	मालाभ्यः
(6th) Possessive (of)	मालायाः	मालयोः	मालानाम्
(7th) Locative (in, on)	मालायाम्	मालयोः	मालासु
Vocative (address)	माले	माले	मालाः

(4) FEMININE NOUN ENDING IN *(i)* इ (मति) mind (Gītā 6.36)

(1st) Nominative -	मतिः	मती	मतयः
(2nd) Accusative (to, what?)	मतिम्	मती	मतीः
(3rd) Instrumental (with, by)	मत्या	मतिभ्याम्	मतिभिः
(4th) Dative (for, to)	मत्यै , मतये	मतिभ्याम्	मतिभ्यः
(5th) Ablative (from, than)	मत्याः, मतेः	मतिभ्याम्	मतिभ्यः
(6th) Possessive (of)	मत्याः, मतेः	मत्योः	मतीनाम्
(7th) Locative (in, on)	मत्याम्, मतौ	मत्योः	मतिषु
Vocative (address)	मते	मती	मतयः

(5) FEMININE NOUN ENDING IN *(ī)* ई (नदी) river (Gītā 11.28)

CASE-विभक्ति	Singular	Dual	Plural
(1st) Nominative -	नदी	नद्यौ	नद्यः
(2nd) Accusative (to, what?)	नदीम्	नद्यौ	नदीः
(3rd) Instrumental (with, by)	नद्या	नदीभ्याम्	नदीभिः
(4th) Dative (for, to)	नद्यै	नदीभ्याम्	नदीभ्यः
(5th) Ablative (from. than)	नद्याः	नदीभ्याम्	नदीभ्यः
(6th) Possessive (of)	नद्याः	नद्योः	नदीनाम्
(7th) Locative (in, on)	नद्याम्	नद्योः	नदीषु
Vocative (address)	नदि	नद्यौ	नद्यः

(6) MASCULINE NOUN ENDING IN *(u)* उ (गुरु) teacher (Gītā 2.5)

(1st) Nominative -	गुरुः	गुरू	गुरवः
(2nd) Accusative (to, what?)	गुरुम्	गुरू	गुरून्
(3rd) Instrumental (with, by)	गुरुणा	गुरुभ्याम्	गुरुभिः
(4th) Dative (for, to)	गुरवे	गुरुभ्याम्	गुरुभ्यः
(5th) Ablative (from. than)	गुरोः	गुरुभ्याम्	गुरुभ्यः
(6th) Possessive (of)	गुरोः	गुर्वोः	गुरूणाम्
(7th) Locative (in, on)	गुरौ	गुर्वोः	गुरुषु
Vocative (address)	गुरो	गुरू	गुरवः

LESSON 13

MAKING YOUR OWN SENTENCES

MAKING YOUR OWN SENTENCES FOR THE **PRESENT ACTIONS**

TABLE 5 : Saying a **Present Event**

	Subject	am	is	are
	I अहम् *aham*	अस्मि *asmi*		
*	**You** (त्वम् *tvam*) भवान् *bhavān*			(असि*asi*) अस्ति *asti*
*	**He** सः *sah*		अस्ति *asti*	
*	**She** सा *sā*		अस्ति *asti*	
*	**This** एषः *eṣah*, (f▫) एषा *eṣā*, (n▫) एतत् *etat*		अस्ति *asti*	
▫	**We** वयम् *vayam*			स्मः *smah*
▫	**They** (m▫) ते *te*, (f▫) ताः *tāh*			सन्ति *santi*

13.1 USING SANSKRIT SINGULAR WORDS

EXERCISE 21 : Translate the English sentences into Sanskrit (Answers are given for help)

1. I am Rām. *aham˜ Rāmah asmi.* अहं रामः अस्मि। I am Sītā. *aham˜ Sītā asmi.* अहं सीता अस्मि

2. I am a dentist. *aham˜ dentist (dant-vaidyah) asmi.* अहं *dentist* (दन्तवैद्यः) अस्मि।

3. I am a brain surgeon. *aham brain surgeon asmi.* अहं brain surgeon (शल्यतन्त्रविद्वान्) अस्मि।

4. I am a truck driver. *aham truck driver asmi.* अहं truck driver (ट्रकयान-चालकः) अस्मि।

5. You are an income-tax officer. *bhavān* income-tax officer *asti.* भवान् income-tax officer आयकर-अधिकारी) अस्ति।

6. He is a traffic inspector *sah* traffic inspector *asti.* सः traffic inspector (लोकयात्रानिरीक्षकः) अस्ति

7. She is a microbiologist. *sā* microbiologist *asti.* सा microbiologist (सूक्ष्मजन्तुशास्त्रविज्ञा) अस्ति।

8. Rājā is a music conductor. *Rājā* music conductor *asti.* राजा संगीतसञ्चालकः (music onductor) अस्ति। Rājā is a musician. *Rājā saṅgitakārah asti.* राजा संगीतकारः अस्ति।

9. Rāma is a tennis player. *Rāmah* tennīs *krīḋakah asti.* रामः टेनिस्-क्रीडकः अस्ति।

10. You are a poet. *bhavān kavih asti.* भवान् कविः अस्ति।

11. It is a dog. *eṣah kukkurah asti.* एषः कुक्कुरः अस्ति।

12. It is a cow. *eṣā dhenuh asti.* एषा धेनुः अस्ति।

13.2 USING SANSKRIT PLURAL WORDS

(For declensions of nouns and conjugations of verbs, see the Appendix.)

EXERCISE 22 : Translate the English sentences into Sanskrit (Answers are given for help)

1. They are writers. *te lekhakāh (f▫ tāh lekhikāh) santi.* ते लेखकाः (लेखिकाः) सन्ति।

2. This is a house. *etat gṛham asti.* एतत् गृहम् अस्ति। Those are houses. *tāni gṛhāṇi santi.* तानि गृहाणि सन्ति।

3. This is a dog. *eṣah kukkurah sati.* एषः कुक्कुरः अस्ति।

These are dogs. *ete kukkurāh santi.* एते कुक्कुराः सन्ति।

4. You are workers. *bhavantah karmakārāh santi.* भवन्तः कर्मकाराः सन्ति।
5. These are Sanskrit books. *etāni sam˜skṛta-pustakāni santi.* एतानि संस्कृत-पुस्तकानि सन्ति।
6. They are nurses. *tāh paricārikāh santi.* ताः परिचारिकाः सन्ति।
7. We are soldiers. *vayam˜ sainikāh smah.* वयं सैनिकाः स्मः।
8. Rīnā, Malā and Rāma are students. *Rīnā Mālā Rāmah ća ćhātrāh.* रीना, माला रामः च छात्राः।

13.3 MAKING YOUR OWN SENTENCES FOR **PAST EVENT** - WITH 'WAS'

Key words : Here = *atra* अत्र। There = *tatra* तत्र। Where? = *kutra?* कुत्र?
Where = *yatra* यत्र। Good, proper, ok, right = *samyak* सम्यक्।

TABLE 6 : Speaking about a **Past Event**

	Subject	was	were
	I अहम् *aham*	आसम् *āsam*	
*	You भवान् *bhavān* (त्वम् *tvam*)		आसीत् *āsīt* (आसीः *āsīh*)
*	He सः *sah*	आसीत् *āsīt*	
*	She सा *sā*	आसीत् *āsīt*	
*	This एषः *eṣah,* (f▫) एषा *eṣā,* (n▫) एतत् *etat*	आसीत् *āsīt*	
▫	We वयम् *vayam*		आस्म *āsma*
▫	They (m▫) ते *te,* (f▫) ताः *tāh*		आसन् *āsan*

I was	अहम् आसम्	*aham āsam*	We were	वयम् आस्म	*vayam āsma*
You were	भवान् आसीत्	*bhavān āsīt*	You were	भवन्तः आसन्	*bhavantah āsan*
He was	सः आसीत्	*sah āsīt*	They were	ते आसन्	*te āsan*
She was	सा आसीत्	*sā āsīt*	They were	ताः आसन्	*tāh āsan*
It was	एतत् आसीत्	*etat āsīt*	These were	एतानि आसन्	*etāni āsan*

EXERCISE 23 : Translate the English sentences into Sanskrit (Answers are given for help)

Key Words : Is = अस्ति। Is not = *nāsti* नास्ति। Yes = आम्। No = *na* न। And = *ća* च।
Or = *vā* वा। Also = *api* अपि। Only = *eva* एव। Indeed = *khalu* खलु। Because = *yatah* यतः।

1. I was an engineer. *aham engineer (abhiyantā) āsam.* अहम् engineer (अभियन्ता) आसम्।
2. She was a teacher. *sā adhyāpikā āsīt.* सा अध्यापिका आसीत्।
3. Where is she? *sā kutra asti?* सा कुत्र अस्ति। Where was she? *sā kutra āsīt?* सा कुत्र आसीत्।
4. He was there. *sah tatra āsīt.* सः तत्र आसीत्। He is here. *sah atra asti.* सः अत्र अस्ति।
5. Rāma is indeed smart. *Rāmah buddhimān asti khalu.* रामः बद्धिमान् अस्ति खलु।

TABLE : 7 **SUMMARY** - What we learned so far, the 'cumulative learning'

	Subject	am	is	are	was	were
	I अहम् *aham*	अस्मि *asmi*			आसम् *āsam*	
*	You भवान् *bhavān*			अस्ति *asti*		आसीत् *āsīt*
*	He सः *sah*		अस्ति *asti*		आसीत् *āsīt*	
*	She सा *sā*		अस्ति *asti*		आसीत् *āsīt*	
*	It एतत् *etat*		अस्ति *asti*		आसीत् *āsīt*	
▫	We वयम् *vayam*			सन्ति *santi*		आसन् *āsma*
▫	They ते *te*, (f▫) ताः *tāh*			सन्ति *santi*		आसन् *āsan*

13.4 USING THE ACTION WORDS FOR MAKING YOUR OWN SENTENCES

Let us learn **how to make our own sentences** in the following three ways

1. I 'do, am doing' (you do, he does, she does, it does, we do, they do) see - Table 7
2. I 'did' (you did; he, she, it did; we did, they did) see - Table 8
3. I 'will do' (you will do; he, she, it will do; we, they will do see - Table 9

SUMMARY : (do, doing, did, will do) see - Table 10

TABLE 8 : I do, I am doing; you do-are doing; he, she does-is doing; we-they do-are doing

	Subject (Doer of the action)	verb (drink)	suffix (Present tense)	Present Tense (do, does, doing - am, is, are)
	I अहम् *aham*	कृ *kṛ*	मि *mi*	अहं करोमि *aham˜ karomi*
*	You भवान् *bhavān*	कृ *kṛ*	ति *ti*	भवान् करोति *bhavān karoti*
*	He सः *sah*	कृ *kṛ*	ति *ti*	सः करोति *sah karoti*
*	She सा *sā*	कृ *kṛ*	ति *ti*	सा करोति *sā karoti*
*	It एतत् *etat*	कृ *kṛ*	ति *ti*	एतत् करोति *etat karoti*,
▫	We वयम् *vayam*	कृ *kṛ*	मः *mah*	वयं कुर्मः *vayam˜ kurmah*
▫	They ते *te*, (f▫) ताः *tāh*	कृ *kṛ*	अन्ति *anti*	ते, ताः कुर्वन्ति *te, tāh kurvanti*

See Appendix 1 for the inflections of verb √*kr* √कृ

EXERCISE 24 : Translate the English sentences into Sanskrit (Answers are given for help)

Key words : Tea = *ćāyam* चायम्। milk = *dugdham* दुग्धम्। hot = *uṣṇa* उष्ण। cold = *śīta* शीत।
to drink √*pā* पा। to eat √*khād* खाद्। to write √*likh*` लिख। to go √*gam* गम्।

a. I <u>drink</u>. *aham˜ pibāmi.* अहं पिबामि। You drink. *bhavān pibati.* भवान् पिबति। He drinks. *sah pibati.* सः पिबति। She drinks. *sā pibati.* सा पिबति। We drink. *vayam˜ pibāmah.* वयं पिबामः। They drink. *te pibanti.* ते पिबन्ति।

b. I drink <u>tea</u>. *aham˜ ćāyam˜ pibāmi.* अहं चायं पिबामि। You drink tea. *bhavān ćāyam˜ pibati.* भवान् चायं पिबति। He drinks tea. *sah ćāyam˜ pibati.* सः चायं पिबति। She drinks tea. *sā ćāyam˜ pibati.* सा चायं पिबति। We drink tea. *vayam˜ ćāyam˜ pibāmah.* वयं चायं पिबामः। They drink tea. *te ćāyam˜ pibanti.* ते चायं पिबन्ति।

c.I drink <u>hot</u> tea. *aham uṣṇam˜ ćāyam˜ pibāmi.* अहं उष्णं चायं पिबामि। You drink hot tea. *bhavān uṣṇam˜ ćāyam˜ pibati.* भवान् उष्णं चायं पिबति। He drinks hot tea. *sah uṣṇam˜ ćāyam˜ pibati.* सः उष्णं चायं पिबति। She drinks hot tea. *sā uṣṇam˜ ćāyam˜ pibati.* सा उष्णं चायं पिबति। We drink hot tea. *vayam uṣṇam˜ ćāyam˜ pibāmah.* वयं उष्णं चायं पिबामः। They drink hot tea. *te uṣṇam˜ ćāyam˜ pibanti.* ते उष्णं चायं पिबन्ति।

e. I drink cold milk. *aham˜ śītam˜ dugdham˜ pibāmi.* अहं शीतं दुग्धं पिबामि। You eat hot Roṭī. *bhavān uṣṇām˜ roṭikām˜ khādati.* भवान् उष्णां रोटिकां खादति। He writes a letter. *sah patram˜ likhati.* सः पत्रं लिखति। They speak (to speak = √*vad* वद्). *te vadanti.* ते वदन्ति।

Review of what we learned so far

EXERCISE 25 :

Translate the English sentences into Sanskrit. See the Picture Dictionary for vocabulary. Key words and answers are given in the brackets for your help.

1. This is a tree m▫. (m▫ this = *eṣah* एषः। *eṣah vṛkṣah asti.* एषः वृक्षः अस्ति)
2. That is a bird m▫. (m▫ that = *sah* सः। *sah pakṣī asti.* सः पक्षी अस्ति)
3. This is a pencil f▫. (f▫ this = *eṣā* एषा। *eṣā lekhanī asti.* एषः लेखनी अस्ति)
4. That is a watch f▫. (f▫ that = *sā* सा। *sā ghatikā asti.* सा घटिका अस्ति)
5. What is this n▫? (n▫ this = एतत्, n▫ what? = *kim* किम्। *etat kim asti.* एतत् किम् अस्ति)
6. Who is he? (m▫ who = *kah* कः। *sah kah asti.* सः कः अस्ति)
7. Who was she? (f▫ who = *kā* का। *sā kā āsīt.* सा का आसीत्)
8. What was that n▫? (n▫ that = *tat* तत्। n▫ what = *kim* किम्; *tat kim āsīt.* तत् किम् आसीत्)
9. What is it n▫? (n▫ it = *etat* एतत्। *etat kim asti.* एतत् किम् अस्ति)
10. That is a frog m▫. (*sah dardurah asti.* सः दर्दुरः अस्ति)
11. This is a vehicle n▫. (n▫ vehicle = *yānam* यानम्। *etat yānam asti.* एतत् यानं अस्ति)
12. That is a bus n▫. (*tat bus-yānam asti.* तत् बस-यानं अस्ति)
13. This is a goat f▫. (f▫ goat = *ajā* अजा। *eṣā ajā asti.* एषा अजा अस्ति)
14. That is a hen. (*sā kukkuṭī asti.* सा कुक्कुटी अस्ति)
15. This is a ball m▫. (*eṣah kandukah asti.* एषः कन्दुकः अस्ति)
16. These are pigeons m▫. (*ete kapotāh santi.* एते कपोताः सन्ति)
17. Where is the lamp m▫? (where? = *kutra* कुत्र। *dīpah kutra asti.* दीपः कुत्र अस्ति)
18. He is a barber. (*sah nāpitah asti.* सः नापितः अस्ति)
19. She is a teacher. (*sā śikṣikā asti.* सा शिक्षिका अस्ति)
20. Ranī is a singer. (f▫ singer = *gāyikā* गायिका। *Rānī gāyikā asti.* रानी गायिका अस्ति)
21. This horse is white. (white = *śvetah* श्वेतः। *eṣah aśvah śvetah asti.* एषः अश्वः श्वेतः अस्ति)
22. The rabbit is running m▫. (to run = √*dhāv* धाव्। *śaśakah dhāvati.* शशकः धावति)
23. There were three dogs. (were = *āsan* आसन्। *trayah kukkurāh āsan.* त्रयः कुक्कुराः आसन्)
24. What does *'śabdakośah'* maen? (*'śabdakośah' ityasya arthah kah?* छत्रः इत्यस्य अर्थः कः?)
25. *'śabdakośah'* maens dictionary. (*śabdakośah ityukte 'dictionary'* शब्दकोशः इत्युक्ते डिक्श्नरी)

13.5 MAKING YOUR OWN SENTENCES FOR COMPLETED ACTIONS :

In Sanskrit, the easier way to speak of a 'completed' event is to add *vat* (वत्) suffix to the Past Passive Participle (ppp▫) of the verb.

(1) If you attach *kta* (क्त) suffix to a verb, you get ppp▫ of that verb. Note that, while attaching the *kta* (क्त) suffix, the *k* (क्) gets deleted and only *ta* (त) is added. Therefore, ppp▫ of the verb √*kṛ* (कृ) is : √*kṛ* + *ta* = *kṛta* (कृत).

(2) For completed actions, attach वत् suffix. *kṛta* + *vat* कृत + वत् = कृतवत्।

USAGE :

(i) I did = *aham˜ kṛtavān* (अहं कृतवान्),

(ii) you did = *bhavān kṛtavān* (भवान् कृतवान्),

(iii) he did = *sah kṛtavān* (सः कृतवान्),

(iv) she did = *sā kṛtavatī* (सा कृतवती) ...etc.

TABLE 9 : I did; you did; he, she did; it did; we did; they did - **ppp▫** √*kṛ* + *ta* = *kṛta* (कृत)

Doer of the action	Past tense (masculine) did, have done	Past tense (feminine) did, have done
Subject	Masculine	Feminine
I अहम् *aham*	अहं कृतवान् *aham˜ kṛtavān*	अहं कृतवती *aham˜ kṛtavatī*
You भवान् *bhavān* (m▫)	भवान् कृतवान् *bhavān kṛtavān*	भवती कृतवती *bhavatī kṛtavatī*
He सः *sah* (m▫)	सः कृतवान् *sah kṛtavān*	सा कृतवती *sā kṛtavatī*
This एषः *eṣah* (m▫)	एषः कृतवान् *eṣah kṛtavān*	एषा कृतवती *eṣā kṛtavatī*
We वयम् *vayam*	वयं कृतवन्तः *vayam˜ kṛtavantah*	वयं कृतवत्यः *vayam˜ kṛtavatyah*
They ते *te* (m▫)	ते कृतवन्तः *te kṛtavantah*	ताः कृतवत्यः *tāh kṛtavatyah*

See Appendix 2, no. 15 भवत् for the inflections of m▫ कृतवत् and see no. 7 नदी for the inflections of f▫ कृतवती।

NOTE : For making a past perfect sentence with the use of verb 'had,' just attach *āsam* (आसम्) at the end of the above sentences. **eg▫** I have done अहं कृतवान् *aham˜ kṛtavān;* I had done अहं कृतवान् आसम् *aham˜ kṛtavān āsam,* अहं कृतवती आसम् *aham˜ kṛtavatī āsam ...etc.*

EXERCISE 26 : Translate the English sentences into Sanskrit (Answers are given for help)

1. I drink hot tea. *aham uṣṇam˜ chāyam˜ pībāmi.* अहम् उष्णं चायं पिबामि। I drank hot tea. *aham uṣṇam˜ chāyam˜ pītavān/pītavatī.* अहम् उष्णं चायं पीतवान्/पीतवती। I had drunk hot tea. *aham uṣṇam˜ chāyam˜ pītavān/pītavatī āsam.* अहम् उष्णं चायं पीतवान्/पीतवती आसम्।
2. You drink hot tea. *bhavān/bhavatī uṣṇam˜ ćāyam˜ pībati* भवान् उष्णं चायं पीबति। You drank

(drunk) hot tea. *bhavān uṣṇam˜ chāyam˜ pītavān, bhavatī uṣṇam˜ ćāyam˜ pītavatī.* भवान उष्णं चायं पीतवान्, भवती उष्णं चायं पीतवती। You had drunk hot tea. *bhavān/bhavatī uṣṇam˜ chāyam˜ pītavān/pītavatī āsīt.* भवान्/भवती उष्णं चायं पीतवान्/पीतवती आसीत्।

3. They drink hot tea. *te/tāh uṣṇam˜ ćāyam˜ pībanti.* ते/ताः उष्णं चायं पीबन्ति। They drank (drunk) hot tea. *te/tāh uṣṇam˜ chāyam˜ pītavantah/pītavatyah.* ते/ताः उष्णं चायं पीतववन्तः/पीतवत्यः। They had drunk hot tea. *te/tāh uṣṇam˜ chāyam˜ pītavantah/pītavatyah āsan.* ते/ताः उष्णं चायं पीतववन्तः/पीतवत्यः आसन्। ...etc.

SOME PAST PASSIVE PARTICIPLES (ppp▫)

(1) Gone	(√गम् - गत)	(7) Killed	(√हन् - हत)	(13) Came	(आ√गम् - आगत)
(2) Renounced	(√त्यज् - त्यक्त)	(8) Heard	(√श्रु - श्रुत)	(14) Spoken	(√ब्रू - उक्त)
(3) Written	(√लिख - लिखित)	(9) Seen	(√दृश् - दृष्ट)	(15) Dead	(√मृ - मृत)
(4) Given	(√दा - दत्त)	(10) Done	(√कृ - कृत)	(16) Drunk	(√पा - पीत)
(5) Stayed	(√स्था - स्थित)	(11) Protected	(√रक्ष् - रक्षित)	(17) Eaten	(√खाद् - खादित)
(6) Known	(√ज्ञा - ज्ञात)	(12) Received	(प्र√आप् - प्राप्त)	(18) Fallen	(√पत् - पतित)

USAGE :
3. She ate an apple. *sā sevam˜ khāditavatī.* सा सेवं खादितवती। (*√khād* खाद् to eat)
4. He wrote a letter. *sah patram˜ likhitavān.* सः पत्रं लिखितवान्। (*√likh* लिख् to write)
5. Rāma went home. *Rāmah gṛham˜ gatavān.* रामः गृहं गतवान्।
6. Rājā took the book. *Rājā pustakam˜ nītavān.* राजा पुस्तकं नीतवान्। (*√nī* नी to take)
7. He stopped smoking. *sah dhūmrapānam˜ tyaktavān.* सः धूम्रपानं त्यक्तवान्।
8. He knew it. *sah etat jñātavān.* सः एतत् ज्ञातवान्।
9. John gave the money. *Johnah dhanam˜ dattavān.* जाâनः धनं दत्तवान्।
10. Ken received the letter. *Kenah patram˜ prāptavān.* केनः पत्रं प्राप्तवान्।

Review of what we learned so far

EXERCISE 27 : Translate the English sentences into Sanskrit, see the Picture Dictionary for vocabulary. Key words and answers are given in the brackets for your help.
1. I am a doctor. (*aham˜ vaidyah asmi.* अहं वैद्यः अस्मि)
2. I am a student. (*aham˜ ćhātrah asmi.* अहं छात्रः अस्मि) (f▫ ćhhātrā छात्रा)
3. He is a carpenter. (*sah takṣakah asti.* सः तक्षकः अस्ति)
4. He went to New York. (*sah New Yorkam˜ gatawān.* सः न्यू-यार्कं गतवान्)
5. I saw a turtle. (*√dṛṣ* दृश्; ppp▫ *dṛṣṭa* दृष्ट। *aham˜ kaććhapam˜ dṛṣṭavān.* अहं कच्छपं दृष्टवान्)
6. I drank milk. (*√pā* पा; ppp▫ *pīta* पीत। *aham˜ dugdham˜ pītavān.* अहं दुग्धं पीतवान्)
7. He brought books. (*ā√nī* आ√नी। *sah pustakāni ānītavān.* सः पुस्तकानि आनीतवान्)
8. We gave money. (*√dā* दा ppp▫ दत्त। *vayam˜ dhanam˜ dattavantah.* वयं धनं दत्तवन्तः)

9. Ajay asked Nīrā. (√praććh प्रच्छ् pppº पृष्ट। *Ajayah nīrām˜ prṣṭavān.* अजयः नीरां पृष्टवान्)
10. Tony cried. (√rud रुद् pppº रुदित। *Tonī ruditavān.* टोनी रुदितवान्)
11. Mālā knew it. (√jñā ज्ञा pppº ज्ञात। *Mālā etat jñātavatī.* माला एतत् ज्ञातवती)
12. He did it. (√kṛt कृ pppº कृत। *sah etat krtavān.* सः एतत् कृतवान्)
13. They did it yesterday. (*te etat hyah krtavantah.* ते एतत् ह्यः कृतवन्तः) *hyah* ह्यः = yesterday.
14. He sat there. (*upa√viś* उप√विश् pppº उपविष्ट। *sah tatra upaviṣṭavān.* सः तत्र उपविष्टवान्)
15. A goat ate the grass (nº grass = *ghāsam* घासं. *ajah ghāsam˜ khāditavān.* अजः घासं खादितवान्)
16. He had gone. (√gam गम् pppº गत। *sah gatavān āsīt.* सः गतवान् आसीत्)
17. He had eaten a Roṭī. (*sah roṭikām˜ khāditavān āsīt.* सः रोटिकां खादितवान् आसीत्)
18. He ate a Roṭī. (*sah ekām˜ roṭikām˜ khāditavān.* सः एकां रोटिकां खादितवान्)
19. She ate one Roṭī. (*sā ekām˜ roṭikām˜ khāditavati.* सा एकां रोटिकां खादितवती)
20. Ranī was working. (*Rānī kāryam˜ karoti sma.* रानी कार्यं करोति स्म)
21. This house was not here. (*etata grham atra nāsīt.* एतत् गृहम् अत्र नासीत्)
22. The rabbit is running. (to run = √*dhāv* धाव्। *śaśakah dhāvati.* शशकः धावति)
23. The cow eats grass. (grass = *ghāsam* घासम्। *dhenuh ghāsam˜ khādati.* धेनुः घासं खादति)
24. These are five roses. (*eatāni pañća japāpuṣpāṇi santi.* एतानि पञ्च जपापुष्पाणि सन्ति)
25. He was a farmer. (*sah krṣakah āsīt.* सः कृषकः आसीत्)
26. The dogs are barking. (to bark = √bhaṣ भष्। *kukkurāh bhaṣanti* कुक्कुराः भषन्ति)
27. What does *'uććaih'* mean? (*'uććhaih' śabdasya arthah kah?* उच्चैः शब्दस्य अर्थः कः?)
28. *uććaih* maens 'loudly.' (*uććaih shabdasya arthah asti 'tāra-svareṇa' or 'loudly'* उच्चैः शब्दस्य अर्थ अस्ति तारस्वरेण वा लाउडली)

13.6 MAKING YOUR OWN SENTENCES FOR **FUTURE EVENTS** :

The events of a future time generally take place in three ways, vizº :

1. I will do (you will do; he, she, it will do; we, they will do) see - Table 9
2. I should do (please do, you should do; he, she, it, we, they should do) see - Table 9
3. I may do (you may do, he may do, she may do, we may do, they may do) see - Table 9
4. SUMMARY : What we learned so far in tables 7-9 see - Table 10

TABLE 10 : I will do, you will do; he, she, it will do; we, they will do

ubjº	Future Tense - will	Request or Order- please	Potential - should, may
I	अहं करिष्यामि *aham˜ kariṣyāmi*	अहं करवाणि *aham˜ karavāṇi*	अहं कुर्याम् *aham˜ kuryām*
You	भवान् करिष्यति *bhavān kariṣyati*	भवान् करोतु *bhavān karotu*	भवान् कुर्यात् *bhavān kuryāt*
He	सः करिष्यति *sah kariṣyati*	सः करोतु *sah karotu*	सः कुर्यात् *sah kuryāt*
She	सा करिष्यति *sā kariṣyati*	सा करोतु *sā karotu*	सा कुर्यात् *sā kuryāt*
This	एषः करिष्यति *eṣah kariṣyati*	एषः करोतु *eṣah karotu*	एषः कुर्यात् *eṣaah kuryāt*
We	वयं करिष्यामः *vayam˜ kariṣyāmah*	वयं करवाम *vayam˜ karavāma*	वयं कुर्याम *vayam˜ kuryama*
They	ते करिष्यन्ति *te kariṣyanti*	ते कुर्वन्तु *te kurvantu*	ते कुर्युः *te kuryuh*

See Appendix 1 for the inflections of verb √kṛ √कृ

EXERCISE 28 : Translate the English sentences into Sanskrit (Answers are given for help)

(a). **I WILL** : I will drink tea. *aham˜ ćāyam˜ pāsyāmi.* अहं चायं पास्यामि। You will drink tea. *bhavān ćāyam˜ pāsyati.* भवान् चायं पास्यति। He will drink tea. *sah ćāyam˜ pāsyati.* सः चायं पास्यति। She will drink tea. *sā ćāyam˜ pāsyati.* सा चायं पास्यति। We will drink tea. *vayam˜ ćāyam˜ pāsyāmah.* वयं चायं पास्यामः। They will drink tea. *te ćāyam˜ pāsyanti.* ते चायं पास्यन्ति।

(b). **I SHOULD** : I drink tea. *aham˜ ćāyam˜ pibāmi.* अहं चायं पिबामि। I should drink tea. *aham˜ ćāyam˜ pibāni.* अहं चायं पिबानि। You should drink tea. *bhavān ćāyam˜ pibatu.* भवान् चायं पिबतु। He should drink tea. *sah ćāyam˜ pibatu.* सः चायं पिबतु। She should drink. *sā ćāyam˜ pibatu.* सा चायं पिबतु। We should drink tea. *vayam˜ ćāyam˜ pibāma.* वयं चायं पिबाम। They should drink tea. *te/tāh ćāyam˜ pibantu.* ते/ताः चायं पिबन्तु। **Please** drink. *pibatu.* पिबतु।

(c). **I MAY (Potential mood)** : I may drink tea. *aham˜ ćāyam˜ pibeyam.* अहं चायं पिबेयम्। You may drink tea. *bhavān ćāyam˜ pibet.* भवान् चायं पिबेत्। He may drink tea. *sah ćāyam˜ pibet.* सः चायं पिबेत्। She may drink. *sā ćāyam˜ pibet.* सा चायं पिबेत्। We may drink tea. *vayam˜ ćāyam˜ pibema.* वयं चायं पिबेम। They may drink tea. *te/tāh ćāyam˜ pibeyuh.* ते/ताः चायं पिबेयुः।

(b). **PLEASE (Imperative mood)** : Please drink tea. *ćāyam˜ pibatu.* चायं पिबतु। *bhavān ćāyam˜ pibatu.* भवान् चायं पिबतु।

EXERCISE 29 : Translate the Sanskrit sentences into English (Answers are given for help)

Key Words : O' Clock = *vādane* वादने। Today = *adya* अद्य। Always = *sadā* सदा।
Someone = *ko'pi* कोऽपि। Something = *kimapi* किमपि। Tomorrow = *śvah* श्वः।
Yesterday = *hyah* ह्यः। What? = *kim?* किम्? Not = na न। Now = *idānīm* इदानीम्।

1. Neil will come at five O' Clock. *Neilah pañća vādane āgamiṣyati.* नीलः पञ्च वादने आगमिष्यति।
2. Rānī will not work today. *Rānī adya kāryam˜ na kariṣyati.* रानी अद्य कार्यं न करिष्यति।
3. Yesterday Nīrā did not come. *hyah Nīrā na āgatavatī.* ह्यः नीरा न आगतवती।
4. What may Vijay say? *Vijayah kim˜ vadet?* विजयः किं वदेत्?
5. What will Mīnā say? *Mīnā kim˜ vadiṣyati?* मीना किं वदिष्यति?
6. Rāju should not drink liquor. *Rājuh madyam˜ na pibatu.* राजुः मद्यं न पिबतु।
7. Should I go home now. *aham˜ idānīm˜ gṛham˜ gaććhāni kim?* अहम् इदानीं गृहं गच्छानि किम्?
8. Nīru may go home now. *Nīruh idānīm˜ gṛham˜ gaććhet.* नीरुः इदानीं गृहं गच्छेत्।
9. Rikkī will write you tomorrow? *Rikkī bhavantam˜ śvah lekhiṣpati.* रिक्की भवन्तं श्वः लेखिष्यति।
10. He had gone yesterday? *sā hyah gatavān āsīt.* सः ह्यः गतवान् आसीत्।
11. Govind does not do anything. *Govindah kimapi na karoti.* गोविंदः किमपि न करोति।
12. Mohan should not play here today. *Mohanah adya atra na krīdatu.* मोहनः अद्य अत्र न क्रीडतु।
13. Vimalā reads everyday. *Vimalā pratidinam˜ paṭhati.* विमला प्रतिदिनं पठति।
14. Sunīl will be a Hockey player. *Sunīlah Hockey-krīďakah bhaviṣyati.* सुनीलः हाâकी-क्रीडकः भविष्यति।
15. Vikās may win. *Vikāsah jayet.* विकासः जयेत्। Vikās should win. *Vikāsah jayatu.* विकासः जयतु।

16. Nobody was there. *tatra ko'pi nāsīt.* तत्र कोऽपि नासीत्।
17. Somebody was here. *atra ko'pi āsīt.* अत्र कोऽपि आसीत्।

18. Was anyone here? *atra ko'pi āsīt vā?* अत्र कोऽपि आसीत् वा?

19. Does anyone eat meat here?. *ko'pi atra mām˜sam˜ khādati vā?* कोऽपि अत्र मांसं खादती वा?
20. No! Nobody eats meat here? *na! atra ko'pi mām˜sam˜ na khādati.* न अत्र कोऽपि मांसं न खादति।

TABLE 11 : **SUMMARY** - what we learned so far, the 'cumulative learning'

verb √*khād* (खाद्) = to eat

Doer of the action Subject	Presewnt action 'eat'	Future action 'will eat'	completer past action m▫ 'ate'	Request or order 'should eat'	Possibility 'may eat'
I अहम्- वयम्	खादामि- खादामः	खादिष्यामि- खादिष्यामः	खादितवान्- खादितवन्तः	खादानि- खादाम	खादेयम्- खादेम
You भवान्- भवन्तः	खादति- खादन्तु	खादिष्यति- खादिष्यन्तु	खादितवान्- खादितवन्तः	खादतु- खादन्तु	खादेत्- खादेयुः
He सः- ते	खादति- खादन्तु	खादिष्यति- खादिष्यन्तु	खादितवान्- खादितवन्तः	खादतु- खादन्तु	खादेत्- खादेयुः
She सा- ताः	खादति- खादन्तु	खादिष्यति- खादिष्यन्तु	खादितवान्- खादितवन्तः	खादतु- खादन्तु	खादेत्- खादेयुः

Review of what we learned so far

EXERCISE 30 : Translate the English sentences into Sanskrit, see the Picture Dictionary for vocabulary. Key words and answers are given in the brackets for your help.

Key Words : today = *adya* अद्य। tomorrow = *śvah* श्वः। yesterday = *hyah* ह्यः। Now = *idānīm, adhunā* इदानीम्, अधुना। then = *tadā* तदा। When? = *kadā* कदा? When = *yadā* यदा। if = *yadi, ćet`* यदि, चेत्। a little = *kiñćit* किञ्चित्। proper, good = *samyak, samīćīnam* सम्यक्, समीचीनम्।

1. I am a lawyer. (*aham˜ vidhijñah asmi.* अहं विधिज्ञः अस्मि)
2. He is a wrestler. (*sah mallah asti.* सः मल्लः अस्ति)
3. She went to Delhi. (*sā dillyām˜ gatavatī.* सा दिल्ल्यां गतवती)
4. Niveditā had gone to India. (*Niveditā bhāratam˜ gatavatī āsīt.* निवेदिता भारतं गतवती आसीत्)
5. Mālā does not know it. (to know √*jñā* ज्ञा। *Mālā etat na jānāti.* माला एतत् न जानाति)
6. They do not know even a little bit. (*te kiñćit api na jānanti.* ते किञ्चित् अपि न जानन्ति)
7. Where is he sitting? (*sah kutra upaviṣṭavān asti.* सः कुत्र उपविष्टवान् अस्ति)
8. I saw a Hindī movie. (*aham˜ hindī-ćalaćitram˜ dṛṣṭavān.* अहं हिन्दी-चलचित्रं दृष्टवान्)
9. Anjalī will go at nine O' Clock. *añjalī nava vādane gamiṣyati.* अंजली नव वादने गमिष्यति।

10. What did Vishāl say yesterday? *Vishālah hyah kim uktavān.* विशालः ह्यः किम् उक्तवान्?
11. Mīrā may sing Sanskrit songs. *mīrā Sanskrit-gānāni gāyet.* मीरा संस्कृत-गानानि गायेत्।
12. Today Rādhā should cook. (to cook √*pać* पच्) *adya Rādhā paćatu.* अद्य राधा पचतु।

13. Rītā may make roṭi/ tomorrow. *Rītā śvah roṭikāh paćet.* रीता श्वः रोटिकाः पचेत्।
14. Nītā! Please study Sanskrit. (to read √*paṭh* पठ्) *Nīte! sam~skṛtam~ paṭhatu.* नीते! संस्कृतं पठतु।
15. Gopāl has cooked rice. *Gopālh odanam~ paktavān asti.* गोपालः ओदनं पक्तवान् अस्ति।
12. Monā had brought books. *Monā pustakāni ānītavatī āsīt.* मोना पुस्तकानि आनीतवती आसीत्।
13. Vijay will wash the clothes. *Vijayah vastrani prakṣālayiṣyati.* विजयः वस्त्राणि प्रक्षालयिष्यति।
14. Please come tomorrow. *kṛpayā śvah āgaććhatu.* कृपया श्वः आगच्छतु।
15. Please do not sit there. *kṛpayā tatra mā upaviśatu.* कृपया तत्र मा उपविशतु।
16. Please do not talk loudly. *kṛpayā uććaih mā vadatu.* कृपया उच्चैः मा वदतु।
17. I hope he comes soon. *sah śīghram āgaććhet..* सः शीघ्रम् आगच्छेत्।
18. May God help you. *bhagavān bhavantam~ sahāyyam~ kuryāt.* भगवान् भवन्तं सहाय्यं कुर्यात्।

13.7 USE OF PARTICLE *sma* स्म WITH A PRESENT EVENTS

When the particle *sma* स्म is added to a Present Tense, the action is converted into Past Tense. Note that स्म could be placed anywhere in the sentence.

(1) Present Tense (habitual or continuous) :
I eat, I am eating. *aham~ khādāmi* अहं खादामि। He eats, he is eating. *sah khādati* सः खादति। They eat, they are eating. *te khādanti.* ते खादन्ति।

(2) Past Tense : (habitual or continuous)
I used to eat, I was eating. *aham~ khādāmi sma.* अहं खादामि स्म।
He used to eat (was eating) meat. *sah mām~sam~ khādati sma.* सः मांसं खादति स्म।
They used to eat, they were eating. *te khādanti sma.* ते खादन्ति स्म।

(3) Present Tense : (habitual or continuous)
Lion lives in the forest, a lion is living in the forest. *sim~hah vane vasati.* सिंहः वने वसति।
The lions live in the forest, the lions are living in the forest. *sim~hāh vane vasanti.* सिंहाः वने वसन्ति।

(4) Past Tense : (habitual or continuous)
That lion lived in the forest, that lion was living in the forest. *sah sim~hah vane vasati sma.* सः सिंहः वने वसति स्म। Those lions lived in the forest, those lions were living in the forest. *te sim~hāh vane vasanti sma.* ते सिंहाः वने वसन्ति स्म।

WHAT WE LEARNED SO FAR

MAKING SENTENCES FOR PRESENT EVENTS

EXERCISE 31 : Translate the English sentences into Sanskrit. Use the Dictionaries of Nouns↑ and Verbs↓. For your help, the √Root Verbs are shown in brackets, answers are shown in *italized transliteration* and in Devanāgarī Sanskrit. See Appendix 2 for Case Declensions↓
(1) Rāma writes a letter. *Rāmah patram~ likhati (√likh).* रामः पत्रं लिखति।
(2) The ant walks slowly (slowly = *śanaih* शनैः). *pipīlikā śanaih ćalati (√ćal).* पिपीलिका शनैः चलति।

(3) She eats an apple. *sā ātāphalam˜/sevam˜ khādti (√khā).* सा आताफलं/सेवं खादति।
(4) They worship Krishna. *te kṛṣnam arćanti. (√arć).* ते कृष्णम् अर्चन्ति।
(5) Rītā throws a ball. *Rītā kandukam˜ kṣipati (√kṣip).* रीता कन्दुकं क्षिपति।
(6) Viśāl brings a banana. *Viśālah kadali-phalam ānayati (ā√nī).* विशालः कदलिफलम् आनयति।
(7) Rānī cuts the beans. *Ranī simbāh kṛntati (√kṛt).* रानी सिम्बाः कृन्तति।
(8) The bear runs. *bhallah/bhālukah dhāvati (√dhāv).* भल्लः/भालुकः धावति।
(9) You are hurting her. *tbhavān tām˜ tudati (√tud).* भवान् तां तुदति। She hurts him. *sā tam˜ dunoti (√du).* सा तं दुनोति।
(10) He steals money. *sah mudrāh/dhanam˜ ćorayati (√ćur).* सः मुद्राः/धनं चोरयति।
(11) The bird flies. *khagah/ćaṭakah/pakṣī/vihańgah d'ayate (√d'ī).* खगः/चटकः/पक्षी/विहङ्गः डयते।
(12) The barber does his work. *nāpitah karma karoti (karma√kṛ).* नापितः कर्म करोति।
The workers do the jobs *karmakārāh karmāṇi kurvanti.* कर्मकाराः कर्माणि कुर्वन्ति।
(13) Gopāl washes hands. *Gopālah hastau kṣālayati (√kṣal).* गोपालः हस्तौ क्षालयति।
(14) Ramesh burns the grass. *Rameshah ghāsam˜/tṛṇam˜ dahati (√dah).* रमेशः घासं/तृणं दहति।
(15) A branch fell on the ground. *śākhā bhūmau patitavatī (√pat).* शाखा भूमौ पतितवती।
(16) An email came. *email āgatavati (ā√yā).* ई-मेल आगतवती।
(17) Animals roam. *jantavah/jīvāh/prāṇinah/paśavah aṭanti (√aṭ).* जन्तवः/जीवाः/प्राणिनः/पशवः अटन्ति।
(18) You read a book. *tvam˜ pustakam˜ paṭhasi; bhavān pustakm˜ paṭhati (√paṭh).* त्वं पुस्तकं पठसि। भवान् पुस्तकं पठति।
(19) The baby cries. *bālakah/śisuh krandati (√krand).* बालकः/शिशुः क्रन्दति।
(20) The girl plays. *bālikā/bālā khelati/krīd'ati (√khel, √krīd').* बालिका/बाला खेलति/क्रीडति।

(21) Sītā cooks breads. *Sītā roṭikāh paćati (√pać).* सीता रोटिकाः पचति।
(22) The bee bites. *alih/bhramarah dam˜śati (√dam˜ś).* अलिः/भ्रमरः दंशति।
(23) We give charity. *vayam˜ dānam˜ dadmah (√dā).* वयं दानं दद्मः।
(24) The blood rushes to the heart. *rudhiram˜ hṛdayam˜ tvarate (√tvar).* रुधिरं हृदयं त्वरते।
(25) The blood flows. *raktam˜/rudhiram˜/śoṇitam˜/lohitam˜ pravahati (pra√vah).* रक्तं/रुधिरं/शोणितं/लोहितं प्रवहति।
(26) The boat is floating. *jalayānam˜/nauh/naukā tarati. (√tṛ).* जलयानं/नौः/नौका तरति।
(27) Sonia holds the box. *Sonia peṭikām˜/samudrakam˜/mañ~juṣām˜ dharati (√dhṛ).* सोनीया पेटिकां/समुद्रकं/मञ्जूषां धरति।
(28) You are buying a brecelet. *bhavān valayam˜/kańkaṇam˜ krīṇāti (√kr).* त्भवान् वलयं/कंकणं क्रीणाति।
You are selling a brecelet. *bhavān kańkaṇam˜ vikrīṇāti (vi√kr).* भवान् वलयं/कंकणं विक्रीणासि।
(29) Sachin sees the building. *Sachinah bhavanam˜ paśyati (√dṛś).* सचिनः भवनं पश्यति।
(30) Rādhā makes butter. *Rādhā navanītam˜/ghṛtam˜ sādhayati (√sādh).* राधा नवनीतं/घृतं साधयति।
(31) Rājā cooks the cauliflower. *Rājā gojihvām˜ paćati (√pać).* राजा गोजिह्वां पचति।
(32) The camel is drinking water. *ūṣṭrah jalam˜/udakam˜/nīram˜/toyam˜ pibati (√pā).* ऊष्ट्रः जलं/उदकं/नीरं/तोयं पिबति।
(33) Mālā sews a shirt for Līlā. *Mālā Līlāyai ćolam˜/nićulam˜/yutakam˜ sīvyati (√siv).* माला लीलायै चोलं/निचुलं/युतकं सीव्यति।
(35) She drives a car. *sā cārayānam˜ ćālayati (√ćāl).* सा कारयानं चालयति।
(36) John paints a car. *Johnah cārayānam˜ rańgayati (√rańg).* जाâनः कारयानं रङ्गयति।

(37) Rekhā counts the Rupees. *Rekhā rūpyakāṇi gaṇayati (√gaṇ).* रेखा रूप्यकाणि गणयति।
(38) He eats chickpeas. *sah chaṇakān bhakṣayati (√bhakṣ).* सः चणकान् भक्षयति।
(39) Sunītā dries the Chillies. *Sunītā marīćān śuṣkī-karoti (√śuṣ √kṛ).* सुनीता मरीचान् शुष्कीकरोति। The Chillies dry. *marīćāni śuṣyanti (√śuṣ).* मरीचानि शुष्यन्ति।
(40) Ajīt takes away the comb. *Ajītah kaṅkatikām˜/prasādhanīm˜ gṛhṇāti (√grah).* अजीतः कंकतिकां/प्रसाधनीं गृह्णाति।

(41) We cook and eat rice. *vayam odanam˜/bhaktam˜ paćāmah khādāmah ća (√pać, √khād).* वयम् ओदनं/भक्तं पचामः खादामः च।
(42) The crow dies. *kākah/vāyasah mriyate (√mṛ).* काकः/वायसः म्रियते।
The tiger kills. *vyāghrah/śārdūlah hanti (√han).* व्याघ्रः/शार्दूलः हन्ति।
(42) Peacock dances. *mayūrah nṛtyati (√nṛt).* मयूरः नृत्यति।
(43) Child sleeps. *bālakah svapiti (√svap).* बालकः स्वपिति।
(44) Devotee worships. *bhaktah pūjati (√pūj).* भक्तः पूजति।
(45) Tree falls. *vṛkṣah/taruh/drumah/pādapah patati (√pat).* वृक्षः/तरुः/द्रुमः/पादपः पतति।
(46) Wind blows. *marut/vātah/vāyuh/pavanah vahati (√vah).* अनिलः/मरुत्/वातः/वायुः/पवनः वहति।
(47) The corn grows. *kiṇah/śasyam˜ sphuṭati (√sphut).* किणः/शस्यं स्फ/टति।
(48) The flowers bloom. *puṣpāṇi/kusumāni/sumanāni vikasanti (√vikas).* पुष्पाणि/कुसुमानि/सुमनानि विकसन्ति।
(48) Cow gives milk *(√dā). dhenuh/gauh dugdham˜/kṣīram˜/payah dadāti* धेनुः/गौः दुग्धं/क्षीरं/पयः ददाति।
(49) Samīrah wins the cup. *Samīrah ćaṣakam˜ jayati (√ji).* समीरः चषकं जयति।
(50) Simā rides bicycle. *Sīmā dvi-ćakrikām ārohati (ā√ruh).* सीमा द्विचिक्रिकाम् आरोहति।
(51) The deer jumps. *mṛgah/hariṇam utpatati (ud√pat).* मृगः/हरिणः उत्पतति।
(52) She wants gold. *sā kanakam/kāñćanam/bharma/suvarṇam/svarṇam/ hema ićchati/vāñćhati/ kāṅkṣati (√iććh, √vāñćh, √kāṅkṣ)* सा कनकम्/काञ्चनम्/भर्म/सुवर्णम्/स्वर्णम्/हेम इच्छति/वाञ्छति/कांक्षति।
(53) The donkey suffers. *gardabhah/kharah khidyate (√khid).* गर्दभः/खरः खिद्यते।
(54) Door closes. *dvāram˜ sam˜vartate (sam√vṛt).* द्वारं संवर्तते।
(55) Rīnā drinks (takes) a drink. *Rīnā peyam˜ pibati (√pā).* रीना पेयं पिबति।
(56) The duck swims. *kadambah tarati/plavate (√tṛ', √plu).* कदम्बः तरति/प्लवते।
(57) The eagle soars. *garuḋah uḋḋīyate (ud√dī).* गरुडः उड्डीयते।
(58) I buy diamonds. *aham˜ ratnāni/hīrakān krīṇāmi (√krī).* अहं रत्नानि/हीरकान् क्रीणामि।
(59) She brings the dictionary. *sā shabda-kośam ānayati (ā√nī).* सा शब्दकोशम् आनयति।
(60) Father teaches son. *pitā/janakah/tātah putram adhyāpayati (adhi√i).* पिता/जनकः/तातः पुत्रम् अध्यापयति।

(61) Fire burns a house. *agnih/analah/pāvakah gṛham˜ dahati (√dah).* अग्निः/अनलः/पावकः गृहं दहति।
(62) Fish hides the eggs. *jhaṣah/matsyah/mīnah aṇḋāni gūhati* झषः/मत्स्यः/मीनः अण्डानि गूहति (√गुह्)।
(63) The hen lays eggs. *kukkuṭī aṇḋāni sūyate (√sū).* कुक्कुटी अण्डानि सूयते।
(64) The earth turns. *bhūh/bhūmih/pṛthvī/pṛthivī/mahī/dharā/dharaṇī/medinī parivartate (pari√vṛt).* भूः/भूमिः/पृथ्वी/पृथिवी/मही/धरा/धरणी/मेदिनी परिवर्तते।
(65) Ranī orders the food *Rāṇī annam/aśanam/khādyam/khādanam/bhaktam/ bhakṣaṇam/ bhakṣyam/bhojanam/āhāram ājñāpayaita (ā√jñā).*

रानी अन्नम्/अशनम्/खाद्यम्/खादनम्/ भक्तम्/भक्षणम्/भक्ष्यम्/भोजनम्/आहारम् आज्ञापयति।

(66) Elephant picks the wood. *gajah kāṣṭham uddharati (ud√dhr).* गजः काष्ठम् उद्धरति।

(67) Rāma says. *Rāmah gadati/bhaṇati (√gad, √bhaṇ).* रामः गदति/भणति।

(68) Monīkā sends books. *Monīkā pustakāni sam-preṣayati (sam√preṣ).* मोनीका पुस्तकानि सम्प्रेषयति।

(69) Mīnā writes letters. *Mīnā patrāṇi likhati (√likh).* मीना पत्राणि लिखति।

(70) They go to the forest. *te vanam˜/kānanam˜/vipinam˜ gaććanti (√gam).* ते वनं/काननं/विपिनं गच्छन्ति।

(71) Friend loves. *mitram˜/bandhuh/suhṛd/sakhā/ snihyati (√snih).* मित्रं/बन्धुः/सुहृद्/सखा/सखी स्निह्यति।

(72) We celebrate Diwālī-festival. *vayam˜ dīpāvalī-utsavam anuṣṭhāpayāmah (anu√sthā).* वयं दीपावली/उत्सवम् अनुष्ठापयामः।

(73) The frog eats flies. *maṇḍūkah/dardurah makṣikāh khādati (√khād).* मण्डूकः/दर्दुरः मक्षिकाः खादति।

(74) The fruit ripens. *phalam˜ paćate (√pać).* फलं पचते।

(75) The garlic smells. *laśuṇam˜ ghrāṇam˜ karoti (ghraṇa √kṛ).* लशुनं घ्राणं करोति।

(76) The goat eats leaves. *ajah/ajā parṇāni atti (√ad).* अजः/अजा पर्णानि अत्ति।

(77) Tulikā thinks. *Tulīkā ćintayati (√ćint).* तुलीका चिन्तयति।

(78) Sunīl deserves. *Sunilah arhati (√arh).* सुनीलः अर्हति।

(79) God exists. *Devah/bhagavān/īśvarah asti (√as).* देवः/भगवान्/ईश्वरः अस्ति।

(80) The fuel burns. *indhanam/edhah indhe (√indh).* इन्धनम्/एधः इन्धे।

(81) You are jelous. *tvam īrṣyase (√īrṣ).* त्वम् ईर्ष्य|से।

(82) She is angry. *sā kupyati/krudhyati (√kup, √krudh).* सा कुप्यति/→/ध्यति।

(83) He digs the field. *sah kṣetram˜ khanati (√khan).* सः क्षेत्रं खनति।

(84) The clouds roar/thunder. *meghāh garjanti (√garj).* मेघाः गर्जन्ति।

(85) They sing. *te gāyanti (√gai).* ते गायन्ति।

(86) The girl walks. *bālikā ćalati (√ćal).* बालिका चलति।

(87) The hare eats green grass. *śaśakah haritam˜ tṛṇam˜/ghāsam˜ khādati (√khād).* शशकः हरितं तृणं/घासं खादति। (हरित *harita* = green)

(88) The hermit meditates. *tāpasah/tapasvī/munih/yatih tapati (√tap).* तापसः/तपस्वी/मुनिः/यतिः तपति।

(89) The granddaughter becomes happy. *pautrī tushyati (√tuṣ).* पौत्री तुष्यति।

(90) The grapes wilt. *drākṣāh mlāyanti (√mlai).* द्राक्षाः म्लायन्ति।

(91) The horse runs. *aśvah/turańgah/hayah dhāvati (√dhāv).* अश्वः/तुरङ्गः/हयः धावति।

(92) The priest sings hymns. *paṇḍitah ślokān gāyati (√gai).* पण्डितः श्लोकान् गायति।

(93) Insect eats fruit. *kīṭah/krmih phalam˜ khādati.* कीटः/कृमिः फलं खादति। Leaf falls. *patram˜/parṇam˜ patati (√pat).* पत्रं/पर्णं पतति। The leaves fall. *patrāṇi/parṇāni patanti.* पत्राणि/पर्णानि पतन्ति।

(94) Light shines. *ālokah/prakāśah/ābhā/prabhā ćakāsti (√ćakās).* आलोकः/प्रकाशः/आभा/प्रभा चकास्ति।

(95) Lion hunts. *simhah/kesarī/mṛgakesarī mṛgayate (√mṛg).* सिंहः/केसरी/मृगकेसरी मृगयते।

(96) The lotus looks beautiful. *kamalam˜/padmam˜/aravindam˜/pańkajam˜ śobhate (√śobh).* कमलं/पद्मं/अरविन्दं/पङ्कजं शोभते।

(97) The mango falls. *amraphalm˜/āmram˜ patati (√pat).* आम्रफलं/आम्रं पतति।

(98) Monkeys jump. *kapayah/markaṭāh/vānarāh plavanti (√plu).* कपयः/मर्कटाः/वानराः प्लवन्ति।

(99) The mouse eats seeds. *mūṣakah bījāni khādati (√khād).* मूषकः बीजानि खादति।

(100) The heart pumps blood. *hrdayam˜ rudhiram/raktam uttulayati (ud√tul).* हृदयं रुधिरम् उत्तुलयति।

LESSON 14
MODES OF SPEAKING

14.1 PARASMAIPADĪ AND ĀTMANEPADĪ VERBS

Unique of the Sanskṛt language, the *ātmanepadam* and *parasmaipadam* denote
To whom the fruit of an action accrues? or who is the intended victim of the action?

(1) *ātmanepada* of a verb indicates that the fruit of an action accrues to the doer (*ātma* आत्म) of action, and thus the action is *ātmanepadī*, **eg▫** *nirīkṣe* (Gītā 1.22) **1**st▫ sing▫, 'I observe for myself,' (*nirīkṣe;* निरीक्षे, उत्तमपुरुषः एकवचनं लट् भ्वादिः आत्मनेपदी ←निर्√ईक्ष्).

(2) *parasmaipada* of a verb indicates that the fruit of an action accrues to someone other (*para* पर) than the doer of that action. **eg▫** *bravīmi* Gītā 1.7, **1**st▫ sing▫, 'I am telling you,' (*bravīmi;* ब्रवीमि, उत्तमपुरुषः एकवचनं लट् अदादिः परस्मैपदी ←√ब्रू).

This distinction, however, appears to be not observed strictly in practice. And, therefore, we have verbs which indicate accrual of the fruit of an action to the doer (i.e. *ātmanepadī*) but is sometimes optionally used in the *parasmaipadī* form, as if the action is offered to oneself, as a third person. **eg▫**

(i) *Sah naiva kiñćit karoti* (Gītā 4.20) 'he does not do anything.' सः न एव किञ्चित् करोति। (**करोति** **3**rd person, singular लट् तनादिः परस्मैपदी ←√कृ).

(ii) *Sah yat pramāṇam˜ kurute* (Gītā 3.21) 'the standard he sets.' सः यत् प्रमाणं कुरुते। (**कुरुते**, **3**rd person singular लट् तनादिः आत्मनेपदी ←√कृ).

Of course, in Sanskrit language, when there are dual verb roots, that stand for both the doer as well as the object (*ubhayapadī,* उभयपदी), this distinction of *Parasmaipadī* and *Ātmanepadī* can not always be observed meticulously.

BE CAREFUL :
In order to avoid the common errors, care must be taken not to mix up the distinction between *Parasmaipadī* and Ātmanepadī characterics of the verbs with :

(1) the passive (*karmaṇi* कर्मणि) and active (*kartari* कर्तरि) usage of the voices (*prayogāh* प्रयोगाः)

(2) with the intransitive (*akarmakam* अकर्मकम्) and transitive (*sakarmakam* सकर्मकम्) attributes of the verbs (क्रियापदानि)

(3) Many times Ātmanepadī is confused and translated as Middle Voice, but Ātmanepadī is not a voice. The voices are : कर्तरि, कर्मणि and भावे *kartari* (active), *karmaṇi* (passive) and *bhāve* (abstract).

(i) The verbs such as अटति, करोति, पचति, याचति are <u>transitive</u> of the *parasmaipadī* <u>Active voice</u> (कर्तरि

प्रयोगः)

(ii) the verbs अटते, कुरुते, ईक्षते, पचते, लभते, याचते are intransitive of the *ātmanepadī* Active voice. Verb ज्ञायते (9√ज्ञा) is transitive *ātmanepadī.*

(iii) and the verbs अट्यते, ईक्ष्यते, पच्यते, लभ्यते, याच्यते are transitive-intransitive *ātmanepadī* of the Passive voice (कर्मणि प्रयोगः)

(iv) In the Active voice, both Transitive and Intransitive verbs are used, and in the Passive voice only Transitive verbs are used. Therefore, many people misunderstand *ātmanepadī* as 'passive voice.' Ātmanepadī is not a voice, it is characterics of a verb. Voice is a way a verb is used.

(v) In the *Bhāve* voice, only Intransitive verbs are used.

NOTE : Which verb roots are *Parasmaipadī* and which ones are *Ātmanepadī* is to be found through a good Sanskrit Dictionary or from everyday experience. There is no other easy way to determine it. In earlier chapters we have learned and used several *Parasmaipadī* verbs, let us now learn some *Ātmanepadī* vebs and see some Dual verbs.

(i) The verbs like भवति, गच्छति, लिखति ending in ति are *parasmaipadī;*

(ii) The verbs रोचते, ईक्षते, वन्दते ending ते or ए are *ātmanepadī* and

(iii) The verbs करोति/कुरुते, पचति/पचते, याचति/याचते are dual (उभयपदी) verbs.

TYPICAL SUFFIXES OF THE ĀTMANEPADĪ PRESENT TENSE (लट्)

TABLE 12 : (All three genders - m▫, f▫ and n▫)

Person	Singular	Dual	Plural
1p▫	ए. ई *e, ī*	आवहे, वहे *āvahe, vahe*	आमहे, महे *āmahe, mahe*
2p▫	से *se*	आथे, इथे *āthe, ithe*	ध्वे *dhve*
3p▫	ते *te*	आते, इते *āte, ite*	अते, अन्ते *ate, ante*

√क्लृप् to be fit, PRESENT (m▫f▫n▫)

Person	Singular		Plural	
I am fit	अहं कल्पे	*aham˜ kalpe*	वयं कल्पामहे	*vayam˜ kalpāmahe*
You are fit	त्वं कल्पसे	*tvam˜ kalpase*	यूयं कल्पध्वे	*yūyam˜ kalpadhve*
He is fit	सः कल्पते	*sah kalpate*	ते कल्पन्ते	*te/tāh/tāni kalpante*

EXAMPLES cum **EXERCISE** : ĀTMANEPADĪ VERBS

(1) to be fit, to deserve (√क्लृप्) कल्पे/कल्पसे/कल्पते।

(2) to see (√ईक्ष्) ईक्षे/ईक्षसे/ईक्षते; ईक्ष्ये/ईक्ष्यसे/ईक्ष्यते।

(3) to be, to exist (√विद्) विद्ये/विद्यसे/विद्यते। (4) to desire (√कम्) कामये/कामयसे/कामयते।

(5) to jump and play (√कुर्द्) कूर्दे/कूर्दसे/कूर्दते। (6) to happen (√घट्) घटे/घटसे/घटते।

(7) to bargain (√पण्) पणे/पणसे/पणते। (8) to walk (√पद्) पद्ये/पद्यसे/पद्यते।

(9) to begin (आ√रभ्) आरभे/आरभसे/आरभते। (10) to get (√लभ्) लभे/लभसे/लभते।

(11) to increase (√वृध्) वर्धे/वर्धसे/वर्धते। (12) to look good (√शुभ्) शोभे/शोभसे/शोभते।

EXERCISE 32 : Fill in Sanskrit Ātmanepadī verbs.

(1) It happens. एतत् --------- (2) It looks good. एतत् ---------

(3) She attains. सा --------- (4) He jumps सः ---------

(5) I desire अहं --------- (6) He bargains. सः ---------

ANSWERS : (1) एतत् घटते। (2) एतत् शोभते। (3) सा लभते। (4) सः कूर्दते। (5) अहं कामये। (6) सः पणते।

14.2 THE TRANSITIVE AND INTRANSITIVE VERBS

sakarmakam akarmakam˜ ća

सकर्मकम् अकर्मकं च। सकर्मकमकर्मकञ्च।

(i) Rāma eats. *Rāmah khādati.* रामः खादति। (ii) Rāma sits. *Rāmah upaviśati.* रामः उपविशति।

(1) In the first sentence, when we say Rāma eats, the question arises Rāma eats 'what?' *Rāmah kim˜ khādati?* रामः किं खादति? The answer may be Rāma eats rice. *Rāmah odanam˜ khādati.* रामः ओदनं खादति। Therefore, 'to eat' is a TRANSITIVE VERB (action transferred to an external object).

(2) In second sentence, Rāma sits. There is no 'what' type of question, or there is no answer to such question. Thus, 'to sit' is an INTRANSITIVE VERB (action not transferred to external object, but stays **in** the subject).

NOTE: As pointed out earlier, there is no relation between *Parasmaipadī*/Ātmanepadī and Transitive/Intransitive attributes of the verbs. However, transitive and intransitive verbs could be *parasmaipadī* or *ātmanepadī*.

EXAMPLES : TRANSITIVE VERBS

(The verbs in examples 1, 3, 5, 7, 9 are Transitive;
the verbs in examples 2, 4, 6, 8 are Intransitive)

(1) The boy throws. *bālakah kṣipati.* बालकः क्षिपति।. The boy throws what? *bālakah kim kṣipati?* बालकः किं क्षिपति? The boy throws a ball. *bālakah kandukam˜ kṣipati.* बालकः कन्दुकं क्षिपति।

(2) The girl laughs. बाला हसति। There is no 'what?' question.

(3) Rāma writes. Rāma writes what? Rāma writes a letter. *Rāmah patram˜ likhati.* रामः पत्रं लिखति।

(4) The bird flies. पक्षी डयते। No 'what?' question.

(5) She flies. She flies what? She flies an airplane. *sā vāyu-yānam ud'd'āyayati.* सा वायुयानम् उड्डाययति।

(6) The stone falls. प्रस्तरं पतति। No 'what?' question.

(7) I bring. I bring what? I bring a book. *aham˜ pustakam ānayāmi.* अहं पुस्तकम् आनयामि।

(8) The parrot laments. शुकः शोचति। No 'what?' question.

(9) She sings. She sings what? She sings a song. *sā gītam˜ gāyati.* सा गीतं गायति।

EXERCISE 33 : Name the verbs, transitive or intransitive?

(1) सिंहः धावति। sim˜hah dhāvati ---------------- (√धाव् √dhāv)

(2) अजः तृणं खादति। ajah tṛṇam˜ khādati ------------ (√खाद् √khād)

(3) बालिका रोदिति। bālikā roditi --------------------- (√रुद् √rud)

(4) काष्ठः ज्वलयति। kāṣṭ[hah jvalati ----------------- (√ज्वल् √jval)

(5) सा जलं पिबति। sā jalam˜ pibati ----------------- (√पा √pā)

(6) वृश्चिकः दंशति। vṛśćikah dam˜śati -------------- (√दंश् √dam˜s)

(7) सा नृत्यति। sā nṛtyati ------------------------ (√नृत् √nṛt)

(8) ताः पचन्ति। tāh paćanti ---------------------- (√पच् √pać)

(9) सः क्लाम्यति। sah klāmyati ------------------- (√क्लम् √klam)

ANSWERS : (1) Intr. (2) Tr. (3) Intr. (4) Intr. (5) Tr. (6) Tr. (7) Intr. (8) Tr. (9) Intr.

THE CAUSATIVE, DESIDERATIVE AND FREQUENTIVE VERBS

prayojaka/iććhārthaka/atirekārthaka/prakriyāh

प्रयोजक/इच्छार्थक/अतिरेकार्थकप्रक्रियाः।

14.3 THE CAUSATIVE VERBS

When a verb is (caused to be) performed through someone else, the verb is causative.
Causative means 'getting the work done,' as against 'doing' the work.

Generally the causative (ण्यन्त *ṇyanta*) verbs are called णिजन्त *ṇijanta* or प्रयोजक *prayojak* verbs.

Grammatically the causative verbs are णिजन्त *(ṇijanta)* verbs, because they are formed by dding णिच् *(ṇić)* suffix to the √root verbs (णिच् अन्त = णिजन्त).

eg▫ √*paṭh* √पठ् to learn. *paṭhati* पठति learns. *pāṭhayati* पाठयति teaches = causes to learn.

(i) (√*paṭh*) √पठ् + णिच् + वृद्धिः = पाठि teaching

(ii) पाठि + विकरण अ = पाठय **to teach**

(iii) पाठय + आमि = पाठयामि I teach अहं पाठयामि। (पाठय + आमि)

पाठय + आमः = पाठयामः We teach

पाठय + सि = पाठयसि You teach त्वं पाठयसि। (पाठय + सि)

पाठय + ति = पाठयति He/she teaches सः, सा, भवान् पाठयति। (पाठय + ति)

पाठय + न्ति = पाठयन्ति They teach ते, ताः, भवन्तः पाठयन्ति। (पाठय + अन्ति)

EXAMPLES :

(1) To listen √श्रु + णिच् + वृद्धिः = श्रावि + अ = श्रावय to cause to listen. For causative Sanskrit expressions there are no proper single-word expressions in English language, however, most of the Indian languages

do have them.

In Hindi it is सुनाना. Same is true for other Sankkrit causative verbs, viz▫

स्नापय = नहलाना। घातय = मरवाना। दापय = दिलवाना...etc.

There are such causative single-word expressions in the Indian languages, derived from Sanskrit.

(2) To be √भू + णिच् + वृद्धिः = भावि + अ = भावय + सि = भावयसि *bhāvayasi* you cause, you are causing.

(3) To begin आ√रभ् + णिच् + वृद्धिः = आरम्भि + अ = आरम्भय + ति = आरभयति *ārabhayati* he, she, it causes to start.

(4) To kill √हन् + णिच् + वृद्धिः = घाति + अ = घातय *ghātaya* to get killed, to cause to die.

(5) To give √दा + णिच् + वृद्धिः = दापि + अ = दापय *dāpaya* to cause to give

(6) To go √या + णिच् + वृद्धिः = यापि + अ = यापय + आमि = यापयामि *yāpayāmi* I send.

(7) Please give a bath to the baby. *bālakam˜ snāpayatu.* बालकं स्नापयतु।

(8) Having spent (caused to pass) twelve years in the forest, the Pāņďava/ went to Virāța. *dvādaśa-varṣāṇi vane yāpayitvā Pāņďavāh virāța-nagaram agaćchan (jagmuh).* द्वादशवर्षाणि वने यापयित्वा पाण्डवाः विराटनगरम् अगच्छन् (जग्मुः)।

(9) I caused-to-be-listened (Hindī - सुनाया) a song yesterday. *aham˜ hyah gītam aśrāvayam.* अहं ह्यः गीतम् अश्रावयम्।

14.4 THE DESIDERATIVE VERBS

When the verb indicates a desire of the doer of an action (subject), the verb is desiderative.

The desiderative verbs are generally called इच्छार्थक *(ićchārthak)* verbs.

Grammatically they are सन्नन्त *(sannant)* verbs, because they are formed by adding सन् *(san)* suffix to the √root verbs (सन् अन्त = सन्नन्त).

NOTE : A verb receives the *san* सन् suffix, **only when the doer of that verb is the same as the doer of the desire.**

CHARACTERISTICS :

(i) When *san* सन् suffix is attached to a verb, the first letter of that verb is doubled and only *sa* स of the *san* सन् is added to this modified verb.

(ii) All कृत् suffixes (तव्यत्, अनीयर, यत्, क्त, क्तवतु, क्त्वा, णमुल, णिनि, तुमुन् ...etc.) can form desiderative verbs.

(iii) Desiderative verbs are formed from both *parasmaipadī* and *ātmanepadī* verbs.

(iv) The two specific forms of desiderative verbs formed with सन् suffix are :

(a) ADJECTIVES formed with particle *u* उ

To read √पठ् + सन् = पिपठिष् = desire of reading

पिपठिष् + उ = पिपठिषु = One who desires to read. (adjective)

(b) FEMININE NOUNS formed with particle अ *a*

To read √पठ् + सन् = पिपठिष् = desire of reading

पिपठिष् + अ = पिपठिषा = f॰ the desire to read. (noun)

EXAMPLES :

(1) I desire to read the Gītā. *aham˜ Gītām˜ pipaṭhiṣāmi.* अहं गीतां पिपठिषामि।

(2) You want to read Rāmāyaṇa. *bhavān Rāmāyaṇam˜ pipaṭhiṣati.* भवान् रामायणं पिपठिषति।

(3) She likes to read Mahābhārata. *sā Mahābhāratam˜ pipaṭhiṣati.* सा महाभारतं पिपठिषति।

14.5 THE FREQUENTATIVE VERBS

When a verb indicates repetition or excess of an action, the verb is frequentative. The frequentative अतिरेकार्थक *(atirekārthak)* verbs are called यङन्त *(yaṅant)* or यङ्लुगन्त *(yaṅlugant)* verbs, because they are formed by adding यङ् *(yaṅ)* or यङ्लुक् *(yaṅ-luk)* suffixes to the √root verbs (यङ् अन्त = यङन्त। यङ्लुक + अन्त = यङ्लुगन्त).

While यङ् is used as an *ātmanepadi* suffix, and यङ्लुक् is used as a *parasmaipadī* suffix, both of these suffixes impart same meaning to the verb.

All the कृत् suffixes (तव्यत्, अनीयर, यत्, क्त, क्तवतु, क्त्वा, णमुल, णिनि, तुमुन् ...) can form the frequentive verbs.

TO MAKE A FREQUENTIVE VERB

(1) The initial letter of the verb root is doubled,

(2) letter अ is added to the initial letter,

(3) य is suffixed to form a यङन्त frequentive verb,

(4**a**) to this frequentive verb, either tense suffixes are attached, after step 3.

(4b) or a *kṛt* कृत् suffix is added, after the step 2.

i. to learn √पठ् → पपठ् + अ = पापठ् + य = पापठ्य to read over and over or to read a lot.

ii. पापठ्य + ए = पापठ्ये — I read over and over

पापठ्य + से = पापठ्यसे — You read over and over

पापठ्य + ते = पापठ्यते — He, she reads over and over सः, सा, भवान् पापठ्यते।

पापठ्य + अन्ते = पापठ्यन्ते — They read over and over

LESSON 15
THE CASES
विभक्तयः।

15.1 Use of the Substantives as subject (in active voice)

The nouns, pronouns and adjectives (in active voice) are expressed in the 1st case (Nominative case प्रथमा विभक्तिः). eg. Thers is a boy (boy = *bālaka* बालक). *bālakah asti.* बालकः अस्ति। The most common 25 forms of the 1st case (Nominative case प्रथमा विभक्तिः) are :

NOMINATIVE CASE (प्रथमा विभक्तिः)

	Word ending	Gender	Word	Singular	Dual	Plural
(1)	अ	m▫	राम	रामः	रामौ	रामाः
(2)	अ	n▫	वन	वनम्	वने	वनानि
(3)	आ	f▫	माला	माला	माले	मालाः
(4)	इ	m▫	कवि	कविः	कवी	कवयः
(5)	इ	n▫	वारि	वारि	वारिणी	वारीणि
(6)	इ	f▫	मति	मतिः	मती	मतयः
(7)	ई	f▫	नदी	नदी	नद्यौ	नद्यः
(8)	उ	m▫	गुरु	गुरुः	गुरू	गुरवः
(9)	उ	n▫	मधु	मधु	मधुनी	मधूनि
(10)	उ	f▫	धेनु	धेनुः	धेनू	धेनवः
(11)	ऊ	f▫	वधू	वधू	वध्वौ	वध्वः
(12)	ऋ	m▫	पितृ	पिता	पितरौ	पितरः
(13)	ऋ	n▫	धातृ	धातृ	धातृणी	धातॄणि
(14)	ऋ	f▫	मातृ	माता	मातरौ	मातरः
(15)	च्	f▫	वाच्	वाक्	वाचौ	वाचः
(16)	ज्	m▫	राज्	राट्	राजौ	राजः
(17)	त्	m▫	मरुत्	मरुत्	मरुतौ	मरुतः
(18)	त्	n▫	जगत्	जगत्	जगती	जगन्ति
(19)	द्	m▫	सुहृद्	सुहृद्	सुहृदौ	सुहृदः
(20)	इन्	m▫	शशिन्	शशी	शशिनौ	शशिनः
(21)	न्	m▫	आत्मन्	आत्मा	आत्मानौ	आत्मानः
(22)	न्	n▫	कर्मन्	कर्म	कर्मणी	कर्माणि
(23)	श्	f▫	दिश्	दिक्	दिशौ	दिशः
(24)	स्	m▫	चन्द्रमस्	चन्द्रमाः	चन्द्रमसौ	चंद्रमसः
(25)	स्	n▫	पयस्	पयः	पयसी	पयांसि

15.2 Use of the Relational Expressions what (the object)? to where? below, above, between, along, after, towards, in front of, near, around, without.

In the use of the conjunctions : what (he object)? to where? below, above, between, along, after, towards, in front of, near, around, without ...etc., 2nd case (Accusative case द्वितीया विभक्तिः) is used for the object and its adjective. (see the Appendix 2 for the charts of cases)

(a) Rāma eats **rice**. *Rāmah odanam˜ khādati.* रामः ओदनम् खादति। Rāma does the action of eating, so Rāma is the subject, thus *Rāmah* रामः is the Nominative (1st) case. To eat is a transitive verb. Rāma eats 'what?' The answer is 'rice.' Rice is the **object**. Therefore, rice ओदनम् is in the Accusative (2nd) Case.

(b) In intransitive actions, the object indicated by 'to where' is in Accusative (2nd) case. To go is an intransitive verb. Rāma goes 'to' **town**, *Rāmah nagaram˜ gaććhati* (रामः नगरं गच्छति).

EXAMPLES :

1. I am going to Now York. *aham˜ new-yorkam˜ gaććhāmi* अहं न्यू-यार्कं गच्छामि।
2. Vines are on both sides of the house. *gṛham ubhayatah latāh santi.* गृहम् उभयतः लताः सन्ति।
3. Rāma is drinking milk. *Rāmah dugdham˜ pibati* रामः दुग्धं पिबति।
4. Sītā wrote a letter. *Sītā patram alikhat.* सीता पत्रम् अलिखत्।
5. He sees a zebra. *sah rāsabham˜ paśyati.* सः रासभं पश्यति।
6. You will give money. *bhavān dhanam˜ dāsyati.* भवान् धनं दास्यति।
7. Gītā will go to Kānpur. *gītā Kānpuram˜ gamiṣyati.* गीता कानपुरं गमिष्यति।
8. Bālā saw a turtle. *Bālā kaćhhapam˜ gṛṣṭavān.* बाला कच्छपं दृष्टवान्।
9. She brings a bucket. *sā droṇīm ānayati.* सा द्रोणीं आनयति।

15.3 Use of the Relational Expressions : with, by, through, because

In the use of the Relational Prepositions : with, by, because of, through ...etc., the 3rd case (Instrumental case तृतीया विभक्तिः) is used for the object that is used as an instrument.

EXAMPLES :

1. Rāma eats rice with a spoon. *Rāmah ćamasena odanam˜ khādati.* रामः चमसेन ओदनं खादति।

Rice is eaten with (-एन) spoon. The spoon is used as an instrument to eat the rice (the object), therefore, with a spoon चमसेन is the Instrumental (3rd) case.

2. Rolā goes to London by airplane. *Rolā landanam˜ vāyu-yānena gaććhati.* रामः लंदनं वायुयानेन गच्छति। Airplane (वायुयानम्), being used as an instrument, is in the Instrumental (3rd) case.

3. I am going with Rāma. *aham˜ Rāmeṇa saha gaććāmi.* (अहं रामेण सह गच्छामि), *Rāmeṇa* is 3rd case.

4. Rāvaṇa was killed by Rāma. *Rāmeṇa Rāvaṇah hatah (√hna`).* रामेण रावणः हतः (√हन्)।

5. I am drinking milk **with him**. *aham˜ **tena saha** dugdham˜ pibāmi.* अहं तेन सह दुग्धं पिबामि।

6. I drink milk **with a cup**. *aham˜ **ćaṣakena** dugdham˜ pibāmi.* अहं चषकेन दुग्धं पिबामि।

7. Sītā is writing letter **with a pen**. *Sītā **lekhanyā** patram˜ likhati.* सीता लेखन्या पत्रं लिखति।

8. He hits the ball **with a bat**. *sah laguďena saha **kandukam˜** tāďayati.* सः लगुडेन कन्दुकं ताडयति।

9. You will reply **by letter**. *bhavān **patreṇa** pratyuttaram˜ dāsyasi.* भवान् पत्रेण प्रत्युतरं दास्यसि।

10. I went to London **by boat**. *aham˜ **jala-yānena** Landanam āgaććham.*
अहं जलयानेन लन्दनम् अगच्छम्।

11. Rāma will go there **with Sītā**. *Rāmah **Sītayā saha** tatra gamiṣyati.* रामः सीतया सह तत्र गमिष्यति।

12. Knowledge is beautiful **with humility**. *vidyā vinayena śobhate.* विद्या विनयेन शोभते।

13. I am writing a letter with a pencil. *aham˜ patram˜ lekhanyā likhāmi.* अहं पत्रं लेखन्या लिखामि।

14. The letter was written by me. *mayā patram˜ likhitam.* मया पत्रं लिखितम्। (passive voice)

15. I am going by car. *aham˜ cārayānena gaććhāmi.* अहं कारयानेन गच्छामि।

EXERCISE 34 : Find the Nominative (1st), Accusative (2nd), Instrumental (3rd) cases :

(1) I caught a ball with my hand. अहं हस्तेन कन्दुकम् गृहितवान्।

(2) He plays a toy with you. सः तेन सह क्रीडनकं खेलति।

(3) She will come here by car. सा कारयानेन अत्र आगमिष्यति।

(4) We will go with you. वयं त्वया सह गमिष्यामः।

(5) They ate rice with us. ते अस्माभिः सह ओदनम् अखादन्।

ANSWERS : (1) अहं हस्तेन कन्दुकम् (2) सः तेन-सह क्रीडनकम् (3) सा कारयानेन (4) वयं त्वया-सह (5) ते अस्माभिः-सह ओदनम् (6) चक्षुषा मनसा वाचा कर्मणा। यः, लोकम्, तम्, लोकः।

EXERCISE 35 : Say it in Sanskrit :

(1) You stitch cloth with a needle. भवान् सूचिकया वस्त्रं सीव्यति।

(2) Ratnakar cuts paper with scissors. रत्नाकरः कर्तरिकया पत्रकं कृन्तति।

(3) I came with my dog. अहं मम कुकुरेण सह आगच्छम्/आगतवान्।

(4) Knowledge grows with education. विद्यया ज्ञानं वर्धते।

(√वृध् = grow) (blind = काणः, lame = खञ्जः)

(5) He is blind with an eye and lame with a leg. सः अक्ष्णा काणः पादेन च खञ्जः।

(6) Without righteousness one is like an animal. धर्मेण हीनः पशुना समानः।

ANSWERS : (1) सूचिकया (2) कर्तरीकया (3) कुकुरेण सह (4) विद्यया (5) अक्ष्णा पादेन (6) धर्मेण-हीनः पशुना

EXERCISE 36 : Give Sanskrit words for English nouns :

(1) Spoon --------- Boat --------- Lake --------- (2) Night --------- Pot --------- Knife ---------
(3) Scissors --------- Needle --------- Mirror --------- (4) Soap --------- Towel --------- Bed ---------
(5) Table ---------- Paper ---------- Education ----------

ANSWERS : (1) चमसः नौः कासारः (2) रात्रिः कलपः/घटः/कुम्भः छुरिका (3) कर्तरिका/कर्तरी; सूचिः/सूचिका/सेवनी;

आदर्शः/दर्पणः/मुकुरः (4) फेनिलः मार्जनवस्त्रं; पर्यङ्कम्/शय्या (5) मञ्चः/फलकः पत्रकम्; विद्या।

15.4 Use of the Relational Expressions : for, to give to, to send to, to show to, salute to.

In order to use the Relational Expressions : for, to give to, to send to, to show to, salute to ...etc., the 4th (Dative case चतुर्थी विभक्तिः) is applied to the 'receiver' of the object, tangible or intangible.

I give rice to Rāma. अहं रामाय ओदनं ददामि। I am giving, so I am the subject. I, *aham* (अहम्) is the Nominative (1st) case. I give what? I give rice. So rice is the object. Rice, *odanam* ओदनम्, is the Accusative (2nd) case. To give is a Transitive verb (√*da, dadāti* √दा, ददाति). Rice is given to whom (कस्मै)? Rice is given to (or for) Rāma, the 'receiver'. Therefore, *Rāmāya* रामाय is DATIVE (4th) case.

EXAMPLES :

1. Mālā gives a letter to Sītā. *Malā Sītāyai patram˜ dadāti.* (माला सीतायै पत्रं ददाति)
2. Salute to Rāma. *Rāmāya namah* रामाय नमः।
3. May all be well. *sarvebhyah svasti* सर्वेभ्यः स्वस्ति।
4. The offering is for the teacher(s). *gurujanāya svadhā asti.* गुरुजनाय स्वधा अस्ति।
5. The Offering to the Indra. *indrāya vaṣaṭ.* इन्द्राय वषट्।
6. This is enough for these people. *etat ebhyah alam.* एतत् एभ्यः अलम्।
7. Fools are hateful of the learned people. *mūrkhāh vijñebhyah asūyanti.* मूर्खाः विज्ञेभ्यः असूयन्ति।
8. Ignorant people are jealous of the virtuous people. *mūd'hāh guṇibhyah īrṣyanti.* मूढाः गुणिभ्यः ईर्ष्या|न्ति।
9. Wicked people bother the good people. *duṣṭāh bhadrebhyah druhyanti.* दुष्टाः भद्रेभ्यः द्रुह्यन्ति।
10. Mother does not get angry with the children. *mātā putrebhyah na krudhyati.* माता पुत्रेभ्यः न →/ध्यति।
11. The teacher reads the lesson to the students. *śikṣakah ćhātrebhyah pāṭham˜ paṭhati.* शिक्षकः छात्रेभ्यः पाठं पठति।
12. Rāma likes truth. *Rāmāya satyam˜ roćate.* रामाय सत्यं रोचते।
13. The servant praises the master. *sevakah svāmine ślāghate.* सेवकः स्वामिने श्लाघते।
14. You owe hundred Repees to Rāma. *bhavān Rāmaya śatarūpyakāni dhārayasi.* भवान् रामाय शतरूप्यकाणि धारयसि।
15. All people desire wealth. *sarve dhanāya spṛhanti.* सर्वे धनाय स्पृहन्ति।
16. He asks me about you. *sah mām˜ tubhyam˜/bhavate rādhyati (īkṣate).* सः मां तुभ्यं/भवते राध्यति (ईक्षते)।
17. May you live long. *tubhyam˜ (te) dīrgham āyuṣyam˜ bhūyāt.* तुभ्यं दीर्घम् आयुष्यं भूयात्।
18. May the poor be happy. *akiñćanebhyah madram˜ bhūyāt.* अकिंचनेभ्यः मद्रं भूयात्।
19. May the beings be happy. *bhūtebhyah bhadram˜ bhūyāt.* भूतेभ्यः भद्रं भूयात्।
20. May all be happy. *sarvebhyah kuśalam˜ bhūyāt.* सर्वेभ्यः कुशलं भूयात्।
21. May the children be happy. *śiśubhyah sukham˜ bhavatu.* शिशुभ्यः सुखं भवतु।
22. May the charitable be prosperous. *dānibhyah arthah bhavet.* दानिभ्यः अर्थः भवेत्।
23. May all be well. *bhūtebhyah hitam˜ bhūyāt.* भूतेभ्यः हितं भूयात्।

24. Obeisance **to Lord Krishna**. *Kṛṣṇāya devāya namah* कृष्णाय देवाय नमः।

25. I gave **him** money. *aham˜ tasmai dhanam adadām (dattavān).*
अहं तस्मै धनम् अददाम् (दत्तवान्)।

26. Sītā sings **for you**. *Sītā te gāyati.* सीता ते गायति।

27. He plays **for the Raptors**. *sah Rāptarebhyah khelati.* सः राप्टरेभ्यः खेलति।

28. You will give **me** the letter. *bhavān me patram˜ dāsyati.* भवान् मे पत्रं दास्यति।

29. I am going **for the meeting**. *aham˜ sabhāyai gaćchāmi.* अहं सभायै गच्छामि।

30. Sītā! What do you like (**for yourself**)? *Sīte! te kim˜ roćate?* सीते! ते किं रोचते?

EXERCISE 37 : Say in Sanskrit :

(1) I gave him the ball. अहं तस्मै कन्दुकम् अददाम्/दत्तवान्।

(2) He gave a book to (for) me. सः मे पुस्तकम् अददात्/दत्तवान्।

(3) Duryodhana is jealous of Arjuna. दुर्योधनः अर्जुनाय ईर्ष्यति।

(4) Milk is good for a child. बालाय क्षीरं हितम्।

(5) Oblation to the fire. अग्नये स्वाहा।

ANSWERS : (1) तस्मै (2) मे (3) अर्जुनाय (4) बालाय (5) अग्नये

15.5 Use of the Relational Expressions : From, than (comparison between two objects), except, before, after, until, since, without.

In the sentense, Rāma eats rice from the dish. *Rāmah odanam˜ sthālikāyāh khādati.* रामः ओदनं स्थालिकायाः खादति। Rāma eats, Rāma (रामः), the subject is in the Nominative (1st) case. Rice (ओदनम्) is eaten, so Rice, the object, is in the Accusative (2nd) case. To eat is a transitive verb. The rice is taken out from the dish (स्थालिकायाः), therefore, the dish is in the 5th case (Ablative case, पंचमी विभक्तिः)

A. FROM :

1. A star falls from the sky. *tārā nabhasah patati.* तारा नभसः पतति।
2. The ripe fruits are falling from the tree. *pakvāni phalāni vṛkṣāt patanti.* पक्वानि फलानि वृक्षात् पतन्ति।
3. The student comes from school. *ćhātrah vidyālayāt āgaćchati.* छात्रः विद्यालयात् आगच्छति।
4. My house is 100km from Banāras. *mama gṛham˜ Vārāṇasītah śatayojanāni asti.*
मम गृहं वाराणसीतः शतयोजनानि अस्ति।
5. I am here from Monday. *aham atra somavāsaratah asmi.*
अहम् अत्र सोमवासरतः अस्मि।

B. THAN :

1. Rāma is smarter than Keśava. *Rāmah keśavāt ćaturah asti.* रामः केशवात् चतुरः अस्ति।

The things against which verbs √गुप्, वि√रम् and प्र√मद् are directed, are in the Abaltive (5th) case.

1. The Kaurava/ loathed Pāṇḍ'ava/. *kauravāh pāṇḍ'avebhyah ajugupsantah.*

कौरवाः पाण्डवेभ्यः अजुगुप्सन्तः।

2. Good people stay away from bad things. *sajjanāh kukarmabhyah viramanti.* सज्जनाः कुकर्मभ्यः विरमन्ति।

3. Students should not neglect studies. *ćhātrāh abhyāsāt na pramadyeyuh.* छात्राः अभ्यासात् न प्रमद्येयुः।

EXERCISE 38 : Translate the English sentences into Sanskrit. (answers are given in the brackets)

1. The police protects people from thieves. *nagara-rakṣiṇah ćorebhyah janān rakṣanti.* नगररक्षिणः चोरेभ्यः जनान् रक्षन्ति।

2. People are afraid of thieves. *janāh ćorebhyah bibhyati.* जनाः चोरेभ्यः बिभ्यति √भी। (singular बिभेति, pl॰ बिभ्यति)

3. Thief hides from the police. *ćorah nagara-rakṣakebhyah vilīyate.* चोरः नगररक्षेभ्यः विलीयते।

4. Shape of a banana is different than that of a mango. *āmra-phalasya ākārāt kadali-phalasya ākārah bhinnah asti.* आम्रफलस्य आकारात् कदलिफलस्य आकारः भिन्नः अस्ति।

5. The colour of a banana is different than the colour of a mango. *āmra-phala-varṇāt anyavarṇam˜ kadali-phalam.* आम्रफलवर्णात् अन्यवर्णं कदलिफम् (अन्यः कदलिफलवर्णः)।

6. The students are standing near (or away from) the teacher. *ćhātrāh guroh ārāt tiṣṭhanti.* छात्राः गुरोः आरात् तिष्ठन्ति।

7. My book is other than this one. *mama pustakam asmāt (pustakāt) itarat asti.* मम पुस्तकम् अस्मात् (पुस्तकात्) इतरत् अस्ति।

8. Without efforts there is no success. *ṛte prayatnebhyah sāphalyam˜ nāsti.* ऋते प्रयत्नेभ्यः साफल्यं नास्ति।

9. My school is on the other side of the market. *mama vidyālayam āpaṇāt pratyak asti*. मम विद्यालयम् आपणात् प्रत्यक् अस्ति।

10. His house is on the North side of my house. *tasya gṛham˜ mama gṛhāt udakam asti*. तस्य गृहं मम गृहात् उदकम् अस्ति।

11. His house is before Rāma's house. *tasya gṛham˜ Rāmasya gṛhāt pūrvam (prāk) asti*. तस्य गृहं रामस्य गृहात् पूर्वम् (प्राक्) अस्ति।

12. S}rīlankā is on the South side of India. *S}rīlańkā Bhāratāt dakṣiṇāhi asti*. श्रीलङ्का भारतात् दक्षिणाहि अस्ति।

13. India is on the North side of S}rīlańkā. *Bhāratam˜ S}rīlańkāyāh uttarāhi asti*. भारतं श्रीलङ्कायाः उत्तराहि अस्ति।

14. The drinking water is different than this water. *pānīyam˜ jalam asmāt jalāt pṛthak asti.* पानीयं जलम् अस्मात् जलात् पृथक् अस्ति।

15. Without desire work is not completed. *iććhāyāh vinā kāryam˜ na sidhyati* इच्छायाः विना कार्यं न सिध्यति।

16. Up to evening I will stay. *ā-sandhyāyāh aham˜ sthāsyāmi.* आसन्ध्यायाः अहं स्थास्यामि।

17. Up to school I run. *ā-vidyālayāt aham˜ dhāvāmi.* आविद्यालयात् अहं धावामि।

18. I bring one book from home. *aham ekam˜ pustakam˜ gṛhāt ānayāmi.* अहम् एकं पुस्तकं गृहात् आनयामि।

19. Vāsudeva is smarter than Gopāla. *Vāsudevah Gopālāt ćaturah asti.* वासुदेवः गोपालात् चतुरः अस्ति।

MORE EXAMPLES cum EXERCISE : ABLATIVE (5th) CASE

1. Rāma came **from home**. *Rāmah gṛhāt āgaćchat (āgatavān).* रामः गृहात् आगच्छत् (आगतवान्)।
2. Rain is falling **from the sky**. *ākāśāt vṛṣṭih bhavati.* आकाशात् वृष्टिः भवति/पतति (√पत्)।
3. He goes **from here** to there. *sah itah tatra gaćchati.* सः इतः तत्र गच्छति।
4. You will reply **from London**. *bhavān Landanāt pratyuttaram˜ dāsyati.* भवान् लन्दनात् प्रत्युत्तरं दास्यति।
5. Rāma is taller **than Sitā**. *Rāmah Sītayāh uććatarah asti.* रामः सीतायाः उच्चतरः अस्ति।

EXERCISE 39 : Say it in Sanskrit :

(1) He stole the ball from the box. सः पेटिकायाः कन्दुकम् अचोरयत्।

(2) Rāma works from home. रामः गृहात् एव कार्यं करोति।

(3) Where did you came from? भवान् कस्मात्/कुतः अगच्छत्/आगतवान्?

(4) We will go from here. वयं इतः (अत्रतः) गमिष्यामः।

(5) May people be happy. प्रजाभ्यः स्वस्ति। जनाः सुखिनः भवन्तु।

(6) Sītā wants flowers. सीता पुष्पेभ्यः स्पृहयति।

(7) The Ganges originates in (from) the Himālaya. गङ्गा हिमालयात् उद्भRवति।

(8) There is no rescue without knowledge. ज्ञानात् विना न मुक्तिः।

ANSWERS : 1. पेटिकायाः 2. गृहात् 3. कस्मात्/कुतः 4. इतः/अत्रतः 5. प्रजाभ्यः 6. पुष्पेभ्यः 7. हिमालयात् 8. ज्ञानात्- विना।

15.6 Use of the Relational Expressions : of, above, below, in front of, behind, beyond, in presense of, comparison among more than two, i.e. superlative.

In the sentence, Rāma eats Sītā's rice. *Rāmah Sītāyāh odanam˜ khādati.* रामः सीतायाः ओदनं खादति।

Rāma eats, so Rāma (रामः), the subject, is in the Nominative (1st) case. Rice (ओदनम्) is eaten, so Rice, the object, is in the Accusative (2nd) case. Sītā's (of Sītā) is also 6th case (Possessive case षष्ठी विभक्तिः). In English, this relationship is shown by the preposition OF or by an 's.

EXAMPLES cum **EXERCISE** :

1. Bharata was Rāma's Brother. *Bharatah Rāmasya bandhuh āsīt.* भरतः रामस्य बन्धुः आसीत्।
2. Rāma was Daśaratha's son. *Rāmah Daśarathasya putrah āsīt.* रामः दशरथस्य पुत्रः आसीत्।
3. This is Sītā's book. *idam˜ sītāyah pustakam asti.* इदं सीतायाः पुस्तकम् अस्ति।
4. I saw a gold ring. *aham˜ suvarṇasya valayam˜ apaśyam/dṛṣṭavān.* अहं सुवर्णस्य वलयं अपश्यम्/दृष्टवान्।
5. You are sitting near them. *bhavān teṣām˜ samīpe upaviśati.* भवान् तेषां समीपे उपविशति।
6. This is my house. *etad mama gṛham asti* एतद् मम गृहम् अस्ति।
7. Where is our car? *asmākam˜ kār-yānam˜ kutra asti?* अस्माकं कार-यानं कुत्र अस्ति?
8. He stole my Rupees. *sah mama rūpyakāṇi aćorayat.* सः मम रूप्यकाणि अचोरयत्।
9. Gentleman helps everyone. *sadhuh sarveṣām upakaroti.* साधुः सर्वेषाम् उपकरोति।

10. Sītā is standing on the left side of Rāma. *Ramasya vāmatah Sītā tiṣṭhati.* रामस्य वामतः सीता तिष्ठति।
11. Bharata is standing on the right side of Rāma. *Ramasya dakṣiṇatah Bharatah tiṣṭhati* रामस्य दक्षिणतः भरतः तिष्ठति।
12. Lakṣamaṇa is standing behind Rāma. *Ramasya pṛṣṭhatah Lakṣamaṇah tiṣṭhati.* रामस्य पृष्ठतः लक्ष्मणः तिष्ठति।
13. There is an umbrella over Rāma. *Ramasya upari ćhatram asti.* रामस्य उपरि छत्रम् अस्ति।
14. Lion is the most powerful animal. पशूनां श्रेष्ठः सिंहः। *paśūnām˜ śreṣṭhah sim˜hah.*

15. Duryodhana was the wickedest among the wicked. दुष्टेषु दुर्योधनः। *duṣṭeṣu Duryodhanah.*
16. There is no king like Rāma. *Rāmasya tulyah kaśćit rājā nāsti.* रामस्य तुल्यः कश्चित् राजा नास्ति।
17. May you live long. *tava (te/bhavatah) dīrgham āyuṣyam˜ bhūyāt.* तव (ते/भवतः) दीर्घम् आयुष्यं भूयात्।
18. May the poor be happy. *akiñćanānām˜ madram˜ bhūyāt.* अकिञ्चनानां मद्रं भूयात्।
19. May the beings be happy. *bhūtānām˜ bhadram˜ bhūyāt.* भूतानां भद्रं भूयात्।

20. May all be happy. *sarveṣām˜ kuśalam˜ bhūyāt.* सर्वेषां कुशलं भूयात्।
21. May the children be happy. *śiśūnām˜ sukham˜ bhavatu.* शिशूनां सुखं भवतु।
22. May the charitable be prosperous. *dāniṣu arthah bhavet.* दानिषु अर्थः भवेत्।
23. May all be prosperous. *bhūtānām˜ hitam˜ bhūyāt.* भूतानां हितं भूयात्।
24. India is on the North side of S}rīlańkā. *S}rīlańkāyāh uttaratah Bhāratam.* श्रीलङ्कायाः उत्तरतः भारतम्।
25. He is sitting in front of me. *sah mama purastāt upaviṣṭah asti.* सः मम पुरस्तात् उपविष्टः अस्ति।

15.7 Use of the Relational Expressions : in, on, at, in side, under, upon, among (comparison among a group).

In the sentence, Rāma eats rice in the kitchen on (or at) the table. *Rāmah odanam˜ pāka-gṛhe phalake khādati.* रामः ओदनं पाकगृहे फलके खादति। Rice (ओदनम्) is eaten, so Rice, the object, is in the Accusative (2nd) case. He eats IN the kitchen (*pākagṛhe* पाकगृहे) at the table (*phalake* फलके). So, kitchen and table both are in the 7th case (Locative case सप्तमी विभक्तिः).

EXAMPLES cum EXERCISE : THE LOCATIVE (7th) CASE (cumulative learning)

1. He sat in my car. *sah mama yāne upāviśat/upaviṣṭavān.* सः मम याने उपाविशत्/उपविष्टवान्।
2. The bird sits on a wall. *pakṣī bhittau tiṣṭhati.* पक्षी भित्तौ तिष्ठति।
3. Put a cap over your head. *śirasi śirastrāṇam˜ sthāpaya.* शिरसि शिरस्त्राणं स्थापय (स्थापयतु)।
4. The cat is under the chair. *biḋālah viṣṭara-tale asti.* बिडालः विष्टरतले अस्ति।
5. Sitā is cooking rice in a pot. *Sītā pātre odanam˜ paćati.* सीता पात्रे ओदनं पचति।

6. His heart is not in study. *tasya paṭhane ićhā nāsti.* तस्य पठने इच्छा (चित्तं) नास्ति।
7. Bad people should not be trusted. *duṣṭa-janeṣu mā viśvaset.* दुष्टजनेषु मा विश्वसेत्।
8. The wind carries the smoke away. *vāyuh dhūmam˜ dūre nayati.* वायुः धूमं दूरे नयति।
9. The smoke moves up. *dhūmah upari gaćchati.* धूमः उपरि गच्छति।
10. Rāma shot into Rāvana's stomach. *Rāmah Ravaṇasya udare prāharat.* रामः रावणस्य उदरे प्राहरत्।

11. I will eat at seven o'clock. *aham˜ sapta-vādane khādiṣyāmi.* अहं सप्तवादने खादिष्यामि।
12. Sītā is expert in singing. *Sītā gīta-gāyane pravīṇā asti.* सीता गीतगायने प्रवीणा अस्ति।
13. He has a liking for Sanskrit. *tasya sam˜skṛte āsaktih.* तस्य संस्कृते आसक्तिः।
14. In today's world, strength is in unity. *saṅghe śaktih kalau yuge.* संघे शक्तिः कलौ युगे।

15.8 Use of the Vocative Expressions

Suffixes used for addressing or calling someone, are the Vocative Expressions.

(1) O Rāma! *he! rāma!* हे राम!

(2) O Sītā! *he! sīte!* हे सीते!

(3) O Lord! *he! deva! he! bhagavan* हे देव! हे भगवन्!

(4) O Sunil! *bhoh sunīl!* भोः सुनील!

(5) O Mother! he! māta! हे मातः!

(6) O Boys! *he! bālakāh!* हे बालकाः!

(7) O Girls! *he! bālāh!; he! bālikāh!* हे बालाः! हे बालिकाः!

(8) O Teachers! *he! guravah!* हे गुरवः!

(9) O Madam! *he! śrīmati!* हे श्रीमति! हे भगवति! हे भवति!

(10) O Sir! *he! śrīman!* हे श्रीमन्! महोदय!

LESSON 16

16.1 ADJECTIVES

AGREEMENT OF ADJECTIVES WITH NOUNS

(1) In Sanskrit, an adjective (विशेषणम्) does not have its own gender, number or case. It follows the gender, number and case of the noun (विशेष्यम्) to which it is attached (to which it qualifies).

(2) If a pronoun (सर्वनाम) acts as an adjective, it is called a pronominal adjective (सार्वनामिक-विशेषणम्).

MASCULINE GENDER NOUNS

Singular	Plural
अहं शोभनः बालकः *aham˜ śobhanah bālakah*	वयं शोभनाः बालकाः *vayam˜ śobhanāh bālakāh*
त्वं शोभनः बालकः *tvam˜ śobhanah bālakah*	यूयं शोभनाः बालकाः *yūyam˜ śobhanāh bālakāh*
सः शोभनः बालकः *sah śobhanah bālakah*	ते शोभनाः बालकाः *te śobhanāh bālakāh*

FEMININE GENDER NOUNS

1. अहं शोभना बालिका *aham˜ śobhanā bālikā*	वयं शोभनाः बालिकाः *vayam˜ śobhanāh bālikāh*
2. त्वं शोभना बालिका *tvam˜ śobhanā bālikā*	यूयं शोभनाः बालिकाः *yūyam˜ śobhanāh bālikāh*
3. सा शोभना बालिका *sā śobhanā bālikā*	ताः शोभनाः बालिकाः *tāh śobhanāh bālikāh*

NEUTER GENDER NOUNS

तत् शोभनं गृहम् *tat śobhanam˜ gṛham*	तानि शोभनानि गृहाणि *tāni śobhanāni gṛhāṇi*

EXAMPLES : USE of ADJECTIVES

(A) Masculine gender : (Singular, dual, plural)

1. One good boy. *śobhanah bālakah.* शोभनः बालकः।

   Two good boys. *śobhanau bālakau.* शोभनौ बालकौ।

2. A white horse. *svetah aśvah.* श्वेतः अश्वः।

   Two white horses. *śvetau aśvau.* श्वेतौ अश्वौ। The white horses. *śvetāh aśvāh.* श्वेताः अश्वाः।

3. An old man. *vṛddhah narah.* वृद्धः नरः।

   Two old men. *vṛddhau narau.* वृद्धौ नरौ। Old men. *vṛddhāh narāh.* वृद्धाः नराः।

4. A big mountain. *viśālah parvatah.* विशालः पर्वतः।

   Big mountains. *viśālāh parvatāh.* विशालाः पर्वताः।

(B) Feminine gender : (Singular, dual, plural)

1. One good girl. Two good girls. Good girls. *śobhanā bālikā. śobhane bālike, śobhanāh bālikāh.* शोभना बालिका। शोभने बालिके। शोभनाः बालिकाः।

2. A white bird. *śvetā ćaṭikā.* श्वेता चटिका। Two white birds. *svete ćaṭike.* श्वेते चटिके। White birds. *svetāh ćaṭikāh.* श्वेताः चटिकाः।

3. A beautiful woman. *sundarī strī.* सुन्दरी स्त्री।

Two beautiful women. *sundaryau striyau.* सुन्दर्यौ स्त्रियौ।

Beautiful women. *sundaryah striyah.* सुन्दर्यः स्त्रियः।

(C) Neuter gender : (Singular, dual, plural)

(1) A white flower. *śvetam˜ puṣpam.* श्वेतं पुष्पम्।

Two white flowers. *śvete puṣpe.* श्वेते पुष्पे।

White flowers. *śvetāni puṣpāṇi.* श्वेतानि पुष्पाणि।

(2) A sweet fruit. *madhuram˜ phalam.* मधुरं फलम्।

Two sweet fruits. *madhure phale.* मधुरे फले।

Sweet fruits. *madhurāṇi phalāni.* मधुराणि फलानि।

(3) A true saying. *satyam˜ vaćanam.* सत्यं वचनम्।

True sayings. *satyāni vaćanāni.* सत्यानि वचनानि।

(4) One boy. *ekah bālakah.* एकः बालकः। One Girl. *ekā bālikā.* एका बालिका।

One book. *ekam˜ pustakam.* एकं पुस्तकम्। Three boys. *trayah bālakāh.* त्रयः बालकाः।

Three girls. *tisrah bālikāh.* तिस्रः बालिकाः। Three books. *triṇi pustakāni.* त्रीणि पुस्तकानि।

EXERCISE 40 : ADJECTIVES (विशेषणानि)

A. Say it in Sanskrit and find the adjectives in the following sentences :

(1) I have two brothers. मम द्वौ भ्रातरौ स्तः।

(2) These mangos are yellow. एतानि आम्राणि पीतानि सन्ति।

(3) We are drinking hot tea. वयम् उष्णं चायं पिबामः।

(4) Your car is new. भवतः/तव कारयानं नूतनम् अस्ति।

(5) These flowers are beautiful. एतानि पुष्पाणि सुन्दराणि।

ANSWERS : A-1 द्वौ 2 पीतानि 3 उष्णं 4 नूतनं 5 सुन्दराणि

B. Fill in the blanks with Sanskrit adjectives:

(1) Rāma's car is red. रामस्य कारयानं ------------- अस्ति।

(2) The clothes are new. वस्त्राणि -------------- सन्ति।

(3) He is a smart boy. सः ------------- बालकः अस्ति।

(4) You speak truth. भवान् ------------- वदति।

(5) The town is big. नगरी ------------- अस्ति।

ANSWERS : B- 1. रक्तम् 2. नूतनानि 3. चतुरः 4. सत्यं 5. विशाला

NEW ADJECTIVES TO LEARN :

(A). All numerals are adjectives.

(B). The names of colours are adjectives.

(1) White (श्वेत sveta, धवल dhavala, गौर gaura)

(2) Black (कृष्ण kṛṣṇa, श्याम śyāma, काल kāla)

(3) Red (रक्त rakta, लोहित lohita, शोण śoṇa)

(4) Yellow (पीत pīta, पीतल pītala)

(5) Blue (नील nīla, श्यामल śyāmala)

(6) Green (हरित harita)

(7) Pink (पाटल pāṭala)

(8) Brown (पिङ्गल piṅgala, कपिल kapila, श्याव śyāva)

(9) Purple (धूमल dhūmala)

(10) Gold (सुवर्ण suvarṇa), Silver (रजत rajata)

(C). The qualitative attributes are adjectives :

(1) Good (भद्र bhadra, साधु sādhu; शोभन śobhana)

(2) Bad (अभद्र abhadra, अशुद्ध aśuddha)

(3) Sweet (मधुर madhura, मिष्ट miṣṭa)

(4) Sour (अम्ल amla, शुक्त śukta)

(5) Cold (शीत sīta, हिम hima)

(6) Hot (उष्ण uṣṇa, तप्त tapta; उग्र ugra, चण्ड ćaṇḍ'a)

(7) Large (विशाल viśāla, बृहत् bṛhat, महत् mahat)

(8) Heavy (गुरु guru, भारवत् bhāravat)

(9) Light (अल्प alpa, लघु laghu, तरल tarala)

(10) Fat (पीन pīna, पुष्ट puṣta, मांसल mam˜sala)

(11) Thin (विरल virala, सूक्ष्म sūkṣma; कृश kṛśa)

(12) Ugly (कुरूप kurūpa, विकृत vikṛta)

(13) Beautiful (सुन्दर sundara, रम्य ramya)

(14) Young (कौमार kaumāra, तरुण taruna, बाल bāla)

(15) Old (वृद्ध vṛddha, जरठ jaraṭha, जीर्ण jīrṇa)

(16) Open (अपावृत apāvṛta)

(17) Closed (निमीलित nimīlita, पिहित pihita)

(18) Smart, Clever (कुशाग्र kuśāgra, चतुर ćatura)

(19) Lazy (अलस alasa, जड jaḍ'a, मन्द manda)

(20) Easy (सुकर sukara, सुगम sugama, सहज sahaja)

(21) Difficult (दुष्कर duṣkara, कठिन kathina)

(22) Little (अल्प alpa, लघु laghu)

(23) Much, More (अधिक adhika, भूयस् bhūyas)

(24) Big (विशाल viśāla, महत् mahat)

(25) Honest (सरल sarala, दक्षिण dakṣiṇa, साधु sādhu)

(26) Dishonest (कुटिल kuṭila, जिह्म jihma)

(27) True (ऋत rta, तथ्य tathya, सत्य satya)

(28) False (असत्य asatya, अनृत anṛta, मिथ्या mithyā)

(29) All (अखिल akhila, सकल sakala, सर्व sarva)

(30) Happy (सुखिन् sukhin, तृप्त tṛpta, सन्तुष्ट santuṣṭa)

(31) Sad (दुःखिन् dukhin, खिन्न khinna)

(32) Hard (कठिन kaṭhina; कठोर kaṭhora)

(33) Soft (मृदु mṛdu)

(34) Wise (ज्ञानिन् jñānin, बुद्धिमत् buddhimat)

(35) Foolish (मूर्ख mūrkha, मूढ mūḍ'ha, अज्ञ ajña)

(36) Rich (धनिन् dhanin, धनवत् dhanavat)

(37) Long (चिर ćira, दीर्घ dīrgha)

(38) Poor (अकिञ्चन akiñćana, निर्धन nirdhana)

(39) Short (अल्प alpa, लघु laghu, ह्रस्व hrasva)

(40) Quick (चञ्चल ćañćala, क्षिप्र kṣipra, शीघ्र śighra)

(41) Slow (मन्द manda)

(42) Strong (बलवत् balavat, प्रबल prabala, दृढ dṛḍ'ha)

(43) Weak (अशक्त aśakta, बलहीन balahīna)

(44) Tall (उच्च ućća, तुङ्ग tunga, उत्तुङ्ग uttunga)

(45) Wide (विस्तीर्ण vistīrṇa, विशाल viśāla)

(46) Narrow (संवृत sam˜vṛta, निरुद्ध niruddha)

(47) Big, Large (विशाल viśāla)

(48) Sad (विषण्ण viśaṇṇa)

THE DEGREE OF COMPARISON

tulanātmak-viśeṣaṇāni तुलनात्मकविशेषणानि।

COMPARATIVE AND SUPERLATIVE

uttarāvasthā uttamāvasthā ća उत्तरावस्था उत्तमावस्था च।

The adjectives can be used in three degrees for comparing nouns. They are :

(1) The Original state (मूलावस्था), when no suffix is attached.

(2) The Comparative state (उत्तरावस्था), when a comparative suffix तरप् or ईयस् is added to the adjective to suggest which one is comparatively better of two nouns, and

(3) The Superlative state (उत्तमावस्था), where a तमप् or ईष्ठन् suffix is attached to an adjective to indicate which one is the best or worst within a group of more than two.

The suffixes तरप्, ईयस्, तमप् and ईष्ठन् are grouped in the *taddhit* (तद्धित) suffixes.

THE COMPARATIVE ADJECTIVES

	Original State मूलावस्था		Comparative state उत्तरावस्था (तर)		Superlative state उत्तमावस्था (तम)	
	Normal		Better, more		Best, most	
1.	अल्प	(small)	अल्पतर	(smaller)	अल्पतम	(smallest)
2.	लघु	(short)	लघुतर	(shorter)	लघुतम	(shortest)
3.	प्रिय	(dear)	प्रियतर	(dearer)	प्रियतम	(dearest)
4.	दीर्घ	(long)	दीर्घ	(longer)	दीर्घतम	(longest)
5.	श्रेष्ठ	(noble)	श्रेष्ठतर	(nobler)	श्रेष्ठतम	(noblest)
6.	गरीयस्	(Most noble)	गरीयान्	(singular)	गरीयांसः	(plural)
7.	श्रेयस्	(Most noble)	श्रेयान्	(singular)	श्रेयांसः	(plural)

EXAMPLES : DEGREE OF COMPARISON

(1) Rāma is taller than Sītā. *Rāmah sītāyāh uććatarah asti.* रामः सीतायाः उच्चतरः अस्ति।

(2) He is the best man. *sah uttamah manuṣyah asti.* सः उत्तमः मनुष्यः अस्ति।

(3) This night is the longest. *eṣā rātrih dīrghatamā asti.* एषा रात्रिः दीर्घतमा अस्ति।

(4) That area is the largest. *tat kṣetram˜ mahattamam asti.* तत् क्षेत्रं महत्तमम् अस्ति।

(5) This book is unique in many. *etat pustakam ekatamam.* एतत् पुस्तकम् एकतमम्।

(6) These flowers are the best. *etāni puṣpāṇi uttamāni santi.* एतानि पुष्पाणि उत्तमानि सन्ति।

MORE ADJECTIVES TO LEARN:

(1) Whole (पूर्ण pūrṇa, सम्पूर्ण sampūrṇa)

(2) Bound (सीमित sīmita)

(3) Boundless (अनन्त ananta, निःसीम nihsīma)

(4) Steady (स्थिर sthira, निश्चल niśćala)

(5) Marvelous (अद्भुत adbhuta, आश्चर्यकर āśćaryakara)

(6) Blind (अन्ध andha)

(7) Deaf	(बधिर badhira, अकर्ण akarṇa)	(8) Dumb	(मूक mūka)
(9) Lame	(पंगु paṅgu, खञ्ज khañja)	(10) Sick	(रुग्ण rugṇa, रोगिन् rogin)
(11) Beginningless	(अनादि anādi)	(12) Endless	(अनन्त anant)
(13) Ancient	(पुरातन purātana, पुराण purāṇa)	(14) Modern	(आधुनिक ādhunika, नव nava)
(15) Cruel	(निष्ठुर niṣṭhura, निर्दय nirdaya)	(16) Loving	(सस्नेह sasneha, प्रिय priya)
(17) Ripe	(पक्व pakva, परिणत pariṇata)	(18) Raw	(अपक्व apakva)
(19) Holy	(पवित्र pavitra, पुण्य puṇya, पावन pāvana)	(20) Quiet	(शान्त śānta, निश्चल niśćala)

THE PARTICIPLES

PARTICIPLES are derived directly from the verb roots (√) by attaching primary suffixes (कृत् प्रत्ययाः)

16.2 PAST PASSIVE PARTICIPLE (ppp▫)

क्त-विशेषणम्। 'DONE'

The *kta* (क्त) suffix is added to the verbs in Passive and Abstract voices in the past tense. When adding a *kta* क्त suffix to a root verb, the *k* क is dropped and only *ta* त is attached.

NOTE : With the roots such as √री, ली, ब्ली, प्ली, धू, पू, लू, ॠ, कॄ, गॄ, जॄ, नॄ, पॄ, भॄ, वॄ, शॄ, स्तॄ and हा, suffix *ta* (त) becomes suffix *na* (न).

Use of this *kta* (क्त) suffix produces adjectives of the past tense, sometimes used as a verb.

sam-ava√i + kta (ta) = samaveta (assembed) सम्-अव√इ + क्त (त) = (सम्+अव+इ+त) समवेत

sam-ā√gam+kta (ta) = samāgata (came together) सम्-आ√गम्+ क्त (त) = समागत

√gam + kta (ta) = gata (gone) √गम् + क्त (त) = गत।

√jṝ' + kta (na) = jīrṇa (worn out) √जॄ + क्त (न) = जीर्ण।

sam√pat + kta (na) = sampanna (rich) सम्√पत् + क्त (न) = सम्पन्न।

EXAMPLES : PAST PASSIVE PARTICIPLE (ppp▫) क्त

1. Rāma went. *rāmah agaććat.* रामः अगच्छत् or *rāmah gatavān.* रामः गतवान्, *rāmah gatah* रामः गतः।
2. The book seen by Rāma. *Rāmeṇa dṛṣṭam˜ pustakam.* रामेण दृष्टं पुस्तकं।
3. The flowers seen by Sītā in the garden. *Sītayā udyāne dṛṣṭāni puṣpāṇi.* सीतया उद्याने दृष्टानि पुष्पाणि।
4. The bird seen by him. *tena dṛṣṭā ćaṭikā.* तेन दृष्टा चटिका।
5. The Rāvaṇa (was) killed by Rāma. *Rāmeṇa Rāvaṇah hatah.* रामेण रावणः हतः।
6. Mahābhārata (was) heard by me. *mayā Mahābhāratam˜ śrutam.* मया महाभारतं श्रुतम्।
7. The letter written by her. *tayā likhitam˜ patram.* तया लिखितं पत्रम्।

8. Is my school seen by you? *tvayā/bhavatā mama pāṭhaśālā dṛṣṭā vā?* त्वया/भवता मम पाठशाला दृष्टा वा।

9. I do not eat cold food. *aham˜ śītam annam˜ na khādāmi.* अहं शीतम् अन्नं न खादामि।

10. अश्रद्धया हुतं दत्तं तपः तप्तं कृतं च यत्। (Gītā 17.28)

PAST PASSIVE PARTICIPLES (pppº)

(1) Gone (√गम् - गत)
(2) Renounced (√त्यज् - त्यक्त)
(3) Written (√लिख - लिखित)
(4) Given (√दा - दत्त)
(5) Stayed (√स्था - स्थित)
(6) Known (√ज्ञा - ज्ञात)
(7) Killed (√हन् - हत)
(8) Heard (√श्रु - श्रुत)
(9) Seen (√दृश् - दृष्ट)
(10) Done (√कृ - कृत)
(11) Protected (√रक्ष् - रक्षित)
(12) Obtained (√लभ् - लब्ध)

EXERCISE 41 : (pppº) Find the Past Passive Participles in the following word groups :
(1) गच्छामि, खादितम्, भवति, भूतम्, भक्षितम्।
(2) पठितः, पठन्ति, रक्षितः, श्रुतम्, पतिताः।
(3) दृष्टा, करोमि, करोति, कृतम्, कृतानि।
(4) पृच्छसि, पृष्टः, लिख्, नीता, नीतः।

ANSWERS : 1 खादितम् भूतम् भक्षितम् 2. पठितः रक्षितः श्रुतम् पतिताः 3. दृष्टा कृतम् कृतानि 4. पृष्टः नीता नीतः

16.3 PAST ACTIVE PARTICIPLE

क्तवतु-विशेषणम्। ‘DID’

A Past Active Participle is formed by attaching suffix वत् *vat* to a Past passive participle (pppº).

egº गत + वत् → गतवत्। The Past-AP गतवत् becomes गतवान् in Nominative case.

Singular - (mº) अहं गतवान्। त्वं गतवान्। सः गतवान्। अश्वः गतवान्। (fº) चटिका गतवती।

Plural - (mº) वयं गतवन्तः। यूयं गतवन्तः। ते गतवन्तः। अश्वाः गतवन्तः। (fº) चटिकाः गतवत्यः।

The *ktavat* (क्तवत्) suffix is used for the Active voice in the Past tense. While adding *ktavat* (क्तवत्) to a root verb, the *kta* (क्त) is dropped and only *ta* (वत्) is attached.

TABLE 13 : √खाद् to eat, PAST ACTIVE PARTICIPLE

Verb	Singular		Plural	
1. I ate (mº)	अहं खादितवान्	*aham˜ khāditavān*	वयं खादितवन्तः	*vayam˜ khāditavantah*
2. You ate (mº)	भवान् खादितवान्	*bhavān khāditavān*	भवन्तः खादितवन्तः	*bhavantah khāditavantah*
3. He ate (mº)	सः खादितवान्	*sah khāditavān*	ते खादितवन्तः	*te khāditavantah*
4. She ate (fº)	सा खादितवती	*sā khāditavatī*	ताः खादितवत्यः	*tāh khāditavatyah*
5. It ate (nº)	तत् खादितवत्	*tat khāditavat*	तानि खादितवन्ति	*tāni khāditavanti*

1. Rāma wrote. *Rāmah likhitavān.* रामः लिखितवान्। Sītā went. *Sītā gatavatī.* सीता गतवती।
2. Tree fell. *vṛkṣah patitavān.* वृक्षः पतितवान्। Vine fell. *latā patitavatī.* लता पतितवती। Flower fell. *puṣpam˜ patitavat.* पुष्पं पतितवत्। Flowers fell. *puṣpāṇi patitavanti.* पुष्पाणि पतितवन्ति। Trees Fell. *vṛkṣāh patitavantah.* वृक्षाः पतितवन्तः। Vines fell. *latāh patitavatyah.* लताः पतितवत्यः।
3. Bharata said. *Bharatah uktavān.* भरतः उक्तवान्। Boys went. *kumārāh gatavantah.* कुमाराः गतवन्तः।

EXAMPLES : PAST ACTIVE PARTICIPLES (क्तवतु)

Past **Passive** Participle			Past-**Active**-participle	
(1) Gone	(√गम्→ गत→	गतवत्)	गतवान्	I, you, he went
(2) Killed	(√हन्→ हत→	हतवत्)	हतवान्	I, you, he killed
(3) Left	(√त्यज्→ त्यक्त→	त्यक्तवत्)	त्यक्तवान्	I, you, he left
(4) Heard	(√श्रु→ श्रुत→	श्रुतवत्)	श्रुतवान्	I, you, he heard
(5) Written	(√लिख→	लिखितवत्)	लिखितवान्	I, you, he wrote
(6) Seen	(√दृश्→	दृष्टवत्)	दृष्टवान्	I, you, he saw
(7) Given	(√दा→	दत्तवत्)	दत्तवान्	I, you, he gave
(8) Done	(√कृ→	कृतवत्)	कृतवान्	I, you, he did
(9) Stayed	(√स्था→	स्थितवत्)	स्थितवान्	I, you, he stayed
(10) Protected	(√रक्ष्→	रक्षितवत्)	रक्षितवान्	I, you, he protected
(11) Known	(√ज्ञा→	ज्ञातवत्)	ज्ञातवान्	I, you, he knew
(12) Obtained	(√लभ्→	लब्धवत्)	लब्धवान्	I, you, he obtained
(13) Obtained	(प्र√आप्→	प्राप्तवत्)	प्राप्तवान्	I, you, he obtained
(14) Bought	(√क्री→	क्रीतवत्)	क्रीतवान्	I, you, he bought

16.4 PRESENT ACTIVE PARTICIPLES

शतृ-शानच्। 'WHILE DOING' (Gerund)

(A) The *Parasmaipadī* Present Active Participle (PPAP)

śatṛ viśeṣaṇam (शतृ-विशेषणम्)

The *śatṛ* (शतृ) suffix *at* अत् is added to a *parasmaipadī* root to form an adjective of Continuous tense.

How to form a शतृ PPAP adjective from a verb?

(1) first take the desired *parasmaipadī* verb (eg▫ √गम्);

(2) determine the third-person, plural, present tense of that verb (eg▫ गच्छन्ति);

(3) remove the last suffix (eg▫ गच्छन्ति - अन्ति = गच्छ); and then to this modified word,

(4) attach the अत् suffix (eg◦ गच्छ् + अत्), then you get PPAP गच्छत्।

The शतृ adjectives give a (gerund like) meaning with 'ing' attached to the verb. eg◦ गच्छत् = going, while going कुर्वत् = doing, while doing कथयत् = while saying ...etc.

In the Nominative (1st) case :

The Masculine forms of these words will be गच्छन्, गच्छन्तौ, गच्छन्तः। कुर्वन्, कुर्वन्तौ, कुर्वन्तः। कथयन्, कथयन्तौ, कथयन्तः। ... etc (like m◦ भवत् शब्दः see Appendix 2)

The Feminine forms will be गच्छन्ती, गच्छन्त्यौ, गच्छन्त्यः। कुर्वन्ती, कुर्वन्त्यौ, कुर्वन्त्यः। कथयन्ती, कथयन्त्यौ, कथयन्त्यः। (like नदी शब्दः see Appendix), and

The Neuter gender forms will be गच्छत्, गच्छती, गच्छन्ति। कुर्वत्, कुर्वती, कुर्वन्ति। कथयत्, कथयती, कथयन्ति। (like जगत् शब्दः, see Appendix)

EXAMPLES cum EXERCISE : PPAP (शतृ) (answers are given for your help)

1. The man goes. *manuṣyah gaćchati.* मनुष्यः गच्छति → गच्छन् मनुष्यः, *gaćchan manuṣyah.* the going man, the man that is going (गच्छन् going is a *Parasmaipadī* gerund adjective of the m◦ noun man).

2.(m◦) A tree falls.	वृक्षः पतति →	पतन् वृक्षः *patan vṛkṣah.*	a falling tree.
(m◦) Trees fall	वृक्षाः पतन्ति →	पतन्तः वृक्षाः *patantah vṛkṣāh.*	the falling trees.
(f◦) A vine falls	लता पतति→	पतन्ती लता *patantī latā.*	a falling vine.
(f◦) The vines fall	लताः पतन्ति→	पतन्त्यः लताः *patantyah latāh.*	the falling vines.
(n◦) A flower falls	पुष्पं पतति →	पतत् पुष्पम् *patat puṣpam.*	a falling flower.
(n◦) The flowers fall	पुष्पाणि पतन्ति→	पतन्ति पुष्पाणि *patanti puṣpāṇi.*	the falling flowers.

PARASMAIPADI PRESENT ACTIVE PARTICIPLES (शतृ)

(1) Going (√गम्→ गच्छत्)
(2) Killing (√हन्→ घ्नत्)
(3) Leaving (√त्यज्→ त्यजत्)
(4) Hearing (√श्रु→ श्रृण्वत्)
(5) Writing (√लिख्→ लिखत्)
(6) Seeing (√दृश्→ पश्यत्)
(7) Giving (√दा→ ददत्)
(8) Doing (√कृ→ कुर्वत्)
(9) Staying (√स्था→ तिष्ठत्)
(10) Protecting (√रक्ष्→ रक्षत्)
(11) Falling (√पत्→ पतत्)
(12) Taking (√नी→ नयत्)

EXERCISE 42 : PAP (शतृ) find Present Active Participles in the following words :

(1) गच्छत्, खादितवान्, भवति, भवत्, भक्षितवन्तः।

(2) पठितः, पठत्, पठितवान्, रक्षितः, श्रृण्वत्, पतिताः।

(3) दृष्टवान्, पश्यत्, करोमि, करोति, कृतवान्, कृर्वत्।

(4) पृच्छसि, पृष्टत्, पृष्टवान्, लिख्, नीता, नयत्, नीतवन्तः।

ANSWERS : (1) गच्छत्, भवत्, भक्षितवन्तः (2) पठत्, शृण्वत्, (3) पश्यत्, कुर्वत् (4) पृष्टत्, नयत्, नीतवन्तः।

(B) The Ātmanepadī Present Active Participles (ĀPAP)
śānać-kartari-viśeṣaṇāni शानच्-कर्तरि-विशेषणानि।

The *śānać* (शानच्) suffixes, *māna* (मान) and *āna* (आन), are added to the *ātmanepadī* roots to form adjectives of present continuous tense, same as the शतृ suffix. eg▫

(i) 4√*yudh* + *śānać* (*māna*) = *yotsyamāna* (fighter) 4√युध् + शानच् (मान) = योत्स्यमान (Gītā 1.23)

(ii) 7√*bhuj* + *śānać* (*āna*) = *bhuñjāna* (enjoying) 7√भुज् + शानच् (आन) = भुञ्जान (Gītā 15.10)

Use of these adjectives is not frequent. Their formation and use is a bit difficult, but they are discussed here for your information only. Ātmanepadī Present Active Participle शानच् is formed by attaching मान or आन suffix to a verb.

(a) If the verb belongs to the FIRST GROUP (1st, 4th, 6th or 10th conjugation गण:), then it takes the मान suffix.

(b) But, if the verb belongs to the SECOND GROUP (2nd, 3rd, 5th, 7th, 8th or 9th conjugation), then it takes the आन suffix.

The शानच् adjectives give a (gerund like) meaning with 'ing' or 'er' attached to the verb. eg▫ √लभ्→ लभमान = attaining; attainer. √कृ→ कुर्वाण = working(man); worker.

ĀPAP of the FIRST GROUP
मान-शानच्-विशेषणम्।

How to form a मान-शानच् adjective?

(1) First take the desired *ātmanepadī* verb (eg▫ 1√लभ् to obtain);

(2) determine the third-person, plural, present tense of that verb (eg▫ लभन्ते);

(3) remove the ending न्ते/ते suffix (eg▫ लभन्ते - न्ते = लभ); and then to this modified word,

(4) attach the मान suffix (लभ + मान → लभमान = obtaining).

The verbs belonging to the FIRST GROUP i.e. 1st, 4th, 6th or 10th conjugation गण:, take the मान suffix. 1√लभ्→ लभन्ते→ लभमान = obtaining; 4√मन्→ मन्यते→ मन्यमान = thinking; 6√दिश्→ दिश्यते→ दिश्यमान = showing; 10√गण्→ गण्यते→ गण्यमान = counting ...etc.

All these adjectives, being अकारान्त, they decline like राम in m▫, like माला in f▫ and like वन in n▫ gender. eg▫ लभमानः, लभमानौ, लभमानाः, लभमाना, लभमाने, लभमानाः, लभमानम्, लभमाने, लभमानानि etc.

EXAMPLES cum EXERCISE : ĀPAP (मान-शानच्)

(1) I saw him entering the house. अहं तं गृहं प्रविशमानं दृष्टवान्।

(2) Seeing (while seeing) the child she became happy. बालकं प्रेक्षमाणा सा तुष्टवती।

ĀPAP of the SECOND GROUP

आन-शानच्-विशेषणम्।

To form any आन-शानच् adjective

(1) Take the desired *ātmanepadī* verb (eg▫ 9√ज्ञा to know);

(2) determine the third-person, plural, present tense (जानते);

(3) remove the ending न्ते/ते suffix (eg▫ जानन्ते - न्ते = जान); and then to that word,

(4) add the *ān* आन suffix (जान + आन → जानान = knowing)

Verbs belonging to the SECOND GROUP (2nd, 3rd, 5th, 7th, 8th or 9th conjugation गण:), take आन् suffix.

eg▫ 2√ब्रू→ ब्रुवते→ ब्रुवाण = speaking; 3√दा→ ददते→ ददान = giving; 5√वृ→ वृण्वन्ते→ वृण्वान = choosing; 7√भुज्→ भुञ्जन्ते→ भुञ्जान = enjoying; 8√कृ→ कुर्वन्ते→ कुर्वाण doing; 9√ज्ञा→ जानन्ते→ जानान knowing ...etc.

All these participles being अकारान्त adjectives, they decline like राम in m▫, like माला in f▫ and like वन in n gender. eg▫ जानानः, जानानौ, जानानाः। जानाना, जानाने, जानानाः। जानानम्, जानाने, जानानानि। ... etc. Examples :

(1) Men doing sacrifice are rare. त्यागं कुर्वाणाः जनाः दुर्लभाः।

(2) Many are men who talk (talking) too much. अतीव ब्रुवाणाः जनाः सुलभाः।

16.5 THE POTENTIAL PARTICIPLES (pp▫)

तव्य, अनीय, य ‘SHOULD BE DONE’

These pp▫ participle adjectives indicate a meaning of ‘something that ought to be done, should be done, proper to do, fit to be done, is worhty of, is a duty, is a precept or is a maxim.’ Unfortunately, like most other Sanskrit expressions, the English language does not have single-word expressions for this purpose also.

To form these adjectives we can optionally attach either तव्य, अनीय or य suffix to the verb roots. In all three cases their meaning remains same. However, use of one suffix is more popular for some roots, while the other is used for some other roots. Therefore, what is most popular should be followed.

Use of these adjectives is quite frequent and should be understood properly. Thus, please remember that:

(1) These participles are passive (कर्मणि) and never active (कर्तरि).

(2) These can be formed from almost any verb root, transitive or intransitive.

(3) Here, the subject is always in Instrumental (3rd) case and the object in Nominative (1st) case.

(4) The gender and number of the adjective follows those of the object.

(5) Sometimes, these adjectives are used as regular non-potential adjectives or as nouns also.

(6) These are adjectives. These are not verbs.

(7) If this adjective is not connected with an object (intransitive), it will take neuter gender and singular

number. मया/अस्माभिः तत्र गन्तव्यम् *mayā/asmābhih tatra gantavyam.* I/we ought to go there.

Six suffixes are included in this pp▫ category of *kṛtya* suffixes, namely : *tavyat* (तव्यत्), *tavya* (तव्य), *anīyar* (अनीयर्), *yat* (यत्), *kyap* (क्यप्) and *ṇyat* (ण्यत्).

(A) The *tavyat* (तव्यत्) and *tavya* (तव्य) suffixes :

The *tavyat* (तव्यत्) and *tavya* (तव्य) suffixes of Future passive participles produce Potential Adjectives.

(i) √śru + tavyat (tavya) = śrotavya (fit to be heard) √श्रु + तव्यत् (तव्य) = श्रोतव्य

(ii) √śru + anīyar (anīya) = śrvaṇīya (fit to be heard) √श्रु + अनीयर (अनीय) = श्रवणीय

(B) The *yat* (यत्), *kyap* (क्यप्) and *ṇyat* (ण्यत्) suffixes :

The *yat* (यत्), *kyap* (क्यप्) and *ṇyat* (ण्यत्) suffixes produce adjectives with a sense of 'fit for' or 'ought to be' by adding y (य) to the final root.

(i) √jñā + yat (y) = jñeya (to be known) √ज्ञा + यत् (य) = ज्ञेय

(ii) √kṛ + kyap (y) = kṛtya (to be done) √कृ+ क्यप् (य) = कृत्य

(iii) a-vi√kṛ+ ṇyat (y) = avikārya (indistructible) अ-वि√कृ + ण्यत् (य) = अविकार्य

EXAMPLES cum **EXERCISE** : USE OF POTENTIAL ADJECTIVES

(1) Rama does not study. Rama ought to study.
रामः अभ्यासं न करोति। रामेण अभ्यासः कर्तव्यः/करणीयः/कार्यः।

(2) He does not drop bad habits. He should drop the bad habits.
सः दुर्वर्तनानि न त्यजति। तेन दुर्वर्तनानि त्यक्तव्यानि/त्यजनीयानि/त्याज्यानि (√त्यज्)।

(3) They do not teach Sanskrit. They should teach Sanskrit.
ते संस्कृतं न शासन्ति। तैः संस्कृतं शासितव्यम्/शासनीयम्/शिष्यम् (√शास्)।

(4) He does not give my book. He should give my book.
सः मह्यं पुस्तकं न ददाति। तेन मह्यं पुस्तकं दातव्यम्/दानीयम्/देयम् (√दा)।

(5) He does not agree to it. He should agree it.
सः एतत् न मन्यते। तेन एतत् मन्तव्यम्/मननीयम्/मान्यम् (√मन्)।

(6) Students should hear the instructions. छात्रैः सूचनाः श्रोतव्याः/श्रवणीयाः/श्राव्याः (√श्रु)।

(7) We should learn history. अस्माभिः इतिहासः अध्येतव्यः/अध्ययनीयः/अध्येयः (अधि√इ)।

(8) Truth must be told. सत्यं वक्तव्यम्/वचनीयम्/वाच्यम्।

(9) One should not wear damp clothes. आर्द्रवस्त्राणि न धारणीयानि/धारितव्यानि/धार्याणि।

(10) They should study. तैः अध्ययनं कर्तव्यम्/करणीयम्/कार्यम्।

THE POTENTIAL ADJECTIVES
(विध्यर्थी विशेषणानि)

√*kṛ (to do) → pp▫ karaṇīya, kartavya, kārya* = Ought to be done, fit to be done, must be done, good to be done, should be done, worth doing.

Root verb→		Potential Adjectives		
√भू	to become→	भवितव्य,	भवनीय,	भाव्य
√अस्	to be →	भवितव्य,	भवनीय,	भाव्य
√त्यज्	to leave →	त्यक्तव्य,	त्यजनीय,	त्याज्य
√स्था	to stand →	स्थातव्य,	स्थानीय,	स्थेय
√स्मृ	to remember →	स्मर्तव्य,	स्मरणीय,	स्मार्य
√वन्द्	to salute →	वन्दितव्य,	वन्दनीय,	वन्द्य
√दा	to give →	दातव्य,	दानीय,	देय
√शंस्	to praise →	शंसितव्य,	शंसनीय,	शंस्य
√ब्रू	to speak →	वक्तव्य,	वचनीय,	वाच्य
√मन्	to agree →	मन्तव्य,	मननीय,	मान्य
√श्रु	to hear →	श्रोतव्य,	श्रवणीय,	श्राव्य
√शक्	to be able →	शक्तव्य,	शकनीय,	शक्य
√प्रच्छ्	to ask →	प्रष्टव्य,	प्रच्छनीय,	प्रच्छ्य

The Two Indeclinable Past Participles (ipp▫)

क्त्वा, ल्यप्। 'HAVING DONE'

If same subject does two actions, one after other, one is contingent up on other, then in that case :

In order to indicate completion of a subordinate (first) action, prior to the commencement of the main (second) action, an Indeclinable Past Participle (क्त्वा or ल्यप् = having done) is used, in stead of joining two clauses with the phrase 'and then' ततः च।

These single-word participles (क्त्वा and ल्यप्) imply completion of the specific preceding subordinate action ('having done, or doing' पूर्वकालिक), before the following main action begins.

These participles are widely used in Sanskrit, and should be properly understood.

16.6 The *ktvā* (क्त्वा) suffix

The *tvā* त्वा of the Indeclinable Past Participle *ktvā* क्त्वा may be added only to those verb-root to which any prefix, other than अ, is NOT attached.

The त्वा participle has same **nature** as the त in the Past Passive Participles (ppp▫).

√दा (to give), दत्त (ppp▫ - given), दत्त्वा (ipp▫ - having given)

The *ktvā* suffix is used for forming a Gerund ending in suffix 'ing' that are dependent on some previous event (पूर्वकालिक-क्रिया) *√dṛś+ktvā (tvā) = dṛṣtvā* (having seen, seeing) √दृश्+ क्त्वा (त्वा) = दृष्ट्वा

The *lyp* (ल्यप्) suffix is attached only to those verb-roots that have any prefix, other than *a* (अ), is attached. The meaning and the nature of a *lyp*-participle remains same as of a *ktvā*-participle.

16.7 The *lyp* (ल्यप्) Suffix

The suffix य or त्य of the Indeclinable Past Participle (ल्यप् lyp-ipp▫) may be added only to that verb-root to which a prefix (other than अ *a*) is already attached.

(i) आ√दा take, आदत्त ppp▫ taken, आदाय ipp▫ having taken.

(ii) *upa-sam√gam + lyp (ya) = upa-saṅgmya* (having approached) √गम् + क्त्वा (त्वा) = गत्वा having gone. उप-सम्√गम् + ल्यप् (य) = उपसङ्गम्य having approached.

INDECLINABLE PAST PARTICIPLE क्त्वा

Verb-root		ppp▫		ipp▫-क्त्वा	
√दा	(to give)	दत्त	(given)	दत्त्वा	(having given)
√ज्ञा	(to know)	ज्ञात	(known)	ज्ञात्वा	(having known)
√भू	(to become)	भूत	(become)	भूत्वा	(having become)
√कृ	(to do)	कृत	(done)	कृत्वा	(having done)
√दृश्	(to see)	दृष्ट	(seen)	दृष्ट्वा	(having seen)
√वच्	(to speak)	उक्त	(spoken)	उक्त्वा	(having spoken)

INDECLINABLE PAST PARTICIPLE ल्यप्

Verb-root		ppp▫	ipp▫-ल्यप् - meaning	
आ√दा	(to take)	आदत्त	आदाय	having taken
वि√ज्ञा	(to know)	विज्ञात	विज्ञाय	having known
अनु√भू	(to experience)	अनुभूत	अनुभूय	having experienced
द्विधा√कृ	(to duplicate)	द्विधाकृत	द्विधाकृत्य	having duplicated
अ√दृश्	(to disappear)	अदृष्ट	अदृश्य	having disppeared
प्र√वच्	(to tell)	प्रोक्त	प्रोच्य	having told

EXAMPLES cum **EXERCISE** : INDECLINABLE PAST PARTICIPLES क्त्वा, ल्यप्।

1. Boys go to school. *bālakāh pāṭhaśālām˜ gaććhanti.* बालकाः पाठशालां गच्छन्ति।
2. Boys go to school having done their study. *bālakāh teṣām abhyāsam˜ kṛtvā pāṭhaśālām˜ gaććhanti.* बालकाः तेषाम् अभ्यासं कृत्वा पाठशालां गच्छन्ति।
3. We will go to New York. *vayam˜ New-Yorkam˜ gamiṣyāmah.* वयं न्यू-यार्क गमिष्यामः।
4. Having gone to New York, we will see the University. *New-Yorkam˜ gatvā vayam viśva-vidyālayam˜ drakṣyāmah.* न्यू-यार्क गत्वा वयं विश्वविद्यालयं द्रक्ष्यामः।
5. Rāma eats a fruit. *Rāmah phalam˜ khādati.* रामः खादति।
6. Having eaten Rāma plays. *khāditvā rāmah khelati.* खादित्वा रामः खेलति।
7. He climbs a tree. *sah vṛkṣam ārohati.* सः वृक्षम् आरोहति।
8. Having climbed the tree, he drops the fruits.
   sah vṛkṣam āruhya phalāni pātayati. सः वृक्षम् आरुह्य फलानि पातयति।
9. Sītā comes. *Sītā āgaććhti.* सीता आगच्छति।
10. Having bought fruit, she came.
    sā phalāni vikrīya āgaććht. फलानि विक्रीय सा आगच्छत्, आगतवती।
11. भवान् खादित्वा भ्रमसि। मित्रं दृष्ट्वा अहं प्रसन्नः। तुभ्यं डालरान् दत्त्वा सः कुत्र गतवान्? सः मां रूप्यकाणि प्रदाय कुत्रचित् गतवान्। सीता जले प्रविश्य कमलम् आनयति। सा विदेशं गत्वा कीर्तिं प्राप्तवान् ...etc.

16.8 THE INFINITIVE
तुमुन्। 'TO DO, FOR DOING'

Another important Indeclinable Participle, the INFINITIVE *tumun* (तुमुन्), is formed by adding the *tum* तुम् suffix directly to any verb-root. As an infinitive, it gives the meaning of 'for doing or to do' the action indicated by the attached verb. eg◦ √दा (to give) → दा + तुम् = दातुम् (for giving, to give).

THE INFINITIVES (तुमुन्)

Verb-root		ipp◦-क्त्वा		Infinitive (तुमुन्)	
√दा	(to give)	दत्त्वा	having given	दातुम्	for giving
√जि	(to win)	जित्वा	having won	जेतुम्	for winning
√ज्ञा	(to know)	ज्ञात्वा	having known	ज्ञातुम	for knowing
*√भू	(to be)	भूत्वा	having been	भवितुम्	for being
√कृ	(to do)	कृत्वा	having done	कर्तुम्	for doing
√दृश्	(to see)	दृष्ट्वा	having seen	द्रष्टुम्	for seeing
√वच्	(to say)	उक्त्वा	having said	वक्तुम्	for saying
√नम्	(to salute)	नत्वा	having saluted	नन्तुम्	for saluting
√रभ्	(to begin)	रब्ध्वा	having begun	रब्धुम्	for begining

*√डी	(to fly)	डयित्वा	having flown	डयितुम्	for flying
√ध्यै	(to meditate)	ध्यात्वा	(having meditated)	ध्यातुम्	for meditating
√स्था	(to stand)	स्थित्वा	(having stood)	स्थातुम्	for standing
√मन्	(to think)	मत्वा	(having thought)	मन्तुम्	for thinking
√श्रु	(to hear)	श्रुत्वा	(having heard)	श्रोतुम्	for hearing
*√चुर्	(to steal)	चोरयित्वा	(having stolen)	चोरयितुम्	for stealing
*√गण्	(to count)	गणयित्वा	(having counted)	गणयितुम्	for counting
√छिद्	(to cut)	छित्त्वा	(having cut)	छेत्तुम्	for cutting
√क्षिप्	(to throw)	क्षिप्त्वा	(having thrown)	क्षेप्तुम्	for throwing
√स्पृष्	(to touch)	स्पृष्ट्वा	(having touched)	स्पष्ट|ुम्	for touching

The * sign indicates that, these are '*seṭ*' सेट् verbs. For *set* and *anit* verbs, see the Book Level - II.

EXAMPLES cum EXERCISE : THE INFINITIVES (तुमुन्)

1. I go to school. *aham˜ pāṭhaśālām˜ gaćchāmi.* अहं पाठशालां गच्छामि।
2. I go to school for learning (to learn). *aham˜ pāṭhaśālām˜ paṭhitum˜/adhyetum˜ gaćchāmi.* अहं पाठशालां पठितुं/अध्येतुं गच्छामि।
3. Rāma wants to speak (desires for speaking). *Rāmah vaktum ićchati.* रामः वक्तुम् इच्छति।
4. She came to hear Rāmāyaṇa. *sā Rāmāyaṇam˜ śrotum āgatavatī asti.* सा रामायणं श्रोतुम् आगतवती अस्ति।
5. The child is going to garden to pick fruits. *bālakah phalāni ćetum udyānam˜ gaćchati.* बालकः फलानि चेतुम् उद्यानं गच्छति।
6. Police are to protect the city. *nagaram˜ sam˜rakṣitum˜ sam˜rakṣakāh santi.* नगरं संरक्षितुं संरक्षकाः सन्ति।
7. I went to the pump to buy gas. *aham˜ śilā-tailam˜ kretum uttolana-yantra-sthānam˜ gatavān.* अहं शिलातैलं क्रेतुम् उत्तोलनयन्त्रस्थानं गतवान्।
8. He brought a knife to cut mangos, wait for eating them. *sah āmraphalāni kartitum˜ ćhurikām ānītavān tāni bhoktum˜ pratikṣām˜ karotu.* सः आम्रफलानि कर्तितुं छुरिकाम् आनीतवान् तानि भोक्तुं प्रतीक्षां करोतु।

NOTE : **The Dative (4th) case may alternatively be used in place of the use of infinitives.** eg▫

1. Rāma wants to speak (desires for speaking). *Rāmah vaktum ićchati. Rāmah vaćanāya ićchati.* रामः वक्तुम् इच्छति। रामः वचनाय इच्छति।
2. The police are here to protect (for the protection of) the city. *nagaram˜ sam˜rakṣitum˜ rakṣakāh santi. nagara-sam˜rakṣaṇāya rakṣakāh santi.* नगरं संरक्षितुं रक्षकाः सन्ति। नगरसंरक्षणाय रक्षकाः सन्ति।

USE OF TUMUN as POTENTIAL PARTICIPLE ipp▫

A *tumun* infinitive could be used in place of any of the three ipp▫ Indeclinable Potential Participles of अनीयर्, तव्यत्, य।

eg▫ You should not lament.

(i) tumun▫ न त्वं शोचितुम् अर्हसि। (Gītā 2.30). =

(ii) ipp▫ त्वया शोकः न करणीयः। त्वया शोकः न कर्तव्यः। त्वया शोकः न कार्यः।

EXERCISE 43 : Tumun

Match the English words with the corresponding Sanskrit participles.

खादित्वा, स्मर्तुम्, विक्रीय, प्राप्य, उक्त्वा, प्रष्टुम्, खादितुम्, वक्तुम्, स्मृत्वा, ज्ञातुम्, छेत्तुम्, क्रित्वा।

(1) I go home to eat. Having eaten I go school.
(2) Having said so he kept quiet. He wants to say no more.
(3) Having sold his old house and having bought a new one, he is happy.
(4) I came here for asking you something.
(5) Having remembered you, I am writing the letter.
(6) Having obtained the degree, I got the job.
(7) You will not be able to cut this.
(8) He is not able to remember it.
(9) They are able to know that.

16.9 THE CONDITIONAL EXPRESSIONS

यदि ... तर्हि। 'IF ... THEN'

As in English, the conditional expression - 'if' (*yadi* यदि) is complemented by the expression - 'then' (*tarhi* तर्हि). These two expressions, 'if' (*yadi*, यदि) and 'then' (*tarhi* तर्हि), are used as a pair in a sentence, however, many times one of these two expressions may not actually be written, but is simply understood.

1. If gas (petrol) is there then the car runs. *yadi ślātailam asti tarhi kārayanam˜ ćalati.* यदि शिलातैलम् अस्ति तर्हि कारयानं चलति। *ślātailam asti tarhi cāra-yanam˜ ćalati.* शिलातैलम् अस्ति तर्हि कारयानं चलति।
2. If electricity is not there, the bulb does not light. *yadi vidyut nāsti tarhi dīpah na jvalati.* यदि विद्युत नास्ति तर्हि दीपः न ज्वलति। *vidyut nāsti tarhi dīpah na jvalati.* विद्युत नास्ति तर्हि दीपः न ज्वलति।
3. If it rains, plants grow. *yadi varṣā bhavati, vṛkṣāh vardhanti.* यदि वर्षा भवति, वृक्षाः वर्धन्ति।
4. If you will not come, I will not play. *yadi bhavān na āgamiṣyati, aham˜ na krīdiṣyāmi.* यदि भावान् न आगमिष्यति तर्हि अहं न क्रीडिष्यामि।
5. If you come, we will watch a movie. *yadi bhavān āgamiṣyati, vayam˜ ćalaćitram˜ drakṣyāmah (paṣyāmah).* यदि भावान् आगमिष्यति तर्हि वयं चलचित्रं द्रक्ष्यामः (पश्यामः)।
6. If they have self-confidence, everything will be easy. *yadi tebhyah ātmaviṣvāsah asti tarhi sarvam˜ sulabham˜ bhaviṣyati.* यदि तेभ्यः आत्मविश्वसः अस्ति तर्हि सर्वं सुलभं भविष्यति।
7. If you use this book, you will learn Sanskrit. *yadi bhavān etat pustakam upaujyati tarhi sam˜skṛtam adhigamiṣyati (śikṣiṣyate).* यदि भावान् एतत् पुस्तकम् उपयुज्यति तर्हि संस्कृतम् अधिगमिष्यति/शिक्षिष्यते।

16.10 THE EXPRESSIONS : from - to

तः ... पर्यन्तम्। 'FROM ... UP TO'

1. I walk from home to school. *aham˜ grhatah vidyālayaparyantam˜ ćalāmi.* अहं गृहतः विद्यालयपर्यन्तं चलामि।
2. She does exercise from 5.00 O' Clock to 6.00 O' Clock. *sā pañća vādana-tah ṣad' vādana-paryantam˜ yogāsanam˜ karoti.* स पञ्च वादनतः षड् वादनपर्यन्तं योगासनं करोति।
3. He is in the office up to 7.00 O' Clock. *sah sapta vādana-paryantam˜ kāryālaye asti.* सः सप्त वादनपर्यन्तं कार्यालये अस्ति।
4. (Up to) How long will they stay there? *kadā-paryantam˜ te tatra tiṣṭhanti?* कदापर्यन्तं ते तत्र तिष्ठन्ति।
5. From India to America the distance is 10000 km. *Bharatatah Amerikāparyantam antaram˜ daśa sahasra-km. asti.* भारततः अमेरिकापर्यन्तम् अन्तरं 10000 किमि. अस्ति।

16.11 THE CONDITIONAL EXPRESSIONS

यदा ... तदा। 'WHEN ... THEN'

As in English, the conditional expression - 'when' (*yadā* यदा) is complemented by expression - 'then' (*tadā* तदा). Usually these two expressions are used as a pair in a sentence.

1. When I went there, he was writing a letter. *yadā aham˜ tarta gatavān tadā sah patram˜ likhati sma.* यदा अहं तत्र गतवान् तदा सः पत्रं लिखति स्म।

2. Whenever I go there, he is not there. *yadā yadā aham˜ tarta gaććhāmi tadā tadā sah tatra nāsti.* यदा यदा अहं तत्र गच्छामि तदा तदा सः तत्र नास्ति।

3. I will pay you when you do the work. *yadā bhavān kāryam˜ kariṣyati tadā aham˜ dhanam˜ dāsyāmi.* यदा भवान् कार्यं करिष्यति तदा अहं धनं दास्यामि।

4. Where were you when I came to your house? *yadā aham˜ bhavatah grham āgatavān tadā bhavān kutra āsīt.* यदा अहं भवतः गृहम् आगतवान् तदा भवान् कुत्र आसीत्?

16.12 THE CONDITIONAL EXPRESSIONS

यावत् ... तावत्। 'AS LONG AS ... SO LONG'

The conditional expression - 'as long or as much' (*yāvat* यावत्) is complemented by expression - 'so long or so much' (*tāvat* तावत्).

1. <u>As long as</u> the sun and moon are in the sky, there shall be light in the world. *<u>yāvat</u> gagane ćandra-divākarau <u>tāvat</u> viśve prakāśah bhaviṣyati.* <u>यावत्</u> गगने चन्द्र-दिवाकरौ <u>तावत्</u> विश्वे प्रकाशः भविष्यति।

2. <u>As long as</u> you are working, I have no worry. *<u>yāvat</u> bhavān kāryam˜ karoti, mama ćintā nāsti.* <u>यावत्</u> भवान् कार्यं करोति मम चिन्ता नास्ति।

3. <u>As long as</u> there is water in the town, nobody will die. *<u>yāvat</u> nagare jalam asti <u>tāvat</u> ko'pi na mariṣyati.* <u>यावत्</u> नगरे जलम् अस्ति <u>तावत्</u> कोऽपि न मरिष्यति।

4. <u>As much</u> I like you so much no one does. *<u>yāvat</u> aham˜ bhavantam˜ snihyāmi <u>tāvat</u> bhavantam˜ ko'pi na snihyati.* <u>यावत्</u> अहं भवन्तं स्निह्यामि <u>तावत्</u> भवन्तम् कोऽपि न स्निह्यति।

16.13 THE CONDITIONAL EXPRESSIONS

यथा ... तथा। 'AS ... SO'

The conditional expression - 'as' (*yāthā* यथा) is complemented by expression - 'so' (*tathā* तथा). These two expressions are used as a pair in a sentence, however, many times one of these two expressions may not actually be written, but is simply understood.

1. <u>As</u> my friend sings, no one sings so. *<u>yathā</u> mama mitram˜ gāyati <u>tathā</u> ko'pi na gāyati.* <u>यथा</u> मम मित्रं गायति <u>तथा</u> कोऽपि न गायति।

2. Nobody teaches like prof. John does. *<u>yathā</u> prādhyapakah Johnah pāṭhayati <u>tathā</u> ko'pi na pāṭhayati.* <u>यथा</u> प्राध्यापकः जॉनः पाठयति <u>तथा</u> कोऽपि न पाठयति।

3. I do not write like you do. *<u>yathā</u> bhavān likhati <u>tathā</u> aham˜ na likhami.* <u>यथा</u> भवान् लिखति <u>तथा</u> अहं न लिखामि।

4. Do as you like. *<u>yathā</u> bhavān iććhati <u>tathā</u> eva karotu.* <u>यथा</u> भवान् इच्छति <u>तथा</u> तथा एव करोतु।

16.14 THE CONDITIONAL EXPRESSIONS

चेत् ... नो चेत्। 'IF ... OTHERWISE'

The conditional expression - 'if' (*ćet* चेत्) is complemented by expression - 'otherwise' (*no ćrt* नो चेत्). These two expressions are generally used as a pair in a sentence.

1. Come here <u>if</u> you have time, <u>otherwise</u> do not bother. *avakāśah bhavati <u>ćet</u> āgaććhatu <u>no ćet</u> māstu.* अवकाशः अस्ति <u>चेत्</u> आगच्छतु <u>नो चेत्</u> मास्तु।

2. If you go in time, you get the train otherwise not. *bhavān samayena gaććhati <u>ćet</u> rela-yānam˜ labhyate <u>no ćet</u> na labhyate.* भवान् समयेन गच्छति <u>चेत्</u> रेल-यानं लभ्यते <u>नो चेत्</u> न लभ्यते।

3. If it rains, the crops grow otherwise not. *varṣā bhavati <u>ćet</u> sasyam˜ vardhate <u>no ćet</u> na vardhate.* वर्षा भवति <u>चेत्</u> <u>नो चेत्</u> न वर्धते।

4. If you have money, please give me otherwise do not worry. *dhanam asti <u>ćet</u> dadātu <u>no ćet</u> ćintā māstu.* धनम् अस्ति <u>चेत्</u> ददातु <u>नो चेत्</u> चिन्ता मास्तु।

16.15 THE EXPRESSIONS

सह, विना। 'WITH, WITHOUT'

1. Are you coming with me? *bhavān mayā saha āgaććhati vā?* भवान् मया सह आगच्छति वा?
2. Who was with you? *bhavatah/bhavatyāh saha kah āsīt?* भवतः/भवत्याः सह कः आसीत्?
3. Rāma had battled (with) Rāvaṇa. *Rāvaṇena saha Rāmah yuddham˜ kṛtavān āsīt.* रावणेन सह रामः युद्धं कृतवान् आसीत्।
4. Lakṣmaṇa had gone to the forest with Rāma. *Rāmeṇa saha Lakṣmaṇah vanam˜ gatavān āsīt.* रामेण सह लक्ष्मणः वनं गतवान् आसीत्।
5. Life is difficult without money. *dhanena vinā jīvanam˜ kaṭhinam.* धनेन विना जीवनं कठिनम्।
6. Car does not run without gas. *śilātailena vinā kāra-yānam˜ na ćalati.* शिलातैलेन विना कारयानं न चलति।
7. I am alone without you. *bhavatah vinā aham ekākī.* भवतः विना अहम् एकाकी।
8. Without pen how will you write? *lekhanyā vinā katham˜ lekhiṣyati.* लेखन्या विना कथं लेखिष्यति भवान्?

16.16 THE EXPRESSIONS

इति, अपि, एव। 'SO, ALSO, ONLY'

1. "I will not go," so he said. *aham˜ na gamiṣyāmi iti sah uktavān.* अहं न गमिष्यामि इति सः उक्तवान।
2. I do not know (that) if she is coming or not. *sā āgamiṣyati vā na vā iti aham˜ na jānāmi.* सा आगमिष्यति वा न वा इति अहं न जानामि।
3. Rāma also said he will come. *Rāmah api āgamiṣyāmi iti uktavān.* रामः अपि आगमिष्यामि इति उक्तवान्।
4. Today there are only five students in the class. *adya kakṣāyām˜ pañća ćhātrāh eva santi.* अद्य कक्षायां पञ्च छात्राः एव सन्ति।
6. I also have a new car. *mama api nūtanam˜ kārayānam asti.* मम अपि नूतनं कारयानं अस्ति।
7. They are also sick. *te api (te'pi) rugṇāh santi.* ते अपि (तेऽपि) रुग्णाः सन्ति।

16.17 THE EXPRESSIONS

अद्यतन, श्वस्तन, ह्यस्तन।

TODAY'S TOMORROW'S YESTERDAY'S

1. Where is today's newspaper? *adyatanavārtāpatram˜ kutra asti?* अद्यतनवार्तापत्रं कुत्र अस्ति?
2. This is yesterday's paper. *etat hyastanasya patram asti.* एतत् ह्यस्तनस्य पत्रम् अस्ति।
3. Is it Sunday tomorrow? *śvastanasya dinah ravivāsarah asti vā?* श्वस्तनस्य दिनः रविवासरः अस्ति वा?

LESSON 17

ADVERBS AND CONJUNCTIONS

kriyāviśeṣaṇāni yaugicśabdāh ća क्रियाविशेषणानि यौगिकशब्दाः च।

17.1 ADVERBS

kriyāviśeṣaṇāni क्रियाविशेषणानि

An Adverb does not take any gender, number, person, tense or case. It does not change with the verb or the adjective it qualifies, thus, it is an INDECLINABLE word (*avyayam* अव्ययम्)

NOTE : Adverbs are not the only indeclinable words, there are many other words that are indeclinables and are used adverbially, such as :

(1) There are nouns of which one conjugation or the Nominative case declension is used as an indeclinable word. **eg▫** अस्तम् (*astam* setting, decline), अस्ति (*asti* existence), नास्ति (*nāsti* non-existence), नमः (*namah* salutation), भुवर् (*bhuvar* sky), संवत् (*sam˜vat* a year), स्वर् (*svar* heaven), स्वस्ति (*svasti* greeting), सुखम् (*sukham* happily, easily), दुःखम् (*dukham* sadly, painfully), etc.

(2) There are adjectives of which the Accusative Neuter is indeclinable. **eg▫** नित्यम् (*nityam* regularly), बहु (*bahu* vaer), भूयः (*bhūyah* again), सत्यम् (*satyam* truly), सुखम् (*sukham* happily), दुःखम् (*dukham* sadly), etc.

(3) There are Pronouns of which Accusative Neuter is indeclinable. **eg▫** किम् (*kim* what), तत् (*tat* that), यावत् (*yāvat* as long), तावत् (*tāvat* so long), etc.

(4) There are other substantives of which the Accusative neuter is indeclinable. **eg▫** स्वयम् (*svayam* oneself), etc.

(5) There are nouns and adjectives of which Instrumental case is indeclinable, अशेषेण (*aśeṣeṇa* fully), उच्चैः (*uććaih* loudly), चिरेण (*ćireṇa* quickly), तेन (*tena* thus), पुरा (*purā* anciently, formerly), etc.

(6) There are words of which the Dative form is indeclinable. **eg▫** अप्रदाय (*apradāya* without sharing), आस्थाय (*āsthāya* for staying), विज्ञाय (*vijñāya* for knowing), etc.

(7) There are nouns and pronouns of which the Ablative form is indeclinable. **eg▫** तस्मात् (*tasmāt* therefore), बलात् (*balāt* forcibly), समन्तात् (*samantāt* around), etc.

(8) There are words of which the Locative form is indeclinable. **eg▫** अग्रे (*agre* at first), अन्तरे (*antare* inside), ऋते (*ṛte* without), स्थाने (*sthāne* justly), etc.

(9) There are words of which a derivative is indeclinable : **eg▫**

Affirmative : एव (*eva* only); Negative : न (*na* not), मा (*mā* don't), मा स्म (*mā sma* do not);

Interrogative : कच्चित् (*kaććit* does it), नु (*nu* is it possibe);

Comparative : इव (*iva* as if), एवम् (*evam* thus), तथैव (*tathaiva* as well);

Degree : अतीव (*atīva* very), सर्वथा (*sarvathā* by all means);

Mode : आशु (*āśu* soon), तूष्णीम् (*tūṣṇīm* quietly), नाना (*nānā* various), पुनर् (*punar* again), पृथक् (*pṛthak* differently);

Time : अद्य (*adya* today), जातु (*jātu* ever), प्राक् (*prāk* before), प्रेत्य (*pretya* in the next life), मुहुः (*muhuh* frequently);

Place : इह (*iha* here), तत्र (*tatra* there);

Doubt : उत (*uta* whether); Emphasis : अपि (*api* also), हि (*hi* indeed), etc.

EXAMPLES cum EXERCISE : USE of ADVERBS (क्रियाविशेषणानि)

1. Rāma works quickly. *Rāmah kāryam˜ śīghreṇa karoti.* रामः कार्यं शीघ्रेण करोति।
2. Sītā works quickly. *Sītā kāryam˜ śīghreṇa karoti.* सीता कार्यं शीघ्रेण करोति।
3. We work quickly. *vayam˜ kāryam˜ śīghreṇa kurmah.* वयं कार्यं शीघ्रेण कुर्मः
4. They worked quickly. *te/tāh kāryam˜ śīghreṇa kurvantah/akurvan.* ते/ताः कार्यं शीघ्रेण कृतवन्तः।
5. He always helps. *sah sadā sāhāyyam˜ karoti.* सः सदा साहाय्यं करोति।
6. Please move backward. *kṛpayā pṛṣṭhatah saratu.* कृपया पृष्ठतः सरतु।
7. I will come before him. *aham˜ tasmāt pūrvam āgamiṣyāmi.* अहं तस्मात् पूर्वम् आगमिष्यामि।
8. He wants money now. *sah dhanam idānīm iććhati.* सः धनम् इदानीम् इच्छति।
9. Kindly give me ten Rupees. *kṛpayā mahyam˜ daśa-rūpyakāṇi dadātu.* कृपया मह्यं दश रूप्यकाणि ददातु।
10. Otherwise I am going. *anyathā aham˜ gaććhāmi.* अन्यथा अहं गच्छामि।
11. Where is your friend? *tava/bhavatah mitram˜ kutra asti?* तव/भवतः मित्रं कुत्र अस्ति?

EXERCISE 44 : ADVERBS

Fill in the blanks with Sanskrit adverbs

(1) Why did you tell him? त्वं तं ---------- उक्तवान्?

(2) How is your brother now? तव बन्धुः ---------- अस्ति?

(3) I see it clearly. अहं तत् ---------- पश्यामि।

(4) You are very tired. त्वं ---------- क्लान्तः असि।

(5) Enough with (of) talking. ---------- कथनेन।

ANSWERS : (1) किं कारणम् (2) कथम् (3) स्पष्टम् (4) अतीव (5) अलम्

EXAMPLES cum EXERCISE : USING WORDS ADVERBIALLY

(1) Where is your house? *bhavatah gṛham˜ kutra asti?* भवतः गृहं कुत्र अस्ति?

Where is Rāma? *Rāmah kutra asti?* रामः कुत्र अस्ति?

Where are they? *te/tāh kutra santi?* ते/ताः कुत्र सन्ति?

(2) Stay quiet, he is here. *tūṣṇīm˜ tiṣṭhatu sah atra asti.* तूष्णीं तिष्ठतु सः अत्र एव अस्ति।

(3) Happiness is where peace is. *yatra śāntih, tatra sukham,* यत्र शान्तिः तत्र सुखम्।

Where there is a will there is a way. *yatra iććhā, tatra mārgah.* यत्र इच्छा तत्र मार्गः।

(4) Somehow he got a job. *katham-api tena vyavasāyah prāptah.* कथमपि तेन व्यवसायः प्राप्तः। Please say it again. *punah vadtu.* पुनः वदतु।

(5) How can you not know this? *etat katham˜ na jānāti bhavān?* एतत् कथं न जानाति भवान्?

(6) Be kind to the poor. *dīnam˜ prati dayām˜ karotu.* दीनं प्रति दयां करोतु।

(7) I drink milk, nothing else. *aham˜ kevalam˜ dugdham˜ pibāmi, anyat kim/api na.* अहं केवलं दुग्धं पिबामि अन्यत् किमपि न।

(8) Knowledge indeed comes slowly. *jñānam˜ khalu śanaih śanaih prāpyate.* ज्ञानं खलु शनैः शनैः प्राप्यते।

(9) Do not tell a lie, otherwise you will be punished. *mithyā mā vadatu, no ćet daṇḍam˜ prāpsyati.* मिथ्या मा वदतु नो चेत् दण्डं प्राप्स्यति।

(10) From here my house is near. *itah mama gṛham˜ samīpe asti.* इतः मम गृहं समीपे अस्ति। How about your? *bhavatah.* भवतः?

(11) The sun rises in the morning. *sūryah prage udayati.* सूर्यः प्रगे उदयति।

(12) As long as the moon and the sun are there. *yāvat ćandra-divākarau.* यावत् चन्द्रदिवाकरौ।

(13) Long ago there was a righteous king named Rāma. *purā Rāmah nāma sāttvikah rājā āsīt.* पुरा रामः नाम सात्त्विकः राजा आसीत्।

(14) He is cunning like a fox. *sah śṛgālah iva dhūrtah asti.* सः शृगालः इव धूर्तः अस्ति।

(15) The sky is high. *nabhah uććaih asti.* नभः उच्चैः अस्ति।

The lion roars loudly. *sim˜hah uććaih garjati.* सिंहः उच्चैः गर्जति।

(16) What is the use of pouring oil into the lamp that has been extinguished? *nirvāṇa-dīpe kimu tailam?* निर्वाणदीपे किमु तैलम्?

(17) Who is clever, you or he? *kah ćaturah bhavān vā sah vā?* कः चतुरः भवान् वा सः वा? कः चतुरः त्वम् अथवा सः?

(18) No pains no gains. *yatnam˜ vinā kimapi na labhyate.* यत्नं विना किमपि न लभ्यते।

(19) You are certainly a gentleman. *nūnam˜/avaśyam˜/niśćayena bhavān satpuruṣah.* नूनं/अवश्यं/निश्चयेन भवान् सत्पुरुषः।

(20) Although he is rich, he is not happy. *yadyapi sah dhanī sah sukhī nāsti asti.* यद्यपि सः धनी अस्ति सः सुखी नास्ति।

(21) Do not do anything suddenly. *sahasā ikm-api mā karotu.* सहसा किमपि मा करोतु।

(22) Animals do not enter the mouth of a sleeping lion indeed. *na hi suptasya sim˜hasya praviśanti mukhe mṛgāh.* न हि सुप्तस्य सिंहस्य प्रविशन्ति मुखे मृगाः।

17.2 CONJUNCTIONS

Words like - and, or, but, for, if, that, where, either, neither, nor, still, till, only, else, after, before ...etc. which make a connection or conjunction between two parts of a sentence are called CONJUNCTIONS.

EXAMPLES cum EXERCISE : We have already learned some of these words, let us learn new ones now.

1. Rāma AND Sunīl are brothers. *Rāmah Sunīlah ća bandhū stah.* रामः सुनीलः च बन्धू स्तः।
2. Bring mango AND a knife. *āmram evam˜ ćhurikām ānayatu.* आम्रम् एवं छुरिकाम् आनयतु।
3. He works day AND night. *sah divā naktam˜ ća kāryam˜ karoti.* सः दिवा नक्तं च कार्यं करोति।
4. He AS WELL AS Neil were there. *sah tathaiva Neilah tatra āstām.* सः तथैव नीलः तत्र आस्ताम्।
5. Give me a mango OR a banana. *mahyam āmram˜ kadalīm˜ vā dadātu.* मह्यं आम्रं कदलीं वा ददातु।
6. Speak in Sanskrit OR English. *Sam˜skṛtena athavā Englisha-bhāṣayā vadatu.* संस्कृतेन अथवा इंग्लिशभाषया वदतु।
7. EITHER speak Sanskrit, OR speak English. *Sam˜skṛtena vā Englisha-bhāṣayā vā vadatu.* संस्कृतेन वा इंग्लिश-भाषया वा वदतु।
8. It is NEITHER good, NOR beautiful. *etat na śobhanam˜ na ća sundaram. etat na śobhanam˜ na vā sundaram.* एतत् न शोभनं न च सुन्दरम्। एतत् न शोभनं न वा सुन्दरम्।
9. WHETHER he does it OR NOT, I will do it. *sah etat akariṣyat vā na akariṣyat, aham˜ etat kariṣyāmi eva.* स एतत्करोतु न करिष्यत् वा न अकरिष्यत् अहम् एतत् करिष्यामि एव।
10. I do not know WHETHER he is here OR there. *aham˜ na jānāmi sah (api) atra asti tatra ut. aham˜ na jānāmi yat sah atra asti tatra vā.* अहं न जानामि सः (अपि) अत्र अस्ति तत्र उत। अहं न जानामि यत् सः अत्र अस्ति तत्र वा।
11. Sit down OR ELSE leave. *upaviśatu anyathā gaććhatu.* उपविशतु अन्यथा गच्छतु।
12. Give me money if you have, OTHERWISE I am going. *yadi asti mahyam˜ dhanam˜ dadātu anyathā aham˜ gaććhāmi.* मह्यं धनं ददातु अन्यथा अहं गच्छामि। *dhanam asti ćet dadātu no ćet aham˜ gaććhāmi.* धनं अस्ति चेत् ददातु नो चेत् अहं गच्छामि।
13. He told me THAT Sītā was not there. *sah mām uktavān yat Sītā tatra nāsti iti.* सः माम् उक्तवान् यत् सीता तत्र नास्ति इति।
14. He is rich BUT he is not charitable. *sah dhanī asti kintu dānī nāsti.* सः धनी अस्ति किन्तु सः दानी नास्ति। Not only I told him, BUT I wrote him too. *na kevalam aham˜ tam uktavān aham˜ tam˜ likhitavān api.* न केवलम् अहं तम् उक्तवान् अहं तं लिखितवान् अपि।
15. I run <u>FROM</u> 'a' <u>TO</u> 'b'. *aham A tah B patyantam˜ dhāvāmi.* अहं अ तः ब पर्यन्तम् धावामि।
16. She is slow BUT will win. *sā mandagatih param˜ jeṣyati.* सा मन्दगतिः परं जेष्यति।
17. I have eaten, BUT I am still hungry. *aham˜ khāditavān tathāpi kṣudhitah asmi.* अहं खादितवान् तथापि क्षुधितः अस्मि।
18. Even though he is in pain, YET he is quiet. *yadyapi sah dukhitah asti tathāpi sah śāntah asti.* यद्यपि सः दुःखितः अस्ति तथापि सः शान्तः अस्ति।
19. ALTHOUGH he did not ask, I gave him money. *yadyapi sah na yāćitavān, aham˜ tasmai ḍālarān/rūpyakāṇi/mudrāh dattavān.* यद्यपि सः न याचितवान् अहं तस्मै डालरान्/रूप्यकाणि/मुद्राः

दत्तवान्।

20. IN SPITE OF what I said, (s)he did not do that. *yadyapi aham uktavān, sah tat na kṛtavān (sā tat na kṛtavatī).* यद्यपि अहम् उक्तवान्, सः तत् न कृतवान् (सा तत् न कृतवती)।

21. Notice was posted IN ORDER THAT everyone might be aware. *sūćanā-patram˜ sthāpitam āsīt yena sarve api sāvadhānāh syuh.* सूचनापत्रं स्थापितम् आसीत् येन सर्वे अपि सावधानाः स्युः।

22. AS SOON AS the bell rang, I went inside. *yāvat ghaṇṭā nāditavatī, tāvat aham abhyantare gatavān/gatavatī.* यावत् घण्टा नादितवती तावत् अहम् अभ्यन्तरे गतवान्/गतवती।

23. He is walking AS THOUGH he is lame. *sah paṅguh iva ćalati.* सः पंगुः इव चलति।

24. He was alright, EXCEPT he was tired. *sah svasthah param˜ klāntah āsīt.* सः स्वस्थः परं_क्लान्तः आसीत्।

25. Something certainly fell down, FOR I heard the noise. *kim/api niśćitam˜ patitam˜ yatah aham˜ śabdam˜/dhvanim˜ śrutavān.* किमपि निश्चितं पतितं यतः अहं शब्दं/ध्वनिं श्रुतवान्।

26. He sat down BECAUSE he was tired. *sah upāviśat yatah sah klāntah āsīt.* सः उपाविशत् यतः सः क्लान्तः आसीत्।

27. WHEN I was young, I used to work very hard. *yadā aham˜ taruṇah āsam˜ tadā aham˜ praćuram˜ karma karomi sma.* यदा अहं तरुणः आसम् तदा अहं प्रचुरं कर्म करोमि स्म।

28. His watch is WHERE he had kept it. *tasya ghaṭikā tatra eva asti yatra tena sthāpitā āsīt.* तस्य घटिका तत्र एव अस्ति यत्र तेन स्थापिता आसीत्।

29. Let us give charity, WHILE we have money. *yāvat dhanam asti tāvat dānam˜ kuryāma.* यावत् धनम् अस्ति तावत् दानं कुर्याम।

30. WHENEVER I see him, he becomes happy. *yadā yadā hi aham˜ tam˜ paśyāmi sah ānanditah bhavati.* यदा यदा हि अहं तं पश्यामि सः आनन्दितः भवति। WHEREVER the rain falls, the water goes to the ocean. *yatra yatra eva varṣā bhavati, tatah tatah jalam˜ sāgaram˜ prati eva gaććhati.* यत्र यत्र एव वर्षा भवति ततः ततः जलं सागरं प्रति एव गच्छति।

31. Rāma is taller THAN Hari. *Rāmah hareh apekṣayā unnatah.* रामः हरेः अपेक्षया उन्नतः।

32. He said yes, THEREFORE I went there. *sah ām uktavān tasmāt aham˜ tatra gatavān.* सः आम् उक्तवान् तस्मात् अहं तत्र गतवान्।

EXERCISE 45 :Fill in the blanks with suitable Sanskrit conjunctions.

(1) Mangos AND Bananas are fruits. आम्राणि ------------------- कदलीफलानि फलानि सन्ति।

(2) Give me paper AND a pencil. मह्यं पत्रं लेखनीं ------------------- देहि।

(3) He buys and sells books. सः पुस्तकानि क्रीणाति ------------------- विक्रीणाति ---------

(4) Give me a pen AS WELL AS paper. मह्यं लेखनीं ------ पत्रकं देहि।

(5) Pay the fine OR go to jail. दण्डधनं ददातु ------ कारागृहं गच्छतु।

(6) Come by bus OR car. बसयानेन कारयानेन ------ आगच्छतु।

(7) It is NEITHER bad, NOR good. एतत् ------ अभद्रं ------ भद्रम् अस्ति।

(8) He said THAT it is difficult. सः उक्तवान् ------ एतत् कठिनम् अस्ति।

(9) Eat it OR ELSE stay hungry. एतत् खादतु ------ क्षुधितः तिष्ठतु।

(10) Take an umbrella, OTHERWISE you will get wet. छत्रं नयतु ------ भवान् क्लेदिष्यति।

(11) I told her BUT she did not listen. अहं तम् उक्तवान् ------ सः न श्रुतवान्।

(12) It is thin BUT strong. एतत् श्लक्ष्णं ------ दृढम् अस्ति।

(13) He does not like it, YET he is quiet. एतत् तस्मै न रोचते ------ सः किमपि न वदति।

(14) ALTHOUGH he did ask, I did not give it to him. ------ सः याचितवान् अहं तस्मै न दत्तवान्।

(15) THOUGH he did pay, he did not take the thing. ------ सः रूप्यकाणि दत्तवान् सः वस्तुं न नीतवान्।

(16) The milk was boiled IN ORDER THAT it may not get spoiled. दुग्धम् उष्णीकृतम् आसीत् ------ तत् न नश्येत्।

(17) AS SOON AS the door opened, the dog got out. ------ द्वारम् अपावृतं ------ कुकुरः बहिर्गतवान्।

(18) He walked slowly AS THOUGH he was a turtle. सः शनैःशनैः कूर्मः ---- चलति स्म।

(19) I do not trust you, FOR you are stupid. अहं त्वयि विश्वसं न करोमि ------ त्वं मूर्खः असि।

(20) I did not go there, BECAUSE I forgot. अहं तत्र न गतवान् ------ अहं विस्मृतवान्।

(21) WHEN your letter came, I was already gone. ------ भवतः पत्रम् आगतम् अहं गतवान् आसम्।

(22) My office is THERE, WHERE your old house was. मम कार्यालयः ------ अस्ति ------ तव पुरातनं गृहम् आसीत्।

(23) WHILE he was sick, I was there. ------ सः रुग्णः आसीत् ------ अहं ------ ------ आसम्।

(24) WHENEVER I win, he becomes happy. ------ ------ अहं जयामि सः आनन्दितः भवति।

(25) WHEREVER God is worshipped, only Krishna gets worshipped. ------ ------ ईश्वरः पूज्यते केवलं कृष्णः एव पूजितः भवति।

(26) Grapes were sweet, THEREFORE, I ate them. द्राक्षाः मधुराः आसन् ------ अहं ताः खादितवान्।

ANSWERS :

(1) आम्राणि एवं (2) पत्रं लेखनीं च। (3) क्रीणाति च विक्रीणाति च। (4) लेखनीं तथैव पत्रकम् (5) अथवा (6) बसयानेन कारयानेन वा। (7) न च अभद्रं न वा भद्रम्। (8) यत् (9) अन्यथा क्षुधितः तिष्ठतु। (10) अन्यथा। (11) परन्तु (12) परम् (13) तथापि। (14) यद्यपि सः याचितवान्। (15) यद्यपि सः (16) येन (17) यावत् - तावत् (18) कूर्मम् इव (19) यतः (20) यतः अहं (21) यदा (22) तत्र - यत्र (23) यावत् - तावत्, तत्र एव (24) यदा यदा (25) यत्र यत्र (26) तस्मात्।

LESSON 18

trim˜śah abhyāsah त्रिंशः अभ्यासः।

THE PREPOSITIONS

aupasargika-śabdāh औपसर्गिकशब्दाः।

The preposition (उपसर्गः *upasargah*) is an indeclinable word (*avyayam* अव्ययम्), having an independent meaning, prefixed to a verb (*kriyāpadam* क्रियापदम्) or its derivative (*sādhita-śabdah* साधित-शब्दः).

It can be seen that the 22 prepositional prefixes listed by Pāṇini and Varadāćārya do intensify, modify, alter, change or make no change in the sense of the root verb.

(1) *ati* (अति) over, beyond. (i) क्रमः a step, pace → अतिक्रमः aransgression. (ii) रिक्त empty → अतिरिक्त remaining.

(2) *adhi* (अधि) power, right. (i) कारः causer → अधिकारः the right, power. (ii) क्षिपः casting away → अधिक्षेपः censure.

(3) *anu* (अनु) along, after, behind; each, every. (i) कम्पः shaking, a tremor → अनुकम्पा compassion. (ii) √कृ to do → अनुकृतिः imitation.

(4) *antar* (अन्तर्) with interval, within, inner. (i) यामः restraint, control → अन्तर्यामः inner control. (ii) धानम् a seat → अन्तर्धानम् disappearance.

(5) *apa* (अप) away, away from. (i) शकुनम् a good omen → अपशकुनम् a bad omen. (ii) कारः doer, causer → अपकारः Harm.

(6) *api* (अपि) also; over, near, near to; indeed, also. (i) अयनम् entrance → अप्ययनम् junction, union. (ii) हितम् benefit → अपिहितम् openly, visibly.

(7) *abhi* (अभि) towards, near. (i) मुखम् mouth, face → अभिमुखम् In front of. (ii) मानः pride → अभिमानः ego, self-pride.

(8) *ava* (अव) away, off, down. (i) √स्था to stay → अवस्था condition, state. (ii) गुणः quality, character → अवगुणः a bad quality

(9) *ā* (आ) up to, towards, from, around; a little. (i) गमनम् going → आगमनम् coming. (ii) जन्म birth → आजन्म from the birth.

(10) prefixes *ut, ud* (उत्, उद्) over, superior, higher; facing. (i) √स्था to stay → उत्थानम् Getting up, rising. (ii) भवः Existence → उद्भवः Birth.

(11) *upa* (उप) secondary; towards, near to, by the side of. (i) √विश् to enter → उपविश to sit. (ii) √स्था to stay → उपस्थम् the middle part.

(12) *dur, dus*, (दुर्, दुस्) hard to do, difficult. (i) √लभ् to get, obtain → दुर्लभम् difficult to attain. (ii) बुद्धिः mind → दुर्बुद्धिः malignity, evil mind.

(13) *ni* (नि) in, into; great; opposed to, without. (i) बन्धः A bond, tie → निबन्धः an essay. (ii) दानम् a gift, giving → निदानम् a cause, diagnosis.

(14) *nir* (निर्) out of, away from, without, ▫less, un▫ eg▫ मलम् dirt → निर्मलम् a clean thing.

(15) *nis* (निस्) out of, away from, without, ▫less, un▫   eg▫ √चल् to move → निश्चलम् steady.

(16) *parā* (परा) away, back, opposed to.   (i) क्रमः a step, pace → पराक्रमः bravery. (ii) भवः existence → पराभवः Defeat.

(17) *pari* (परि) about, around. (i) भाषा language → परिभाषा definition. (ii) नाम name → परिणामः effect, result.

(18) *pra* (प्र) good, opposite, excess, progress.   (i) कृतिः action, doing → प्रकृतिः nature. (ii) वदनम् mouth → प्रवदनम् announcement.

(19) *prati* (प्रति) towards, back, in return, in opposition; each.   (i) √ज्ञा to know → प्रतिज्ञा vow. (ii) दिनम् day → प्रतिदिनम् every day.

(20) *vi* (वि) reverse of, apart, separate from.   (i) कृतिः action, doing → विकृतिः disorder. (ii) क्रमः a step → विक्रमः bravery.

(21) *sam* (सम्) together with, full, excellent.   (i) बन्धः A bond, tie → सम्बन्धः relationship. (ii) योगः union → संयोगः bondage.

(22) *su* (सु) very, good, well, easily   (i) रूपम् Form → सुरूपम् beauty. (ii) कृतम् done → सुकृतम् done well.

EXERCISE 46 : Find the prefixes in the following words :

(1) अतिसारः, अधिक्षेपः, अनुक्रमणम्, अनुचराः।

(2) अन्तर्यामी, अपहारः, उपहारः, अपकारः, उपकारः।

(3) अपिधानम्, अभिरुचिः, अभिरामः, अवमानः।

(4) अवतारः, अवसादः, आकाशः, आकारः, उद्यमः, उत्सर्गः।

(5) उद्गमः, उपस्थानम्, उपगमः, दुराचारः, दुस्सहः।

(6) निकेतम्, निश्चयः, निर्दोषः।

(7) पराजयः, प्रतिकारः, प्रतिबिम्बम्।   (8) विक्रयः, विशेषः, विकारः।

(9) संस्कारः, सङ्गमः, सुभाषितम्, सुकृतम्।

ANSWERS : (1) अति, अधि, अनु, अनु। (2) अन्तर्, अप, उप, अप, उप। (3) अपि, अभि, अभि, अव। (4) अव, अव, आ, आ, उद्, उत्। (5) उद्, उप, उप, दुर्. दुस्। (6) नि, निस्, निर्। (7) परा, प्रति, प्रति। (8) वि, वि, वि। (9) सम्, सम्, सु, सु।

EXERCISE 47 : Identify the prefixes in the following words:

सुशिक्षितः प्रहारः संहारः विहारः आहारः **उद्योगः** आभासः अपघातः सन्तोषः प्रचारः अनुचरः पराक्रमम् प्रबलम् प्रख्यातः दुश्चरित्रम् विशेषम् उत्कर्षः अभिलाषा उत्कण्ठा उत्तमम् अटला अधोगतिः विमल अमृतम् प्रत्युपकारः उपसर्गः अतीव अतीतः आघातः दुर्दैवम् दुर्गतिः दुरुपयोगः दुस्तरम् परित्राणम् परिच्छेदः विक्षेपः विपरीतम् व्यवस्थिता वियोगः आचरणम् अभेद्यम् आजीवनम् अहिंसा समाचरत् अनुभवः प्रतिजानामि प्रतिगच्छति उपसङ्गम्य प्राप्स्यसि अवाप्स्यसि विरमति विसरति परिहारः अनुवर्तते उपपदम् विस्मृतिः

ANSWERS : सु, प्र, सम्, वि, आ, उद्, आ, अप, सम्, प्र, अनु, परा, प्र, प्र, दुस्, वि, उत्, अभि, उत्, उत्, अ, अ, वि, अ, प्रति, उप, अति, अति, आ, दुर्, दुर्, दुर्, दुस्, परि, परि, वि, वि, वि, वि, आ, अ, आ, अ, सम्, अनु, प्रति, प्रति, उप, प्र, अव, वि, वि, परि, अनु, उप, वि

WHAT WE LEARNED SO FAR

EXERCISE 48 :

Following sentences are in various tenses, moods and cases. Translate the English sentences into Sanskrit. The √Root Verbs are shown in brackets. For your help, the Answers are given in *italized transliteration* and in Devanāgarī (देवनागरी) Sanskrit.

(1) Rāma writes letters. *Rāmh patrāṇi likhati (√likh).* रामः पत्राणि लिखति। Rāma wrote letters. *Rāmh patrāṇi alikhat/likhitavān.* रामः पत्राणि अलिखत्/लिखितवान्।

(2) The ants are walking. *pipīlikāh ćalanti (√ćal).* पिपीलिकाः चलन्ति (चलन्त्यः सन्ति)।

(3) She will eat apples. *sā ātāphalāni/sevāni khādiṣyati (√khā).* सा आताफलानि/सेवानि खादिष्यति।

(4) They worshiped Krishna. *te kriṣnam ārćan/arćitavantah. (√arć).* ते कृष्णम् आर्चन्/अर्चितवन्तः।

(5) Rītā was throwing a ball. *Rītā kandukam˜ kṣipati sma (√kṣip).* रीता कन्दुकं क्षिपति स्म।

(6) The cart is brought by Viśāl. *Viśālena yānam ānītam˜ (ā√nī).* विशालेन यानम् आनीतम्।

(7) Yes, Rānī will cut the beans. *ām! Ranī simbāh kartiṣyati.* आम्! रानी सिम्बाः कर्तिष्यति।

(8) The bears run <u>freely</u> in the forest. *bhallāh/bhallukāh vane svairam˜ dhāvanti (√dhāv).* भल्लाः/भल्लुकाः वने <u>स्वैरं</u> धावन्ति। (स्वैरम् = freely)

(9) They must not kill the dog. *taih kukkurah/bhaṣakah/śunakah/śvānah na hantavyah (√han).* तैः कुक्कुरः/भषकः/शुनकः/श्वनः न हन्तव्यः।

(10) He may steal the money. *kadāćit sah mudrāh/dhanam˜ ćorayet (√ćur).* कदाचित् सः मुद्राः/धनं चोरयेत्।

(11) The black bird flew to the nest. *krṣṇah khagah/ćaṭakah/pakṣī/vihańgah nīďam aďayata (√ďī).* कृष्णः खगः/चटकः/पक्षी/विहङ्गः नीडम् अडयत।

(12) The barber works in his shop. *nāpitah tasya āpaṇe/kartanālaye kāryam˜ karoti (karma√kṛ).* नापितः तस्य आपणे/कर्तनालये कार्यं करोति।

(13) Gopāl will come here to wash his hands. *Gopālah tasya hastau kṣālayitum atra āgamiṣyati (√kṣal).* गोपालः तस्य हस्तौ क्षालयितुम् अत्र आगमिष्यति।

(14) Ramesh should burn the dry grass in the fields. *Rameshah kṣetreṣu śuṣkam˜ ghāsam˜ dahet (√dah).* रमेशः क्षेत्रेषु शुष्कं घासं दहेत्।

(15) The cocoanut should not fall from the tree on your head. *nārikelah vṛkṣāt bhavatah śirasi na patet (√pat).* नारिकेलः वृक्षात् भवतः शिरसि न पतेत्।

(16) When the time comes you will not stay here. *yadā samayah āgamiṣyati/bhaviṣyati bhavān atra na sthāsyati (ā√gam, √bhū).* यदा समयः आगमिष्यति/भविष्यति भवान् अत्र न स्थास्यति।

(17) The animals should roam <u>freely</u>. *jantavah/jīvāh/prāṇinah/paśavah svećchayā (yathā ićchā asti tatha) aṭantu (√aṭ).* जन्तवः/जीवाः/प्राणिनः/पशवः <u>स्वेच्छया</u> (यथा इच्छा अस्ति तथा) अटन्तु।

(18) You all should read that book. *bhavantah tat pustakam˜ paṭhantu (√paṭh).* भवन्तः तत् पुस्तकं पठन्तु।

(19) The baby will cry. *bālakah/śisuh krandiṣyati (√krand).* बालकः/शिशुः क्रन्दिष्यति।

(20) The girl played. *bālikā/bālā akhelat/akrīḍ'at (√khel, √krīḍ').* बालिका/बाला अखेलत्/अक्रीडत्। The girls played. *bālikāh/bālāh akhelan/akrīḍ'an (√khel, }krīḍ').* बालिकाः/बालाः अखेलन्/अक्रीडन्।

(21) Sītā is not cooking bread/breads. *Sītā roṭikām˜/roṭikāh na paćati (√pać).* सीता रोटिकां/रोटिकाः न पचति।

(22) The honey-bee bites. *madhu-makṣikā dam˜śayate (√dam˜ś).* मधुमक्षिका दंशयते। The honey-bee will bite. *madhu-makṣikā dam˜śyiṣyate (√dam˜ś).* मधुमक्षिका दंशयिष्यते।

(23) We should give charity. *vayam˜ dānam˜ kuryāma (√kṛ).* वयं दानं कुर्याम।

(24) Blood rushes to the heart. *rudhiram˜ hṛdayam˜ prati dhāvati (√dhāv).* रुधिरं हृदयं प्रति धावति।

(25) The blood flows in the veins. *raktam˜/rudhiram˜/śoṇitam˜/lohitam˜ nāḍ'īṣu pravahati (pra√vah).* रक्तं/रुधिरं/शोणितं/लोहितं नाडीषु प्रवहति।

(26) Two boats are floating on the water. *dve jalayāne/nāvau/nauke jale taratah. (√tr).* द्वे जलयाने/नावौ/नौके जले तरतः।

(27) Does Sonia bring the box? *Sonia peṭikām˜/samudrakam˜/mañ~juṣām ānayati vā? (ā√ni).* सोनीया पेटिकाम्/समुद्रकम्/मञ्जूषाम् आनयति वा।

(28) Are you buying a brecelet from the market? *api/kim˜ bhavān āpaṇāt valayam˜/kaṅkaṇam˜ krīṇāti? (√kr)* अपि/किं भवान् वलयं/कङ्कणम् आपणात् क्रीणाति?

(29) Ramesh is going to the building belonging to Govind. *Rameshah Govindasya bhavanam˜ gaććhati (√gam).* रमेशः गोविन्दस्य भवनं गच्छति।

(30) Rādhā makes butter from milk. *Rādhā dhgdhāt navanītam˜/ghṛtam˜ sādhayati (√sādh).* राधा दुग्धात् नवनीतं/घृतं साधयति।

(31) Rājā cooked Cauliflower yesterday and tomorrow he may cook Okras. *Rājā hyah gojihvam apaćat śvah ća sah bhiṇḍ'akān paćet (√pać).* राजा ह्यः गोजिह्वाम् अपचत् श्वः च सः भिण्डकान् पचेत्।

(32) The camels are drinking water from the pond. *ūṣṭrāh jalam˜/udakam˜/nīram˜/toyam˜ jalāśayāt pibatni (√pā).* ऊष्ट्राः जलं/उदकं/नीरं/तोयं जलाशयात् पिबन्ति (पिबन् सन्ति)।

(33) When I went to Mālā's home, she was sewing a shirt for her mother. *Yadā aham˜ Mālāyah gṛham˜ gatavān tadā sā tasyāh matre ekam˜ ćolam˜/nićulam˜/yutakam˜ sīvyati sma (√siv).* यदा अहं मालायाः गृहं गतवान् तदा सा तस्याः मात्रे एकं चोलं/निचुलं/युतकं सीव्यति स्म।

(35) One day she drove a car from Bombay (Mumbāpurī, Mumbaī) to Nagpur. *ekadā sā Mumbāpurītah Nagpura-paryantam˜ cārayānam aćālayat (√ćāl).* एकदा सा मुम्बापुरीतः नागपुर-पर्यन्तं कारयानम् अचालयत्।

(36) That car is painted by John. *tat car-yānam˜ Johnena raṅgaliptam asti (raṅga√lip).* तत् कारयानं जाâनेन रङ्गलिप्तम् अस्ति।

(37) Rekhā counted Rupees/Dollars quickly. *Rekhā rūpyakāṇi śīghram agaṇayat/gaṇitavatī (√gaṇ).* रेखा रूप्यकाणि/डालरान् शीघ्रम् अगणयत्/गणितवती।

(38) She will eat chick-peas with a roṭī. *sah rotyā saha chaṇakān bhakṣayiṣyati/khādiṣyati (√bhakṣ).* सः रोट्या सह चणकान् भक्षयिष्यति/खादिष्यति।

(39) Sunītā will dry Chillies in the sun. *Sunītā marīćān ātape śuṣkī-kariṣyati (śuṣki√kṛ).* सुनीता मरीचान् आतपे शुष्कीकरिष्यति। Chillies will dry in the sun. *marīćāni ātape śokṣyanti (√śuṣ).*

मरीचानि आतपे शोक्ष्यन्ति।

(40) Ajīt gives a comb to Rādhā. *Ajītah prasādhanīm˜/kaṅkatikām˜ Rādhāyai dadāti (√dā).* अजीतः कङ्कतिकां/प्रसाधनीं राधायै ददाति।

(41) We cooked rice but did not eat it. *vayam odanam apaćāma param˜ na akhādama/khaditavantah (√pać, √khād).* वयम् ओदनम्/भक्तम् अपचाम परं न अखादम/खादितवन्तः।

(42) The crow is dead. *kākah/vāyasah mrtah asti (√mṛ).* काकः/वायसः मृतः अस्ति। The dead crow. *mṛtah kākah/vāyasah (√mṛ).* मृतः काकः/वायसः।

(42) The dancing peacock <u>sings</u>. *nṛtyan mayūrah gāyati (√nṛt; √gā).* नृत्यन् मयूरः <u>गायति</u>।

(43) Child sleeps with his mother. *bālakah matrā saha svapiti (√svap).* बालकः मात्रा सह स्वपिति।

(44) The devotees worship Krishna. *bhaktāh kṛṣṇam˜ pūjayanti (√pūj).* भक्ताः कृष्णं पूजयन्ति। The devotees were worshiping Krishna. *bhaktāh kṛṣṇam˜ pūjayanti sma.* भक्ताः कृष्णं पूजयन्ति स्म।

(45) The trees in the forest do not fall with wind. *vaneṣu vrkṣāh/taravah/drumāh/pādapāh vāyunā na patatni (√pat).* वनेषु वृक्षाः/तरवः/द्रुमाः/पादपाः वायुना न पतन्ति।

(46) The wind blows the leaves. *anilah/marut/vātah/vāyuh/pavanah parṇāni vahati (√vah).* अनिलः/मरुत्/वातः/वायुः/पवनः पर्णानि वहति।

(47) The corn grows in the fields of the farmers. *kiṇah/śasyam˜ krṣakānām˜ kṣetreṣu sphuṭati (√sphut).* किणः/शस्यं कृषकानां क्षेत्रेषु स्फ/टति।

(48) The red and yellow flowers bloom in that garden. *tasmin udyāne raktāni pītāni ća puṣpāṇi vikasanti (√vikas).* तस्मिन् उद्याने रक्तानि पीतानि च पुष्पाणि विकसन्ति।

(48) All cows give white milk (√dā). *sarvāh dhenavah/gāvah śvetam˜ dugdham˜/kṣīram˜/payah dadati.* सर्वाः धेनवः/गावः श्वेतं दुग्धं/क्षीरं/पयः ददति।

(49) She did not win the cup. *sā ćaṣakam˜ na vijitavatī (vi√ji).* सा चषकं न अजयत्/विजितवती।

(50) Simā was riding Sītā's bicycle. *Sīmā Sītāyāh dvi-ćakrikām ārohati sma (ā√ruh).* सीमा सीतायाः द्विचक्रिकाम् आरोहति स्म।

(51) The deers jump while running. *mrgāh dhāvantah utpatatni (ud√pat).* मृगाः धावन्तः उत्पतन्ति।

(52) She wants gold for her mother. *sā tasyāh mātre kanakam/kāñćanam/bharma/ suvarṇam/svarṇam/hema iććhati/vāñćhati/kāṅkṣati (√iććh, √vāñćh, √kāṅkṣ).* सा तस्याः मात्रे कनकम्/काञ्चनम्/भर्म/सुवर्णम्/स्वर्णम्/हेम इच्छति/वाञ्छति/कांक्षति।

(53) Cows suffer in the hot sun. *dhenavah uṣṇe ātape khidyante (√khid).* धेनवः उष्णे आतपे खिद्यन्ते।

(54) The doors will close at seven O'Clock. *dvārāṇi sapta vādane sam˜vartsyante (sam√vrt).* द्वाराणि सप्तवादने संवर्त्स्यन्ते।

(55) Rīnā drinks tea in the morning and evening. *Rīnā uṣā/prage sāyam˜ ća ćāyapānam˜ karoti (√pā).* रीना उषा/प्रगे सायं च चायपानं करोति।

(56) The ducks and swans swim in the lake. *kadambāh ham˜sāh ća taḋāge/sarovare taranti/plavante (√tṛ', √plu).* कदम्बाः हंसाः च तडागे/सरोवरे तरन्ति/प्लवन्ते।

(57) Eagles soar in the sky to look for mice on the ground. *bhūmau mūṣakān draṣṭum˜ garuḋāh ākāśe uddīyante (ud√dī).* भूमौ मूषकान् द्रष्टुं गरुडाः आकाशे उड्डीयन्ते।

(58) I will buy diamonds for you. *aham˜ tubhyam˜ ratnāni/hīrakāh kreṣyāmi (√krī).* अहं तुभ्यं

रत्नानि/हीरकाः →क्रेष्यामि। I bought diamonds for you all. *aham˜ yuṣmabhyam˜ ratnāni/hīrakān akrīṇām/krītavān (√krī).* अहं युष्मभ्यं रत्नानि/हीरकान् अक्रीणाम्/क्रीतवान्।

(59) She brings Sanskrit dictionary from the library. *sā pustakālayāt Sam˜skṛta-shabda-kośam ānayati (ā√ni).* सा पुस्तकालयात् संस्कृतशब्दकोशम् आनयति।

(60) A father should teach Sanskrit to his son. *pitā/janakah/tātah putram˜ Sam˜skṛtam adhyāpayet (adhi√i).* पिता/जनकः/तातः पुत्रं संस्कृतम् अध्यापयेत्।

(61) Fire burnt a house on the farm. *agnih/analah/pāvakah kṣetre ekam˜ gṛham adahat/dagdhavān (√dah).* अग्निः/अनलः/पावकः क्षेत्रे एकं गृहम् अदहत्/दग्धवान्।

(62) Having seen a fish the boy cried. *jhaṣam˜/matsyam˜/mīnam˜ dṛṣṭvā bālakah arodīt/ruditavān (√dṛś, √rud)* झषं/मत्स्यं/मीनं दृष्ट्वा बालकः अरोदीत्/रुदितवान्।

(63) The hen lays eggs. *kukkuṭī aṇḋāni sūyate (√sū).* कुक्कुटी अण्डानि सूयते।

(64) The earth turns day and night. *bhūh/bhūmih/pṛthvī/pṛthivī/mahī/dharā/dharaṇī/medinī ahorātram˜ parivartate (pari√vṛt).* भूः/भूमिः/पृथ्वी/पृथिवी/मही/धरा/धरणी/मेदिनी अहोरात्रं परिवर्तते।

(65) Ranī orders food. *Rānī annam/aśanam/khādyam/khādanam/bhaktam/ bhakṣaṇam/ bhakṣyam/ bhojanam/ āhāram ājñāpayati (ā√jñā).* रानी अन्नम्/अशनम्/खाद्यम्/खादनम्/भक्तम्/ भक्षणम्/भक्ष्यम्/भोजनम्/आहारम् आज्ञापयति।

(66) The elephant picked the wood for cutting. *gajah kāṣṭham˜ ćhettum auddharat/udhṛtavān (√ćhid, ud√dhr).* गजः छेत्तुं काष्ठम् औद्धरत्/उद्धृतवान्।

(67) Rāma said. *Rāmah abhaṇat/agadat/uvāća = bhaṇitavān/gaditavān/uktavān (√vać, √bhaṇ, √gad, √brū).* रामः अभणत्/अगदत्/उवाच = भणितवान्/गदितवान्/उक्तवान् ।

(68) Monīkā wanted to send the books. *Monīkā pustakāni sampreṣayitum iććhati sma (sam√preṣ).* मोनीका पुस्तकानि सम्प्रेषयितुम् इच्छति स्म।

(69) Mīnā writes letters in Hindī. *Mīnā hindyām˜ patrāṇi likhati (√likh).* मीना हिन्द्यां पत्राणि लिखति।

(70) They went to forest for hunting. *te mṛgayām˜ kartum˜ vane/kānane/vipine agaććan/gatavantah (mṛgayā√kṛ).* ते मृगयां कर्तुं वने/कानने/विपिने अगच्छन्/गतवन्तः।

(71) The friend loves friend. *mitram˜/bandhuh/suhṛd/sakhā/sakhī mitram˜/bandhum˜/ suhṛdam˜/sakhāyam˜/sakhīm˜ snihyati (√snih).* मित्रं/बन्धुः/सुहृद्/सखा/सखी मित्रं/बन्धुं/सुहृदं/ सखायं/ सखीं स्निह्यति।

(72) We will go to Mathurā for Diwālī-festival. *vayam˜ dīpāvalī-utsavāya Mathurām˜ gaććhāmah (√gam).* वयं दीपावली-उत्सवाय मथुरां गच्छामः।

(73) The frog catches the flies with his tongue. *maṇḋūkah/dardurah jihvayā makṣikāh gṛhṇāti (√grah).* मण्डूकः/दर्दुरः जिह्वया मक्षिकाः गृह्णाति।

(74) The fruits are ripe. *phalāni paripakvāṇi santi (pari√pać).* फलानि परिपक्वाणि सन्ति।

(75) The garlic stinks. *laśuṇam˜ durgandham˜ janayati (√kṛ).* लशुनं दुर्गन्धं जनयति।

(76) The goats eat almost anything. *ajāh īṣadapi/stokamapi adanti/khādanti (√ad).* अजाः ईषदपि/स्तोकमपि अदन्ति/खादन्ति।

(77) Tūlikā thinks very properly. *Tūlikā atīva suṣṭhu/samyak/bāḋham˜ ćintayati (√ćint).* तूलिका अतीव सुष्ठु/सम्यक्/बाढं चिन्तयति।

(78) Sunīl deserves a prize. *Sunīlah pāritoṣakam arhati (√arh).* सुनीलः पारितोषकम् अर्हति।

(79) God exists everywhere. *Devah/īśvarah sarvatra asti (√as).* देवः/भगवान्/ईश्वरः सर्वत्र अस्ति।

(80) Oil is a fuel. *tailam indhanam/edhah asti (√as).* तैलम् इन्धनम्/एधः अस्ति।

(81) Are you jealous of me. *bhavān mām īrṣyati vā (√īrṣ).* भवान् माम् ईर्ष्य|ति वा?

(82) She is getting angry with you. *sā tubhyam˜ kupyati/krudhyati (√kup, √krudh).* सा तुभ्यं कुप्यति/→/ध्यति।

(83) She digs the field and sows the seeds. *sā kṣetram˜ khanati bijāni ća vapati (√khan, √vap).* सा क्षेत्रं खनति बीजानि च वपति।

(84) The clouds that thunder do not rain. *ye meghāh garjanti te na varṣanti (√garj, √varṣ).* ये मेघाः गर्जन्ति ते न वर्षन्ति।

(85) Having listened the tape, he sings songs. *dhvani-mudrikām˜ śrutvā sah gItāni gāyati (√gai).* ध्वनिमुद्रिकां श्र\त्वा सः गीतानि गायति।

(86) She is walking alone. *sā ekākinī ćalantī asti (√ćal).* सा एकाकिनी चलन्ती अस्ति।

(87) The hare will eat grass and leaves. *śaśakah tṛṇam˜/ghāsam˜ parṇāni ća khādiṣyati (√khād).* शशकः तृणं/घासं पर्णानि च खादिष्यति।

(88) The hermit worships Goddess Kālī. *tāpasah/tapasvī/munih/yatih kālyai devyai arćati (√tap).* तापसः/तपस्वी/मुनिः/यतिः काल्यै देव्यै अर्चति।

(89) Having seen a toy the granddaughter became happy. *krīd'anakam˜ dṛṣṭvā pautrī ahṛṣyat/hṛṣṭavatī (√tuṣ).* क्रीडनकं दृष्ट्वा पौत्री अहृष्यत्/हृष्टवती।

(90) Those grapes were sweeter than the plums. *tāh drākṣāh badarebhyah miṣṭāh āsan (√as).* ताः द्राक्षाः बदरेभ्यः मिष्टाः आसन्।

(91) The horse is taller than the cow. *aśvah/turańgah/hayah goh/dhenoh uććatarah asti (√as).* अश्वः/तुरङ्गः/हयः गोः/धेनोः उच्चतरः अस्ति।

(92) The devotee sings hymns for Lord Rāma. *bhaktah Rāmāya/devāya ślokāh gāyati (√gai).* भक्तः रामाय/देवाय श्लोकाः गायति।

(93) The insects ate all the fruits. *kīṭāh/krmayah sarvāṇi phalāni akhādan/khāditavantah (√khād).* कीटाः/कृमयः फलानि अखादन्/खादितवन्तः।

(94) The sun shines in the world. *sūryasya ālokah/prakāśah/bhā/ābhā/prabhā sarvasmin viśve ćakāsti (√ćakās).* सूर्यस्य आलोकः/प्रकाशः/भा/आभा/प्रभा सर्वस्मिन् विश्वे चकास्ति।

(95) The lion hunts animals. *sim˜hah mṛgayate (√mṛg).* सिंहः/केसरी मृगयते।

(96) The lotus looks beautiful in the water. *kamalam˜/padmam˜/aravindam˜/pańkajam˜ jale śobhate (√śobh).* कमलं/पद्मं/अरविन्दं/पङ्कजं जले शोभते।

(97) The ripe mango falls. *pakvam amraphalm˜ patati (√pat).* पक्वम् आम्रफलं पतति।

(98) The monkey jumps from tree to tree. *kapih/markaṭah/vānarah vṛkṣāt vṛkṣam˜ plavate (√plu).* कपिः/मर्कटः/वानरः वृक्षात् वृक्षं प्लवते।

(99) The mouse is eaten by a cat. *mūṣakah bid'ālena khaditah (√khād).* मूषकः बिडालेन खादितः।

The cat ate the mouse. *bid'ālah mūṣakam˜ khāditavān √khād).* बिडालः मूषकम् अखादत्/खादितवान्।

(100) The heart pumps the blood. *hrdayam˜ raktam uttulayati (ud√tul).* हृदयं रक्तम् उत्तुलयति।

LESSON 19

CONVERSATIONS

vārtālāpah वार्तालापाः।

1. Hello! नमस्ते! नमस्कारः! स्वस्ति! जयराम! सीताराम! साईराम! हरि ओम्! *namaste! namaskārah! jayarāma! sītārām! sāīrām! hari om!*

2. Good monring. सुप्रभातम्। *suprabhātam!*

3. Good night शुभरात्रिः *śubha-rātrih!*

4. How are you? भवान् कथम् अस्ति? त्वं कथमसि? *bhavān katham asti? tvam˜ kathamasi?*

5. Is everything ok? सर्वं कुशलं वा? *sarvam˜ kuśalam˜ vā?* Yes. *ām* आम्।

6. Sir! How are you? आर्य! भवान् कथमस्ति? *ārya! bhāvān kathamasti?*

7. Madam! How are you? आर्ये! भवती कथमस्ति? *ārye bhavatī kathamasti?*

8. Are you well (m▫)? *kuśalī vā?* (f▫) *kuśalinī vā* कुशली वा? कुशलिनी वा?

9. Welcome. *svāgatam* स्वागतम्।

10. You are welcome स्वागतं ते/भवतः/भवत्याः। *svāgatam˜ (m▫f▫) te / (m▫) bhavath / (f▫) bhavatyāh.*

11, Please come in. कृपया अभ्यन्तरम् आगच्छतु। अन्तः आस्यताम्।
krpayā abhyantaram āgaććhatu. antah āsyatām.

12. Have a seat. उपविशतु। *upaviśatu.*

13. Where should I sit? कुत्र उपविशानि? *kutra upaviśāni?*

14. Sit wherever you wish. यत्र भवान् इच्छति तत्र उपविशतु। *yatra bhavān iććhati tatra upaviśatu.*

15. Who is he (this person)? एषः कः? *eśah kah?* अत्रभवान् कः? *atrabhavān kah?*

16. Who is she (this lady)? एषा का? *eśā kā?* अत्रभवती का? *atrabhavatī kā?*

17. What is the news? कः समाचारः? का वार्ता? किं वृत्तम्? *kah samāćārah? kā vātrā? kim˜ vṛttam?*

18. I hope you are well. (m▫f▫) अपि नाम भवान्/भवती कुशली/कुशलिनी अस्ति। *api nāma bhavān/bhavatī kuśalī/kuśalinī asti.*

19. Is everything ok at home? गृहे सर्वं कुशलं वा। *gṛhe sarvam˜ kuśalam˜ vā?*

20. Are you not well? (m▫f▫) अपि भवान्/भवती न स्वस्थः/स्वस्था?
api bhavān/bhavatī na svasthah/svasthā?

21. Yes. I am alright. आम्। अहं कुशली/कुशलिनी। मम सर्वं सम्यक् अस्ति।
ām. aham˜ kuśalī/kuśalinī. mama sarvam˜ samyak asti.

22. Thank you very much. बहुशः धन्यवादाः। *bahuśah dhanyavādāh.*

23. Best wishes for the New Year. नववर्षस्य शुभेच्छाः। *nava-varṣasya śubheććhāh.*

24. See! I brought something special for you.
पश्य! मया त्वदर्थं/भवते किमपि विशेषम् आनीतम्। अहं ते किमपि विशिष्टम् आनीतवान्।
paśya mayā tvadartham˜/bhavate kimapi ānītam. aham˜ te kim/api viśiṣṭam ānītavān.

25. Is it really? एवम्? *evam?* एवम् वा? *evam˜ vā?*

26. Very good. साधु साधु। *sādhu sādhu!*

27. It is really nice, Sir! Madam!. इदं शोभनं खलु श्रीमन्! श्रीमति! *idam˜ śobhanam˜ khalu, śrīman! śrīmati!.*

28. I am grateful. (m▫f▫) अहम् उपकृतः/उपकृता अस्मि। *aham upakṛtah/upakṛtā asmi.*

29. Congratulations. अभिनन्दनम्। *abhinandanam.*

30. Friend! What is your name? (m▫f▫) मित्र! तव/भवतः/भवत्याः नाम किम्? *mitra! tava/bhavatah/bhavatyāh nāma kim?*

31. Sir! what is your name? आर्य/महोदय/भगवन्! भवतः शुभनाम/नामधेयं किम्? *ārya/mahodaya/bhagavan! bhavatah śubhanāma/nāmadheyam˜ kim?*

32. Madam! What is your name? आर्ये/महोदये/भगवति! भवत्याः शुभनाम/नामधेयं किम्? *ārye/mahaedye/bhagavati! bhavatyāh śubhanāma/nāmadheyam˜ kim?*

33. My name is Rāma. मम नाम रामः अस्ति। *mama nāma Rāmah asti.*

34. My name is Sītā. मम नाम सीता अस्ति। *mama nāma Sītā asti.*

35. Where do you live? क्व निवससि त्वम्। क्व निवसति भवान्/भवती। कुत्र विद्यते तव (भवतः भवत्याः) निवासः? *kva nivasasi tvam? kva nivasati bhavān? kutra vidyate tava (bhavatah/bhavatyāh) nivasah?*

36. I live near Modern High School. अहं नूतनविद्यालयस्य निकटे/समीपे निवसामि। *aham˜ nūtana-vidyālayasya nikaṭe/samīpe nivasāmi.*

37. I live in Kingston. अहं किंग्स्टन-नगरे निवसामि। *aham˜ Kingston nagare nivasāmi.*

38. I live in Downtown. अहम् अधःशहरे निवसामि। *aham adhah-śahare nivasāmi.*

39. How far is it from here? इतः कियत् दूरम् अस्ति? *itah kiyat dūram asti?*

40. Not far away. नाति दूरम्। समीपे एव। *nāti dūram. samīpe eva.*

41. It may be about 4 miles from here. इतः प्रायेण क्रोशद्वयं स्यात्। *itah prāyeṇa krośa-dvayam˜ syāt.*

42. By car it takes only ten minutes. कारयानेन मात्रं दशक्षणानां मार्गः। *cāra-yānena mātram˜ daśa-kṣaṇānām˜ mārgah.*

43. What do you do? त्वं किम् उद्योगं करोषि? भवान्/भवती किम् उद्योगं करोति? *tvam˜ kim udyogam˜ karoṣi? bhavān/bhavatī kim udyogam˜ karoti?*

44. I am a teacher in a high school. अहं महाविद्यालये अध्यापकः/अध्यापिका अस्मि। *aham˜ mahāvidyālaye adhyāpakah/adhyāpikā asmi.*

45. What do you teach there? भवान्/भवती तत्र किम् अध्यापयति? *bhavān/bhavatī tatra kim adhyāpayati?*

46. I teach Hindī there. तत्र अहं हिन्दीम् अध्यापयामि। *tarta aham˜ Hindīm adhyāpayāmi?*

47. Don't you teach Sanskrit also? किं भवान् संस्कृतम् अपि न अध्यापयति? *kim˜ bhavān sam˜skṛtam api na adhyāpayati?*

48. No! I don’t teach Sanskrit there, but at my home I teach Sanskrit to some students.
नहि। अहं तत्र संस्कृतं न अध्यापयामि परं मम गृहे एव कतिपय छात्रान् संस्कृतम् अध्यापयामि।
nahi! aham˜ tatra sam˜skṛtam˜ na adhyāpayāmi, param˜ mama gṛhe eva katipaya ćhātrān sam˜skṛtam adhyāpayāmi.

49. Do you like teaching Sanskrit? भवते/भवत्यै संस्कृताध्यापनं रोचते वा? *bhavate/bhavatyai sam˜skrta-adhyāpanam˜ roćate vā?*

50. Yes. I like Sanskrit very much. आम्। मह्यं संस्कृतम् अतीव रोचते।
ām! mahyam˜ sam˜skṛtam atīva roćate.

51. Why so? किमर्थम् इति? *kimartham iti?*

52. Because, of all languages, Sanskrit language is the most poetic, sweetest and the best.
यतः सर्वासु भाषासु संस्कृतभाषा काव्यमयी मधुरा मुख्या च अस्ति। *yatah sarvāsu bhāṣāsu sam˜skrta-bhāṣā kāvya-mayī, madhurā mukhyā ća asti.*

53. What do you want? तव/भवतः/भवत्याः किम् आवश्यकम्? *tava/bhavatah/bhavatyāh kim āvaśyakam?*

54. What does he/she want? तस्य/तस्याः किम् आवश्यकम्? *tasya/tasyāh kim āvaśyakam?*

55. What is he doing? सः किं करोति? सः किं कुर्वन् अस्ति? *sah kim˜ karoti? sah kim˜ kurvan asti?*

56. What for? किं कारणम्? केन हेतुना? किमर्थं? *kim˜ kāraṇam? kena hetunā? kimartham?*

57. What did you say? (m▫f▫) त्वं/भवान्/भवती किम् उक्तवान्/उक्तवती?
tvam˜/bhavān/bhavatī kim uktavān/uktavatī?

58. What do you mean? (m▫f▫) तव/भवतः/भवत्याः कथनस्य आशयः कः अस्ति?
tava/bhavatah/bhavatyāh kathanasya āśayah kah asti?

59. What do you desire? त्वं किं चिकीर्षसि? भवान्/भवती किं चिकीर्षति?
bhavān/bhavatī kim˜ ćikīrṣati?

60. What should you do? भवान्/भवती किं कर्तुम् अर्हति? *bhavān/bhavatī kim˜ kartum arhati?*
भवता/भवत्या किं करणीयम्? *bhavatā/bhavatyā kim˜ karaṇīyam?*
भवान्/भवती किं कुर्यात्? *bhavān/bhavatī kim˜ kutyāt?*

61. What will you do? भवान्/भवती किं करिष्यति? *bhavān/bhavatī kim˜ kariṣyati?*

62. What happened? किं जातम्? किम् अभवत्? *kim˜ jātam? kim abhavat?*

63. Nothing. न किमपि। *na kimapi.*

64. What more? किंबहुना? *kim˜bahunā?*

65. Why are you quiet? (m▫f▫) त्वं/भवान्/भवती तूष्णीं किमर्थं? *tvam˜/bhavān/bhavatī tūṣṇīm˜ kimartham?*

66. Why don't you keep quiet? भवान् तूष्णीं किमर्थं न तिष्ठति? *bhavān tūṣṇīm˜ kimartham˜ na tiṣṭhati?*

67. Why don't you speak? भवान् किंकारणं न वदति? *bhavān kiṅkāraṇam˜ na vadati?*

68. Why did you not answer? त्वया/भवता/भवत्या प्रत्युत्तरं केन हेतुना न दत्तम्?
tvayā/bhavatā/bhavatyā pratyuttaram˜ kena hetunā na dattam?

69. Why should I go there? अहं तत्र किन्निमित्तं गच्छेयम्? *mayā tatra kinnimittam˜ gaććheyam?*
मया तत्र किंकारणं गन्तव्यम्? *mayā tatra kiṅkāraṇam˜ gantavyam?*

70. Why should he/she not go there? तेन/तया तत्र किं हेतुना न गन्तव्यम्/गमनीयम्/गम्यम्?
tena/tayā tatra kim˜ hetunā na gantavyam˜/gamanīyam˜/gamyam?

71. Why may it happen? एतत् कस्मात्/कथं भवेत्? *etat kasmāt/katham˜ bhavet?*

72. Why may it not happen? एतत् कस्मान्न भवेत्? एतत् कुतः न भवेत्? *etat kasmānna bhavet? etat kutah na bhavet?*

73. When will he/she come? सः/सा कदा आगमिष्यति? *sah/sā kadā āgamiṣyati?*

74. When you will give him permission, then only he/she will come here.
यदा भवान्/भवती तस्मै अनुमतिं दास्यति तदा एव सः/सा अत्र आगमिष्यति।
yadā bhavān/bhavatī tasmai anumatim~ dāsyati tadā eva sah/sā atra āgamiṣyati.

75. Whenever he comes, I become very happy. यदा यदा हि सः आगच्छति, अहम् अतीव हृष्यामि।
yadā yadā hi sah āgaććhati, aham atīva hṛṣyāmi.

76. Where are you? त्वं कुत्र असि? भवान्/भवती कुत्र अस्ति?
tvam~ kutra asi? bhavān/bhavatī kutra asti?

77. Where are you coming from? भवान्/भवती कुतः आगच्छति? *bhavān/bhavatī kutah āgaććhati?*

78. Wherever there is light there is shadow. यत्र कुत्रापि प्रकाशः अस्ति तत्रैव छाया अपि भवति।
yatra kutrāpi prakāśah asti tatraiva ćhāyā api bhavati.

79. Whenever you come, we feel happy. यदा कदाचित् भवान्/भवती आगच्छति वयं हृष्यामः।
yadā kadāćit bhavān/bhavatī āgaććhati vayam~ hṛṣyāmah.

80. What should we do to protect our health? अस्माकं स्वास्थ्यस्य रक्षायै वयं किं कुर्याम?
asmākam~ svāsthyasya rakṣāyai vayam~ kim~ kuryāma?

81. One should exercise regularly. नियमतः व्यायामं कुर्यात्। *niyamatah vyāyāmam~ kuryāt.*

82. Should the old people also exercise? किं वृद्धाः अपि व्यायामं कुर्युः?
kim~ vṛddhāh api vyāyāmam~ kuryuh?

83. Yes, as possible they should exercise too. आम्, ते अपि यथाशक्ति व्यायामं कुर्युः।
ām! te api yathā-śaktih vyāyāmam~ kuryuh

84. One should eat healthy food. स्वास्थ्यवर्धकानि खाद्यानि खादेयुः
svāsthya-vardhakāni khādyāni khādeyuh.

85. And one should not eat too much, or again and again. अधिकं च मुहुर्मुहुः वा न खादेयुः।
adhikam~ ća muhurmuhuh vā na khādeyuh.

86. Shall I go to the market? किम् अहम् आपणं गच्छानि? *kim aham āpaṇam~ gaććāni?*
They should go. ते गच्छन्तु। *te gaććhantu.*

87. Stay in the house! *gṛhe tiṣṭha/tiṣṭhatu.* गृहे तिष्ठ/तिष्ठतु।

88. Do you remember that he was here yesterday? किं भवान्/भवती स्मरति यत् सः ह्यः अत्र आसीत्?
kim~ bhavān/bhavatī smarati yat sah hyah atra āsīt.

89. Do this right now! एतत् अधुना/इदानीम् एव कुरु/करोतु। *etat adhunā/idānīm eva kuru/karotu.*

90. Be happy! सुखी/सुखिनी भवतु। *sukhī/sukhinī bhavatu.*

91. Do not talk unnecessarily! व्यर्थं मा वदतु। *vyartham~ mā vadatu.*

92. Excuse me. *kṣamyatām.* क्षम्यताम्।

93. Do not make noise! कोलाहलं मा करोतु। *kolāhalam~ mā karotu.*

94. Stand properly! सम्यक् तिष्ठतु। *samyak tiṣṭhatu.*

95. Don't worry! चिन्ता मास्तु। *ćintā māstu.*

96. I do not want what you want. तत् अहं न इच्छामि यत् भवान्/भवती इच्छति। *tat aham~ na ićchāmi yat bhavān/bhavatī ićchati.*

97. Does any of you know her name? किं युष्मासु कोऽपि तस्याः नाम जानाति? *kim˜ yuṣmāsu ko'pi tasyāh nāma jānāti?*

98. She lives somewhere else. सा अन्यत्र कुत्रापि निवसति। *sā anyatra kutrāpi nivasati.*

99. Go if you want to go. गन्तुम् इच्छति चेत् गच्छतु। *gantum iććhati ćet gaććhatu.*

100. He is really a gentleman. सः नूनं भद्रपुरुषः। *sah nūnam˜ bhadra-puruṣah.*

101. I have seen you somewhere. अहं भवन्तं/भवतीं कुत्रचित् दृष्टवान्/दृष्टवती। *aham˜ bhavantam˜/bhavatīm˜ kutraćit dṛṣṭavān/dṛṣṭavatī.*

102. Do not waste time! समयनाशं मा करोतु। समयं मा नाशयतु। *samaya-nāśam˜ mā karotu! samayam˜ mā nāśayatu!*

103. Don't try to be smart! चातुर्यं मा करोतु। *ćāturyam˜ mā karotu.*

104. Don't tease! उपहासं मा करोतु। *upahāsam˜ mā karotu.*

105. Don't shout! चीत्कारं मा करोतु। *ćitkāram˜ mā karotu.*

106. Don't be shy संकोचं मा करोतु। *sam˜koćam˜ mā karotu.*

107. Don't be stubborn. हठं मा करोतु। *haṭham˜ mā karotu.*

108. Please don't mind! मनसि मा करोतु। *manasi mā karotu.*

109. Have no doubt! सन्देहं मा धारयतु। *sandeham˜ mā dhārayatu.*

110. Help me! मम साहाय्यं कुरु/करोतु। मम सहायः/सहाया भव/भवतु। *mama sāhāyyam˜ kuru/karotu. mama sahāyah/sahāyā bhava/bhavatu.*

111. It was good luck. सौभाग्यम् आसीत्। *saubhāgyam āsīt.*

112. Good idea! साधु विचारः। *sādhu vićārah.*

113. Well done! साधु कृतम्। *sādhu kṛtam.*

114. Nice day! रमणीयं दिनम्। *ramaṇīyam˜ dinam.*

115. It depends. सापेक्षम् इदम्। *sāpekṣam idam.*

116. See you पुनर् दर्शनाय। *punar darśanāya.*

117. Alright, OK, Well. अस्तु। *astu.* सम्यक्! *samyak!*

118. How surprising. *aho āśćaryam.* अहो आश्चर्यम्।

119. where is my book? *mama pustakam˜ kutra asti?* मम पुस्तकं कुत्र अस्ति?

120. It is where your glasses are, please look.
यत्र भवतः/भवत्याः उपनेत्रम् अस्ति तत्र एव तद् अस्ति, पश्यतु। *yatra bhavatah/bhavatyāh upanetram asti tatra eva tad asti, paśyatu.*

121. You keep things at one place and search elsewhere.
tvam ekatra ekam˜ sthāpayasi anyatra ća anveṣaṇam˜ karoṣi. त्वम् एकत्र एकं स्थापयसि अन्यत्र च अन्वेषणं करोषि।

122. Found it. *prāptam.* प्राप्तम्।

123. Good! *samīćīnam.* समीचीनम्।

LESSON 20
GENERAL KNOWLEDGE

20.1 NAMES OF THE DAYS OF THE WEEK

The names of the seven days of the week are :

(1) Sunday	*Ravivārah*	*Ravivāsarah*	रविवारः	रविवासरः
(2) Monday	*Somavārah*	*Somavāsarah*	सोमवारः	सोमवासरः
(3) Tuesday	*Mańgalvārah*	*Mańgalvāsarah*	मंगलवारः	मंगलवासरः
(4) Wednesday	*Budhavārah*	*Budhavāsarah*	बुधवारः	बुधवासरः
(5) Thursday	*Guruvārah*	*Guruvāsarah*	गुरुवारः	गुरुवासरः
(6) Friday	*S}ukravārah*	*S}ukravāsarah*	शुक्रवारः	शुक्रवासरः
(7) Saturday	*S}anivārah*	*S}anivāsarah*	शनिवारः	शनिवासरः

There are 30 days in a month. मासे त्रिंशत् दिनानि सन्ति। There are two bi-weekly periods in each month, namely Kṛṣṇa-pakṣah and S}ukla-pakṣah. प्रतिमासे द्वौ पक्षौ भवतः नामनी कृष्णपक्षः शुक्लपक्षः च। In each biweekly period there are 15 days. प्रतिपक्षे पञ्चदश तिथयः भवन्ति।

Their names : (1) प्रतिपदा (2) द्वितीया (3) तृतीया (4) चतुर्थी (5) पञ्चमी (6) षष्ठी (7) सप्तमी (8) अष्टमी (9) नवमी (10) दशमी (11) एकादशी (12) द्वादशी (13) त्रयोदशी (14) चतुर्दशी (15) अमावस्या अथवा पौर्णिमा।

20.2 NAMES OF THE MONTHS OF THE YEAR

The names of the twelve months are:

(1) March-April	*C}aitrah*	चैत्रः	(2) April-May	*Vaiśākhah*	वैशाखः
(3) May-June	*Jyeṣṭhah*	ज्येष्ठः	(4) June-July	*Āṣād'hah*	आषाढः
(5) July-August	*S}rāvaṇah*	श्रावणः	(6) Aug.-Sept.	*Bhādrapadah*	भाद्रपदः
(7) Sept.- Oct.	*Āśvinah*	आश्विनः	(8) Oct.-Nov.	*Kārtikah*	कार्तिकः
(9) Nov.-Dec.	*Mārgaśīrṣah*	मार्गशीर्ष	(10) Dec.-Jan.	*Pauṣah*	पौषः
(11) Jan.-Feb.	*Māghah*	माघः	(12) Feb.-March	*Phālgunah*	फाल्गुनः

THE SIX SEASONS :

(1) Spring	*Vasantah*	वसन्तः	(2) Summer	*Grīṣmah*	ग्रीष्मः
(3) Rainy-season	*Varṣā*	वर्षा	(4) Autumn	*Sharad*	शरद्
(5) Winter (Nov-Jan)	*Hemantah*	हेमन्तः	(6) Winter(Jan-Mar)	*S}iśirah*	शिशिरः

20.3 THE NAMES OF THE DIRECTIONS

East	पूर्वदिश्, पूर्वा, प्राची, ऐन्द्री।
West	पश्चिमा, प्रतीची, वारुणी।
North	उत्तरा, उदीची, कौबेरी।

South दक्षिणा, अवाची, याम्या।

20.4 TIME ELEMENTS

Second	क्षणः, निमिषः, विपलम्।	Minute	पलम्, कला।
Hour	घटि।	Day	अहन्, दिनम्, दिवसः, वारः, वासरः, तिथिः।
Night	रात्रिः, रात्री, निशा।	Dawn	उषः, उषा, प्रभातम्।
Noon	मध्यदिनम्, मध्याह्नः।	Afternoon	अपराह्नः, पराह्नः, विकालः।
Midnight	मध्यरात्रः, अर्धरात्रः, निशीथः।	Week	सप्ताहः, सप्तदिनम्।
Year	वर्षः, वत्सरः, अब्दः, समा।	An Age	कल्पः, युगम्।
Time	समयः, कालः, वेला।	Day-before-yesterday	परह्यः।
Yesterday	ह्यः, पूर्वेद्युः।	Today	अद्य।
Now	अधुना, इदानीम्, सम्प्रति।	Tomorrow	श्वः, परेद्युः।
Day-after-tomorrow	परश्वः।	Always	सदा, सर्वदा, सततम्, सन्तत, निरन्तरम्।
Periodically	समयतः, काले काले।	Once up on a time	एकदा, पुरा, प्राक्।
Sometimes	क्वचित्, कदाचित्।	Maybe	कदाचित्।
Never	न कदापि, न जातु।	Eever	जातु, एकदा।

* What time is it now? कः समयः? इदानीं कः समयः सञ्जातः? *idānīm˜ kah samayah sañjātah?*

1. It is one O' clock. *eka-vādanam.* एकवादनम्।
2. It is 5 minutes past 1 O' clock.
   pañćādhika-eka-vādanam, pañćādhikaika-vādanam
   पञ्चाधिक-एकवादमन्, पञ्चाधिकैकवादनम्।
3. It is 5 to 3. *pañća-nyūna-tri-vādanam.* पञ्चन्यूनत्रिवादनम्।
4. It is four-thirty. *sārdha-ćatur-vādanam, trim˜śādhika-ćatur-vādanam.*
   सार्धचतुर्वादनम्, त्रिंशाधिकचतुर्वादनम्।
5. It is 7 o'clock. *sapta-vādanam.* सप्तवादनम्।
6. It is 12 o'clock. *dvādaśa-vādanam.* द्वादशवादनम्।
7. 4. It is quarter to five. *pādona-pañća-vādanam.* पादोनपञ्चवादनम्।

APPENDIX

1. THE TEN CONJUGATIONAL CLASSES OF VERBS

Roots of the verbs (*dhātavah* धातवः), having aims of self service (*ātmanepadī* आत्मनेपदी), service to others (*parasmaipadī* परस्मैपदी) or dual service (*ubhayapadī* उभयपदी), are arranged under a group of Ten classes of Conjugations of Verbs (*gaṇāh* गणाः), namely :

*1st	भ्वादि **bhvādi*	√भू-आदि	√*bhū*	(to be)	भवामि, भवसि, भवति
2nd	अदादि *adādi*	√अद्-आदि	√*ad*	(to eat)	अद्मि, अत्सि, अत्ति
3rd	ह्वादि *juhvādi*	√हु-आदि	√*hu*	(to offer)	जुहोमि, जुहोषि, जुहोति
*4th	दिवादि **divādi*	√दिव्-आदि	√*div*	(to shine)	दीव्यामि, दीव्यसि, दीव्यति
5th	स्वादि *svādi*	√सु-आदि	√*su*	(to bathe)	सुनोमि, सुनोषि, सुनोति
*6th	तुदादि **tudādi*	√तुद्-आदि	√*tud*	(to hurt)	तुदामि, तुदसि, तुदति
7th	रुधादि *rudhādi*	√रुध्-आदि	√*rudh*	(to inhibit)	रुणध्मि, रुणत्सि, रुणद्धि
8th	तनादि *tanādi*	√तन्-आदि	√*tan*	(to spread)	तनोमि, तनोषि, तनोति
9th	क्रयादि *krayādi*	√क्री-आदि	√*krī*	(to buy)	क्रीणामि, क्रीणासि, क्रीणाति
*10th	चुरादि **ćurādi*	√चुर्-आदि	√*ćur*	(to steal)	चोरयामि, चोरयसि, चोरयति

NOTES : Some people prefer using the numerical system (1st gaṇa, 2nd gaṇa etc.) for identifying the *gaṇa/*, while others prefer their nominclature (भ्वादि, अदादि etc.)

(i) The popular 10 classes of conjugations are divided in two GROUPS.
(ii) roots of 1st, 4th, 6th and 10th class marked with * fall under the **FIRST GROUP** and
(iii) the remaining roots of the 2nd, 3rd, 5th, 7th, 8th and 9th class fall under **SECOND GROUP.**
(iv) Amost all roots are monosyllables, some of them are even uniletters (eg▫ √i, √ī, √u, √ṛ, √ṛ'), most of them end in a consonant. Only just over a dozen are ploysyllabelic. eg▫ √apās, √āndol, √bhiṣaj, √ćakās, √ćulump, √daridrā, √gaveśa, √hillol, √kumār, √kuṭumb, √lumāl, √oland, √palyul, √pampas, √prenkhol, √sabhaj, √sangrām, √vid'amb.

THE PROCESS OF CONGUGATION

(i) The process of attaching a tense terminations (लकारः) to an original basic verb root stems, to form a single worded verb, is called **congugation**. The original basic form of the verb is called the **Verbal-root** or **Root-verb** (*dhātuh* धातुः) eg▫ √*bhū* (√भू) to become.
(ii) A √verb undergoes modification before it takes a conjugational suffix (लकारः). The form of the √verb before it takes a suffix, is called **Verbal Base** (*ańgam* अङ्गम्)
(iii) The initial vowel of the root verb is called the **Radical Vowel** (*maulik-svarah* मौलिकस्वरः). eg▫ ई of √ई; अ of √अद्
(iv) The end vowel of the √verb is **Final Vowel** (*antya-svarah* अन्त्यस्वरः) eg▫ ऊ of √भू
(v) The vowel between two consonants of a √verb is **Medial Vowel** *madhya-svarah* मध्यस्वरः
eg▫ the short vowel अ between consonants ग् and म् in √गम्; or long vowel आ in √खाद्
(vi) The vowel that is followed by a compound consonants is counted as a **Long Vowel**. eg▫ NOTE : the अ in √रक्ष् (र् + अ + क् + ष्) is considered as if it were the long vowel आ (ā).

(vII) The First Degree of modification (strengthening) of the vowel is called ***guṇah*** (गुणः),

(viii) Second Degree of modification (strengthening) of the vowel is called ***vṛddhih*** (वृद्धिः).

(ix) Simple vowels (short + long) of the √root take **Two-fold Strengthening** with *guṇa* and *vṛddhi*

THE SCHEME OF TWO FOLD STRENGTHENING

Simple vowels	अ, आ	इ, ई	उ, ऊ	ऋ, ॠ	ऌ
1. guṇah	अ	ए	ओ	अर्	अल्
2. vṛddhih	आ	ऐ	औ	आर्	आल्

(x) The specific letter that is added to the verbal base before attachment of a tense suffix is called ***vikaraṇam*** (विकरणम्). Each class of the verbs has its own characteristic *vikaraṇam.* A *vikaraṇam* is added to the verbal base **only in** the Present tense (लट्), Imperfect past tense (लङ्), Imperative mood (लोट्) and the Potential mood (विधिलिङ्).

THE SCHEME OF VIKARANA

Class	Class-name	√root	*vikaraṇam*	Present-tense
1*	भ्वादिः	भू	अ	भवामि
2	अदादिः	√अद्	-	अद्मि
3	जुहोत्यादिः	√हु	द्वित्व	जुहोमि
4*	दिवादि :	√दिव्	य (य्)	दीव्यामि
5	स्वादि :	√सु	नु (नो)	सुनोमि
6*	तुदादिः	√तुद्	अ	तुदामि
7	रुधादिः	√रुध्	न (न्)	रुणध्मि
8	तनादिः	√तन्	उ (ओ)	तनोमि
9	क्रयादिः	√क्री	ना	क्रीणामि
10*	चुरादिः	√चुर्	अय	चोरयामि

NOTE : You will need this information (i-v) in the following sections :

(i) Present tense suffixes are मि वः मः सि थः थ ति तः अन्ति। (ii) The suffixes begining with म् are मि and मः। (iii) The suffix ending in व् is वः। (iv) The suffix beginning in अ is अन्ति। (v) The अिङत् suffixes are मि, सि, ति, अस्, अत् and तु।

THE FIRST CLASS
bhvādih gaṇah भ्वादिः गणः।

First and the biggest of the eleven classes of the verbs is the भ्वादिः *(bhvādi)* class. It includes 1035 of the 2000 verbs of Sanskrit language. The most typical example of this class is the verb √भू (√*bhū* to become), therefore, this class is called *bhvādih gaṇah* भ्वादिः गणः (भू + आदि = भ्वादि '*bhū* etc.' class).

FORMATION OF THE **VERBAL BASE** for भ्वादिः गणः।

1. The Final vowel (eg▫ ऊ in √भू) and the short Medial vowel (eg▫ अ in √गम्) take *guṇa.* to form a verbal base. eg▫ √भू → भ् + ऊ + अ = भो; and √बुध् → ब + उ + अ + ध् = बोध्। etc▫
2. *Vikaraṇa* अ is added to this **verbal base** before adding any tense suffix.
eg▫ भो + अ = भव। बोध् + अ = बोध। etc.

3. This *vikaraṇa* अ becomes आ before the tense suffixes that begin with म् or व्।

eg▫ भव् + आ + मि = भवामि; भव् + आ + मः = भवामः। बोध + आ + मि = बोधामि, बोध् + आ + मः = बोधामः। etc.

4. This *vikaraṇa* अ is dropped before tense suffixes that begin with अ।

eg▫ भव् + अ - अ + अन्ति = भवन्ति। बोध् + अ - अ + अन्ति = बोधन्ति। etc.

Scheme of Conjugations for the First Class - verb root √भू to become

(1) Present Tense : लट् (सामान्य-वर्तमाने) ***Parasmaipadī :*** **He becomes**

	Singular	Dual	Plural	Singular	Dual	Plural
1p▫	भवामि (आमि)	भवावः (आवः)	भवामः (आमः)	*bhavāmi*	*bhavāvah*	*bhavāmah*
2p▫	भवसि (सि)	भवथः (थः)	भवथ (थ)	*bhavasi*	*bhavathah*	*bhavatha*
3p▫	भवति (ति)	भवतः (तः)	भवन्ति (अन्ति)	*bhavati*	*bhavatah*	*bhavanti*

(2) Past imperfect Tense : लङ् (अनद्य-भूते) ***Parasmaipadī :*** **He became**

1p▫	अभवम्	अभवाव	अभवाम	*abhavam*	*abhavāva*	*abhavāma*
2p▫	अभवः	अभवतम्	अभवत	*abhavah*	*abhavatam*	*abhavata*
3p▫	अभवत्	अभवताम्	अभवन्	*abhavat*	*abhavatām*	*abhavan*

(3) Perfect Past Tense : लिट् (परोक्ष-भूते) ***Parasmaipadī :*** **He had become**

1p▫	बभूव	बभूविव	बभूविम	*babhūva*	*babhūviva*	*babhūvima*
2p▫	बभूविथ	बभूवथुः	बभूव	*babhūvitha*	*babhūvathuh*	*babhūva*
3p▫	बभूव	बभूवतुः	बभूवुः	*babhūva*	*babhūvatuh*	*babhūvuh*

(4) Indefinite Past Tense : लुङ् (दूरवर्ति-भूते) ***Parasmaipadī :*** **He had become**

1p▫	अभूवम्	अभूव	अभूम	*abhūvam*	*abhūva*	*abhūma*
2p▫	अभूः	अभूतम्	अभूत	*abhūh*	*abhūtam*	*abhūta*
3p▫	अभूत्	अभूताम्	अभूवन्	*abhūt*	*abhūtām*	*abhūvan*

(5) Definite Future : लुट् (सामान्य-भविष्यति) ***Parasmaipadī :*** **He will become**

1p▫	भवितास्मि	भवितास्वः	भवितास्मः	*bhavitāsmi*	*bhavitāsvah*	*bhavitāsmah*
2p▫	भवितासि	भवितास्थः	भवितास्थ	*bhavitāsi*	*bhavitāsthah*	*bhavitāstha*
3p▫	भविता	भवितारौ	भवितारः	*bhavitā*	*bhavitārau*	*bhavitārah*

(6) Indefinite Future : लृट् (अपूर्ण-भविष्यति) ***Parasmaipadī :*** **He shall become**

1p▫	भविष्यामि	भविष्यावः	भविष्यामः	*bhaviṣyāmi*	*bhaviṣyāvah*	*bhaviṣyāmah*
2p▫	भविष्यसि	भविष्यथः	भविष्यथ	*bhaviṣyasi*	*bhaviṣyathah*	*bhaviṣyatha*
3p▫	भविष्यति	भविष्यतः	भविष्यन्ति	*bhaviṣyati*	*bhaviṣyatah*	*bhaviṣyanti*

(7) Conditional Mood : लृङ् (भविष्यति क्रियातिपत्तौ) ***Parasmaipadī :*** **If he becomes**

1p▫	अभविष्यम्	अभविष्याव	अभविष्याम	*abhaviṣyam*	*abhaviṣyāva*	*abhaviṣyāma*
2p▫	अभविष्यः	अभविष्यतम्	अभविष्यत	*abhaviṣyah*	*abhaviṣyatam*	*abhaviṣyata*
3p▫	अभविष्यत्	अभविष्यताम्	अभविष्यन्	*abhaviṣyat*	*abhaviṣyatām*	*abhaviṣyan*

(8) Imperative Mood : लोट् (आज्ञार्थे; प्रश्नार्थे; विध्यादौ) ***Parasmaipadī :*** **He should become. Please become.**

1p▫	भवानि	भवाव	भवाम	*bhavāni*	*bhavāva*	*bhavāma*
2p▫	भव	भवतम्	भवत	*bhava*	*bhavatam*	*bhavata*
3p▫	भवतु	भवताम्	भवन्तु	*bhavatu*	*bhavatām*	*bhavantu*

(9) Potential or Subjunctive Mood : विधिलिङ् (विध्यादौ) ***Parasmaipadī :*** **He may become**

1p॰ भवेयम्	भवेव	भवेम	*bhaveyam*	*bhaveva*	*bhavema*
2p॰ भवेः	भवेतम्	भवेत	*bhaveh*	*bhavetam*	*bhaveta*
3p॰ भवेत्	भवेताम्	भवेयुः	*bhavet*	*bhavetām*	*bhaveyuh*

(10) **Benedictive or Optative Mood :** आशीर्लिङ्` (आशिषि) ***Parasmaipadī :*** **May he become!**

1p॰ भूयासम्	भूयास्व	भूयास्म	*bhūyāsam*	*bhūyāsva*	*bhūyāsma*
2p॰ भूयाः	भूयास्तम्	भूयास्त	*bhūyāh*	*bhūyāstam*	*bhūyāsta*
3p॰ भूयात्	भूयास्ताम्	भूयासुः	*bhūyāt*	*bhūyāstām*	*bhūyāsuh*

EXAMPLES Cum EXERCISE : 1st भ्वादिः class

1. I become. *aham˜ bhavāmi.* अहं भवामि (√भू)। (Present)
2. He becomes a teacher. *sah āćāryah bhavati.* सः आचार्यः भवति।
3. He became a doctor. *sah vaidyah abhavat.* सः वैद्यः अभवत्। (Past tense)
4. They will become surgeons. *te śalyaćikitsakāh bhaviṣyanti.* ते शल्यचिकित्सकाः भविष्यन्ति। (Future)
5. She eats a mango. *sā āmraphalam˜ khādati.* सा आम्रफलं खादति (√खाद्)।
6. You are drinking milk. *bhavān dugdham˜ pibati.* भवान् दुग्धं पिबति (√पा)।
7. I drank tea. *aham˜ ćāyapeyam apibam.* अहं चायपेयम् अपिबम्।
8. They will drink cold water. *te śītam˜ jalam˜ pāsyanti.* ते शीतं जलं पास्यन्ति। (*śita* शीत = cold)
9. We hear melodious songs. *vayam˜ madhurāṇi gānāni śruṇumah.* वयं मधुराणि गानानि श्रुणुमः (√श्रु)।
10. They heard songs. *te gānāni śrutavantah .* ते गानानि श्रुतवन्तः।
11. I will go to school. *aham˜ pāṭhaśālām˜ gamiṣyāmi.* अहं पाठशालां गमिष्यामि (√गम्)।
12 Kam˜sa stole Krishṇa's cows *Kam˜sah Kṛṣṇasya gāh aharat* कंसः कृष्णस्य गाः अहरत् (√हृ) (गाम् गावौ गाः)
13. Please hold my hand (लोट्). *kṛpayā mama hastam˜ dhara (dharatu).* कृपया मम हस्तं धर-धरतु (√धृ)।
14. He takes away the books. *sah pustakāni nayati.* सः पुस्तकानि नयति (√नी)।
15. They cooked in the evening. *te sāyam apaćan.* ते सायम् अपचन् (√पच्)। सायम् = in the evening.

THE SECOND CLASS
adādih gaṇah अदादिः गणः।

The second class of the verbs is अदादि *(adādi)*. The typical example of this class is root √अद् (√*ad* to eat), therefore, this class is called अदादि गणः (अद् + आदि = अदादि, *ad* अद् etc. class). There are 72 verbs in the अदादि (second) class.

The conjugations of the अदादि (2nd) class are simpler, because the अ विकरणम् added (between the root and tense suffix) in the भ्वादिः (1st) class is not added in this class.

Scheme of Conjugations for the Second Class - Root √अद् to eat

(1) **Present Tense :** लट् (सामान्य-वर्तमाने) ***Parasmaipadī :*** **He eats**

Singular Dual Plural Singular Dual Plural

1pᐧ अद्मि (मि)	अद्वः (वः)	अद्मः (मः)	*admi*	*advah*	*admah*
2pᐧ अत्सि (सि)	अत्थः (थः)	अत्थ (थ)	*atsi*	*atthah*	*attha*
3pᐧ अत्ति (ति)	अत्तः (तः)	अदन्ति (अन्ति)	*atti*	*attah*	*adanti*

(2) **Past imperfect Tense :** लङ् (अनद्य-भूते) ***Parasmaipadī :*** **He ate**

1pᐧ आदम्	आद्व	आद्म	*ādam*	*ādva*	*ādma*
2pᐧ आदः	आत्तम्	आत्त	*ādah*	*āttam*	*ātta*
3pᐧ आदत्	आत्ताम्	आदन्	*ādat*	*āttām*	*ādan*

(3) **Perfect Past Tense :** लिट् (परोक्ष-भूते) ***Parasmaipadī :*** **He had eaten**

1pᐧ जघास	जक्षिव	जक्षिम	*jaghās*	*jakṣiva*	*jakṣima*
2pᐧ जघसिथ	जघथुः	जक्ष	*jaghasitha*	*jaghathuh*	*jakṣa*
3pᐧ जघास	जक्षतुः	जक्षुः	*jaghāsa*	*jakṣatuh*	*jakṣuh*

(4) **Indefinite Past Tense :** लुङ् (दूरवर्ति-भूते) ***Parasmaipadī :*** **He had eaten**

1pᐧ अघसम्	अघसाव	अघसाम	*aghasam*	*aghasāva*	*aghasāma*
2pᐧ अघसः	अघसतम्	अघसत	*aghasah*	*aghasatam*	*aghasata*
3pᐧ अघसत्	अघसताम्	अघसन्	*aghasat*	*aghasatām*	*aghasan*

(5) **Definite Future :** लुट् (सामान्य-भविष्यति) ***Parasmaipadī :*** **He will eat**

1pᐧ अत्तास्मि	अत्तास्वः	अत्तास्मः	*attāsmi*	*attāsvah*	*attāsmah*
2pᐧ अत्तासि	अत्तास्थः	अत्तास्थ	*attāsi*	*attāsthah*	*attāstha*
3pᐧ अत्ता	अत्तारौ	अत्तारः	*attā*	*attārau*	*attārah*

(6) **Indefinite Future :** लृट् (अपूर्ण-भविष्यति) ***Parasmaipadī :*** **He shall eat**

1pᐧ अत्स्यामि	अत्स्यावः	अत्स्यामः	*atsyāmi*	*atsyāvah*	*atsyāmah*
2pᐧ अत्स्यसि	अत्स्यथः	अत्स्यथ	*atsyasi*	*atsyathah*	*atsyatha*
3pᐧ अत्सति	अत्सतः	अत्स्यन्ति	*atsyati*	*atsyatah*	*atsyanti*

(7) **Conditional Mood :** लृङ् (भविष्यति क्रियातिपत्तौ) ***Parasmaipadī :*** **If he eats**

1pᐧ आत्स्यम्	आत्स्याव	आत्स्याम	*ātsyam*	*ātsyāva*	*ātsyāma*
2pᐧ आत्स्यः	आत्स्यतम्	आत्स्यत	*ātsyah*	*ātsyatam*	*ātsyata*
3pᐧ आत्स्यत्	आत्स्यताम्	आत्स्यन्	*ātsyat*	*ātsyatām*	*ātsyan*

(8) **Imperative Mood :** लोट् (आज्ञार्थे; प्रश्नार्थे; विध्यादौ) ***Parasmaipadī :*** **He should eat. Please eat.**

1pᐧ अदानि	अदाव	अदाम	*adāni*	*adāva*	*adāma*
2pᐧ अद्धि	अत्तम्	अत्त	*addhi*	*attam*	*atta*
3pᐧ अत्तु	अत्ताम्	अदन्तु	*attu*	*attām*	*adantu*

(9) **Potential or Subjunctive Mood :** विधिलिङ् (विध्यादौ) ***Parasmaipadī :*** **He may eat.**

1pᐧ अद्याम्	अद्याव	अद्याम	*adyām*	*adyāva*	*adyāma*
2pᐧ अद्याः	अद्यातम्	अद्यात	*adyāh*	*adyātam*	*adyāta*
3pᐧ अद्यात्	अद्याताम्	अद्युः	*adyāt*	*adyātām*	*adyuh*

(10) **Benedictive or Optative Mood :** आशीर्लिङ् (आशिषि) ***Parasmaipadī :*** **May he eat!**

1pᐧ अद्यासम्	अद्यास्व	अद्यास्म	*adyāsam*	*adyāsva*	*adyāsma*
2pᐧ अद्याः	अद्यास्तम्	अद्यास्त	*adāh*	*adyāstam*	*adyāsta*
3pᐧ अद्यात्	अद्यास्ताम्	अद्यासुः	*adyāt*	*adyāstām*	*adyāsuh*

EXAMPLES cum EXERCISE : (cumulative exercise)

(1) Cruel people kill animals. *duṣṭāh paśūn ghnanti.* दुष्टाः पशून् घ्नन्ति (√हन्)।

(2) Please take this money. *kṛpayā etat dhanam˜ svīkarotu.* कृपया एतत् धनं स्वीकरोतु (स्वी√कृ)।

(3) He understands the meaning of life. *sah jīvanasya artham˜ vetti.* सः जीवनस्य अर्थं वेत्ति (√विद्)।

(4) He was my friend. *sah mama mitram āsīt.* सः मम मित्रम् आसीत्। They were my friends. *te mama mitrāṇi āsan.* ते मम मित्राणि आसन्। (√अस् to be)

(5) Please tell me. *mām˜ vadatu.* मां वदतु। He said. *sah uktavān.* सः उक्तवान्।

THE THIRD CLASS
juhotyādih gaṇah जुहोत्यादिः गणः।

The third class of the verbs is जुहोत्यादि *(juhotyādi)* or जुवादि *(juvādi)* class. The typical example of this class is the verb root √हु (√*hu* to offer oblation). There are 24 verbs in the जुहोत्यादि (third) class.

(i) The अ विकरणम् that comes between the root verb and the tense suffix of the Present (लट्), Imperfect past (लङ्), Imperative (लोट्) and Potential (विधि) tenses in the भ्वादिः class, gets negated in the जुहोत्यादिः (3rd) class. हु + अ - अ = हु

(ii) And, in stead, in this (3rd) class, duplication and modification of the root takes place. eg॰ हु + हु + आ + मि = जु + हु + आ + मि → जुहोमि, जुहोषि, जुहोति।

Scheme of Conjugations for the Third Class - Root √अद् to eat

(1) Present Tense : लट् (सामान्य-वर्तमाने) ***Parasmaipadī :*** **He sacrifices**

	Singular	Dual	Plural	Singular	Dual	Plural
1p॰	जुहोमि (ओमि)	जुहुवः (वः)	जुहुमः (मः)	*juhomi*	*juhuvah*	*juhumah*
2p॰	जुहोषि (सि)	जुहुथः (थः)	जुहुथ (थ)	*juhoṣi*	*juhuthah*	*jihutha*
3p॰	जुहोति (ति)	जुहुतः (तः)	जुह्वति (ति)	*juhoti*	*juhutah*	*juhvati*

(2) Past imperfect Tense : लङ् (अनद्य-भूते) ***Parasmaipadī :*** **He sacrificed**

1p॰	अजुहवम्	अजुहुव	अजुहुम	*ajuhavam*	*ajuhuva*	*ajuhuma*
2p॰	अजुहोः	अजुहुतम्	अजुहुत	*ajuhoh*	*ajuhutam*	*ajuhuta*
3p॰	अजुहोत्	अजुहुताम्	अजुहवुः	*ajuhot*	*ajuhutām*	*ajuhavuh*

(3) Perfect Past Tense : लिट् (परोक्ष-भूते) ***Parasmaipadī :*** **He had sacrificed**

1p॰	जुहाव	जुहुविव	जुहुविम	*juhāva*	*juhuviva*	*juhuvima*
2p॰	जुहुविथ	जुहुवथुः	जुहुव	*juhuvitha*	*juhuvathuh*	*juhuva*
3p॰	जुहाव	जुहुवतुः	जुहुवुः	*juhāva*	*juhuvatuh*	*juhuvuh*

(4) Indefinite Past Tense : लुङ् (दूरवर्ति-भूते) ***Parasmaipadī :*** **He had sacrificed**

1p॰	अहौषम्	अहौष्व	अहौष्म	*ahauṣam*	*ahauṣva*	*ahauṣma*
2p॰	अहौषीः	अहौष्टम्	अहौष्ट	*ahauṣīh*	*ahauṣṭam*	*ahauṣṭa*
3p॰	अहौषीत्	अहौष्टाम्	अहौषुः	*ahauṣīt*	*ahauṣṭām*	*ahauṣuh*

(5) Definite Future : लुट् (सामान्य-भविष्यति) ***Parasmaipadī :*** **He will sacrifice**

1p॰	होतास्मि	होतास्वः	होतास्मः	*hotāsmi*	*hotāsvah*	*hotāsmah*
2p॰	होतासि	होतास्थः	होतास्थ	*hotāsi*	*hotāsthah*	*hotāstha*
3p॰	होता	होतारौ	होतारः	*hotā*	*hotārau*	*hotārah*

(6) Indefinite Future : लृट् (अपूर्ण-भविष्यति) ***Parasmaipadī :*** **He shall sacrifice**

1p° होष्यामि	होष्यावः	होष्यामः	*hoṣyāmi*	*hoṣyāvah*	*hoṣyāmah*
2p° होष्यसि	होष्यथः	होष्यथ	*hoṣyasi*	*hoṣyathah*	*hoṣyatha*
3p° होष्यति	होष्यतः	होष्यन्ति	*hoṣyati*	*hoṣyatah*	*hoṣyanti*

(7) **Conditional Mood :** लृङ् (भविष्यति क्रियातिपत्तौ) ***Parasmaipadī :*** **If he sacrifices**

1p° अहोष्यम्	अहोष्याव	अहोष्याम	*ahoṣyam*	*ahoṣyāva*	*ahoṣyāma*
2p° अहोष्यः	अहोष्यतम्	अहोष्यत	*ahoṣyah*	*ahoṣyatam*	*ahoṣyata*
3p° अहोष्यत्	अहोष्यताम्	अहोष्यन्	*ahoṣyat*	*ahoṣyatām*	*ahoṣyan*

(8) **Imperative Mood :** लोट् (आज्ञार्थे; प्रश्नार्थे; विध्यादौ) ***Parasmaipadī :*** **He Should sacrifice. Please sacrifice**

1p° जुहवानि	जुहवाव	जुहवाम	*juhavāni*	*juhavāva*	*juhavāma*
2p° जुहुधि	जुहुतम्	जुहुत	*juhudhi*	*juhutam*	*juhuta*
3p° जुहोतु	जुहुताम्	जुह्वतु	*juhotu*	*juhutām*	*juhvatu*

(9) **Potential or Subjunctive Mood :** विधिलिङ् (विध्यादौ) ***Parasmaipadī :*** **He may sacrifice**

1p° जुहुयाम्	जुहुयाव	जुहुयाम	*juhuyām*	*juhuyāva*	*juhuyāma*
2p° जुहुयाः	जुहुयातम्	जुहुयात	*juhuyāh*	*juhuyātam*	*juhuyāta*
3p° जुहुयात्	जुहुयाताम्	जुहुयुः	*juhuyāt*	*juhuyātām*	*juhuyuh*

(10) **Benedictive or Optative Mood :** आशीर्लिङ् (आशिषि) ***Parasmaipadī :*** **May he sacrifice!**

1p° हूयासम्	हूयास्व	हूयास्म	*hūyāsam*	*hūyāsva*	*hūyāsma*
2p° हूयाः	हूयास्तम्	हूयास्त	*hūyāh*	*hūyāstam*	*hūyāsta*
3p° हूयात्	हूयास्ताम्	हूयासुः	*hūyāt*	*hūyāstām*	*hūyāsuh*

EXAMPLES :

(1) He will be afraid. *sah bheṣyati.* सः भेष्यति (√भी)।

(2) I give food. *aham annam˜ dadāmi.* अहम् अन्नं ददामि (√दा)।

(3) You are giving money. *bhavān dhanam˜ dadāti.* भवान् धनं ददाति।

(4) She gave an advice. *sā upadeśam˜ dattavān.* सा उपदेशम् दत्तवान्।

(5) I will give an advice. *aham upadeśam˜ dāsyāmi.* अहम् उपदेशं दास्यामि।

THE FOURTH CLASS

divādi gaṇah दिवादिः गणः।

The fourth class of the verbs is दिवादि *divādi* class. The typical example of this class is the verb √दिव् (√*div* to shine). There are 140 verbs in the दिवादि (fourth) class.

Like the *parasmaipadī* Present (लट्), Imperfect past (लङ्), Imperative (लोट्) and Potential (विधि) tenses of the भ्वादिः (1st) class, the दिवादिः (4th) class also has विकरणम् अ between the √verb and tense suffixes. In addition, in the दिवादिः class, य् is also added to this अ

1. *Vikaraṇa* य् and अ are added to the verbal base before adding the tense suffix. दिव् + य् + अ = दिव्य

2. This *vikaraṇa* अ becomes आ before the tense suffixes that begin with म् or व्। → दिव्य + आ + मि = दिव्यामि, दिव्यावः, दिव्यामः।

3. The इ in दिव्यामि becomes ई because it is followed by the ङित् हलादि suffix य। Thus, दिव्यामि → दीव्यामि, दीव्यावः, दीव्यामः।

4. *Vikaraṇa* अ is dropped before the tense suffixes that begin with अ। and the इ is changed to ई। Thus, दिव्

+ अ - अ + य + अन्ति = दिव्यन्ति → दीव्यन्ति।

Scheme of Conjugations for the Fourth Class - verb root √दिव् to shine, to play

(1) Present Tense : लट् (सामान्य-वर्तमाने) ***Parasmaipadī :***			**He plays**		
Singular	Dual	Plural	Singular	Dual	Plural
1pº दीव्यामि (आमि)	दीव्यावः (वः)	दीव्यामः (मः)	*dīvyāmi*	*dīvyāvah*	*dīvyāmah*
2pº दीव्यसि (सि)	दीव्यथः (थः)	दीव्यथ (थ)	*dīvyasi*	*dīvyathah*	*dīvyatha*
3pº दीव्यति (ति)	दीव्यतः (तः)	दीव्यन्ति (अन्ति)	*dīvyati*	*dīvyatah*	*dīvyanti*
(2) Past imperfect Tense : लङ् (अनद्य-भूते) ***Parasmaipadī :***			**He played**		
1pº अदीव्यम्	अदीव्याव	अदीव्याम	*adīvyam*	*adīvyāva*	*adīvyāma*
2pº अदीव्यः	अदीव्यतम्	अदीव्यत	*adīvyah*	*adīvyatam*	*adīvyata*
3pº अदीव्यत्	अदीव्यताम्	अदीव्यन्	*adīvyat*	*adīvyatām*	*adīvyan*
(3) Perfect Past Tense : लिट् (परोक्ष-भूते) ***Parasmaipadī :***			**He had played**		
1pº दिदेव	दिदिविव	दिदिविम	*dideva*	*didiviva*	*didivima*
2pº दिदेविथ	दिदिवथुः	दिदिव	*didevitha*	*didivathuh*	*didiva*
3pº दिदेव	दिदिवतुः	दिदिवुः	*dideva*	*didivatuh*	*didivuh*
(4) Indefinite Past Tense : लुङ् (दूरवर्ति-भूते) ***Parasmaipadī :***			**He had played**		
1pº अदेविषम्	अदेविष्व	अदेविष्म	*adeviṣam*	*adeviṣva*	*adeviṣma*
2pº अदेवीः	अदेविष्टम्	अदेविष्ट	*adevīh*	*adeviṣṭam*	*adeviṣṭa*
3pº अदेवीत्	अदेविष्टाम्	अदेविषुः	*adevīt*	*adeviṣṭām*	*adeviṣuh*
(5) Definite Future : लुट् (सामान्य-भविष्यति) ***Parasmaipadī :***			**He will play**		
1pº देवितास्मि	देवितास्वः	देवितास्मः	*deviāsmi*	*devitāsvah*	*devitāsmah*
2pº देवितासि	देवितास्थः	देवितास्थ	*devitāsi*	*devitāsthah*	*devitāstha*
3pº देविता	देवितारौ	देवितारः	*devitā*	*devitārau*	*devitārah*
(6) Indefinite Future : लृट् (अपूर्ण-भविष्यति) ***Parasmaipadī :***			**He shall play**		
1pº देविष्यामि	देविष्यावः	देविष्यामः	*deviṣyāmi*	*deviṣyāvah*	*deviṣyāmah*
2pº देविष्यसि	देविष्यथः	देविष्यथ	*deviṣyasi*	*deviṣyathah*	*deviṣyatha*
3pº देविष्यति	देविष्यतः	देविष्यन्ति	*deviṣyati*	*deviṣyatah*	*deviṣyanti*
(7) Conditional Mood : लृङ् (भविष्यति क्रियातिपत्तौ) ***Parasmaipadī :***			**If he plays**		
1pº अदेविष्यम्	अदेविष्याव	अदेविष्याम	*adeviṣyam*	*adeviṣyāva*	*adeviṣyāma*
2pº अदेविष्यः	अदेविष्यतम्	अदेविष्यत	*adeviṣyah*	*adeviṣyatam*	*adeviṣyata*
3pº अदेविष्यत्	अदेविष्यताम्	अदेविष्यन्	*adeviṣyat*	*adeviṣyatām*	*adeviṣyan*
(8) Imperative Mood : लोट् (आज्ञार्थे; प्रश्नार्थे; विध्यादौ) ***Parasmaipadī :***			**He Should play. Please play**		
1pº दीव्यानि	दीव्याव	दीव्याम	*dīvyāni*	*dīvyāva*	*dīvyāma*
2pº दीव्य	दीव्यतम्	दीव्यत	*dīvya*	*dīvyatam*	*dīvyata*
3pº दीव्यतु	दीव्यताम्	दीव्यन्तु	*dīvyatu*	*dīvyatām*	*dīvyantu*
(9) Potential or Subjunctive Mood : विधिलिङ् (विध्यादौ) ***Parasmaipadī :***			**He may play**		
1pº दीव्येयम्	दीव्येव	दीव्येम	*dīvyeyam*	*dīvyeva*	*dīvyema*
2pº दीव्येः	दीव्येतम्	दीव्येत	*dīvyeh*	*dīvyetam*	*dīvyeta*
3pº दीव्येत्	दीव्येताम्	दीव्येयुः	*dīvyet*	*dīvyetām*	*dīvyeyuh*
(10) Benedictive or Optative Mood : आशीर्लिङ्` (आशिषि) ***Parasmaipadī :***			**May he play!**		
1pº दीव्यासम्	दीव्यास्व	दीव्यास्म	*dīvyāsam*	*dīvyāsva*	*dīvyāsma*

2p॰ दीव्याः	दीव्यास्तम्	दीव्यास्त	*dīvyāh*	*dīvyāstam*	*dīvyāsta*
3p॰ दीव्यात्	दीव्यास्ताम्	दीव्यासुः	*dīvyāt*	*dīvyāstām*	*dīvyāsuh*

EXAMPLES cum **EXERCISE** : (cumulative learning)

(1) Fire destroyed the house yesterday. *hyah agnih gṛham anaśyat.* ह्यः अग्नि गृहम् अनष्यत् (√नश्)।

(2) You are wasting time. *bhavān samayam˜ naśyati.* भवान् समयं नश्यति।

(3) The soul neither takes birth nor dies. *ātmā na jāyate na mriyate.* आत्मा न जायते न म्रियते (√जन्, √मृ)।

(4) Now the doubt does not exist. *atah sam˜śayah na vidyate.* अतः संशयः न विद्यते (√विद्)।

(5) You are fighting for truth. *bhavān satyāya yudhyate.* भवान् सत्याय युध्यते (√युध्)।

(6) Arjuna said, O Krishṇa! I shall not fight (लृट्). *Arjunah uvāća, Bhoh Kṛṣṇa! aham˜ na yotsye.* अर्जुनः उवाच, भोः कृष्ण! अहं न योत्स्ये।

(7) The Lord pardons you. *devah tvām˜ mṛṣyati.* देवः त्वां मृष्यति (√मृष्)

THE FIFTH CLASS

svādih gaṇah स्वादिः गणः।

The fifth class of the verbs is the स्वादिः (*svādi*) class. The most typical example of this class is the verb root √सु (√*su* to bathe). There are 35 verbs in the स्वादि (fifth) class.

The स्वादिः (5th) class takes न and उ विकरण, as well as it takes अ *guṇah* (गुणः) before the अङित् suffixes of Present (लट्), Imperfect past (लङ्), Imperative (लोट्) and Potential (विधि) tenses. **eg॰**

सु + न + उ + अ + मि = सुनोमि, सुनोषि, सुनोति। *su + na + u + a + mi = sunomi, sunoṣi, sunoti.*

Scheme of Conjugations for the Fifth Class - verb root √सु (to bathe)

(1) **Present Tense :** लट् (सामान्य-वर्तमाने) ***Parasmaipadī :*** **He bathes**

Singular	Dual	Plural	Singular	Dual	Plural
1p॰ सुनोमि (मि)	सुनुवः (वः)	सुनुमः (मः)	*sunomi*	*sunuvah*	*sunumah*
2p॰ सुनोषि (सि)	सुनुथः (थः)	सुनुथ (थ)	*sunoṣi*	*sunuthah*	*sunutha*
3p॰ सुनोति (ति)	सुनुतः (तः)	सुन्वन्ति (अन्ति)	*sunoti*	*sunutah*	*sunvanti*

(2) **Past imperfect Tense :** लङ् (अनद्य-भूते) ***Parasmaipadī :*** **He bathed**

1p॰ असुनवम्	असुनवाव	असुनवाम	*asunavam*	*asunavāva*	*asunavāma*
2p॰ असुनोः	असुनुतम्	असुनुत	*asunoh*	*asunutam*	*asunuta*
3p॰ असुनोत्	असुनुताम्	असुन्वन्	*asunot*	*asunutām*	*asunvan*

(3) **Perfect Past Tense :** लिट् (परोक्ष-भूते) ***Parasmaipadī :*** **He had bathed**

1p॰ सुषाव	सुषुविव	सषुविम	*suṣāva*	*suṣuviva*	*suṣuvima*
2p॰ सुषुविथ	सुषुवथुः	सुषुव	*saṣuvitha*	*suṣuvathuh*	*suṣuva*
3p॰ सुषाव	सुषुवतुः	सुषुवुः	*suṣāva*	*suṣuvatuh*	*suṣuvuh*

(4) **Indefinite Past Tense :** लुङ् (दूरवर्ति-भूते) ***Parasmaipadī :*** **He had bathed**

1p॰ असाविषम्	असाविष्व	असाविष्म	*asāviṣam*	*asāviṣva*	*asāviṣma*
2p॰ असावीः	असाविष्टम्	असाविष्ट	*asāvīh*	*asāviṣṭam*	*asāviṣṭa*

3p▫ असावीत्	असाविष्टाम्	असाविषुः	*asāvīt*	*asāviṣṭām*	*asāviṣuh*

(5) **Definite Future : लुट् (सामान्य-भविष्यति) *Parasmaipadī :*** **He will bathe**

1p▫ सोतास्मि	सोतास्वः	सोतास्मः	*sotāsmi*	*sotāsvah*	*sotāsmah*
2p▫ सोतासि	सोतास्थः	सोतास्थ	*sotāsi*	*sotāsthah*	*sotāstha*
3p▫ सोता	सोतारौ	सोतारः	*sotā*	*sotārau*	*sotārah*

(6) **Indefinite Future : लृट् (अपूर्ण-भविष्यति) *Parasmaipadī :*** **He shall bathe**

1p▫ सोष्यामि	सोष्यावः	सेष्यामः	*soṣyāmi*	*soṣyāvah*	*soṣyāmah*
2p▫ सोष्यसि	सोष्यथः	सोष्यथ	*soṣyasi*	*soṣyathah*	*soṣyatha*
3p▫ सोष्यति	सोष्यतः	सोष्यन्ति	*soṣyati*	*soṣyatah*	*soṣyanti*

(7) **Conditional Mood : लृङ् (भविष्यति क्रियातिपत्तौ) *Parasmaipadī :*** **If he bathes**

1p▫ असोष्यम्	असोष्याव	असोष्याम	*asoṣyam*	*asoṣyāva*	*asoṣyāma*
2p▫ असोष्यः	असोष्यतम्	असोष्यत	*asoṣyah*	*asoṣyatam*	*asoṣyata*
3p▫ असोष्यत्	असोष्यताम्	असोष्यन्	*asoṣyat*	*asoṣyatām*	*asoṣyan*

(8) **Imperative Mood : लोट् (आज्ञार्थे; प्रश्नार्थे; विध्यादौ) *Parasmaipadī :*** **He Should bathe. Please bathe**

1p▫ सुनवानि	सुनवाव	सुनवाम	*sunavāni*	*sunavāva*	*sunavāma*
2p▫ सुनु	सुनुतम्	सुनुत	*sunu*	*sunutam*	*sunuta*
3p▫ सुनोतु	सुनुताम्	सुन्वन्तु	*sunotu*	*sunutām*	*sunvantu*

(9) **Potential or Subjunctive Mood : विधिलिङ् (विध्यादौ) *Parasmaipadī :*** **He may bathe**

1p▫ सुनुयाम्	सुनुयाव	सुनुयाम	*sunuyām*	*sunuyāva*	*sunuyāma*
2p▫ सुनुयाः	सुनुयातम्	सुनुयात	*sunuyāh*	*sunuyātam*	*sunuyāta*
3p▫ सुनुयात्	सुनुयाताम्	सुनुयुः	*sunuyāt*	*sunuyātām*	*sunuyuh*

(10) **Benedictive or Optative Mood : आशीर्लिङ्` (आशिषि) *Parasmaipadī :*** **May I bathe!**

1p▫ सूयासम्	सूयास्व	सूयास्म	*sūyāsam*	*sūyāsva*	*sūyāsma*
2p▫ सूयाः	सूयास्तम्	सूयास्त	*sūyāh*	*sūyāstam*	*sūyāsta*
3p▫ सूयात्	सूयास्ताम्	सूयासुः	*sūyāt*	*sūyāstām*	*sūyāsuh*

EXAMPLES :

(1) I am taking a bath. *aham˜ sunomi.* अहं सुनोमि (√सु)।

(2) You take a bath. *bhavān sunoṣi.* भवान् सुनोति। She is taking a bath. *sā sunoti.* सा सुनोति।

(3) They took bath. *te asunvan.* ते असुन्वन्।

(4) I choose you as a friend. *aham˜ bhavantam˜ mitram˜ ćinomi.* अहं भवन्तं मित्रं चिनोमि (√चि)। May we choose. *vayam˜ ćinuyama.* वयं चिनुयाम।

THE SIXTH CLASS
tudādih gaṇah तुदादिः गणः।

The sixth class of the verbs is the तुदादिः (*tudādi*) class. The most typical example of this class is the verb root √तुद् (√*tud* to inflict). There are 157 verbs in तुदादि (sixth) class.

Like the भ्वादिः (1st) class, the तुदादिः (6th) class also takes अ विकरण in the Present (लट्), Imperfect past (लङ्), Imperative (लोट्) and Potential (विधि) tenses. eg▫ तुद् + अ + अ + मि = तुदामि, तुदामः, तुदामः।

Scheme of Conjugations for the Sixth Class - verb root √तुद् (to inflict, to hurt)

(1) Present Tense : लट् (सामान्य-वर्तमाने) ***Parasmaipadī :*** **He inflicts**

	Singular	Dual	Plural	Singular	Dual	Plural
1p॰	तुदामि (आमि)	तुदावः (आवः)	तुदामः (आमः)	*tudāmi*	*tudāvah*	*tudāmah*
2p॰	तुदसि (सि)	तुदथः (थः)	तुदथ (थ)	*tudasi*	*tudathah*	*tudatha*
3p॰	तुदति (ति)	तुदतः (तः)	तुदन्ति (अन्ति)	*tudati*	*tudatah*	*tudanti*

(2) Past imperfect Tense : लङ् (अनद्य-भूते) ***Parasmaipadī :*** **He inflicted**

1p॰	अतुदम्	अतुदाव	अतुदाम	*atudam*	*atudāva*	*atudāma*
2p॰	अतुदः	अतुदतम्	अतुदत	*atudah*	*atudatam*	*atudata*
3p॰	अतुदत्	अतुदताम्	अतुदन्	*atudat*	*atudatām*	*atudan*

(3) Perfect Past Tense : लिट् (परोक्ष-भूते) ***Parasmaipadī :*** **He had inflicted**

1p॰	तुतोद	तुतुदिव	तुतुदिम	*tutoda*	*tutudiva*	*tutudima*
2p॰	तुतोदिथ	तुतुदथुः	तुतुद	*tuto ditha*	*tutudathuh*	*tutuda*
3p॰	तुतोद	तुतुदतुः	तुतुदुः	*tutoda*	*tutudatuh*	*tutuduh*

(4) Indefinite Past Tense : लुङ् (दूरवर्ति-भूते) ***Parasmaipadī :*** **He had inflicted**

1p॰	अतौत्सम्	अतौत्स्व	अतौत्स्म	*atautsam*	*atautsva*	*atautsma*
2p॰	अतौत्सीः	अतौत्तम्	अतौत्त	*atautsīh*	*atauttam*	*atautta*
3p॰	अतौत्सीत्	अतौत्ताम्	अतौत्सुः	*atautsīt*	*atauttām*	*atautsuh*

(5) Definite Future : लुट् (सामान्य-भविष्यति) ***Parasmaipadī :*** **He will inflict**

1p॰	तोत्तास्मि	तोत्तास्वः	तोत्तास्मः	*tottāsmi*	*tottāsvah*	*tottāsmah*
2p॰	तोत्तासि	तोत्तास्थः	तोत्तास्थ	*tottāsi*	*tattāsthah*	*tottāstha*
3p॰	तोत्ता	तोत्तारौ	तोत्तारः	*tottā*	*tottārau*	*tottārah*

(6) Indefinite Future : लृट् (अपूर्ण-भविष्यति) ***Parasmaipadī :*** **He shall inflict**

1p॰	तोत्स्यामि	तोत्स्यावः	तोत्स्यामः	*totsyāmi*	*totsyāvah*	*totsyāmah*
2p॰	तोत्स्यसि	तोत्स्यथः	तोत्स्यथ	*totsyasi*	*totsyathah*	*totsyatha*
3p॰	तोत्स्यति	तोत्स्यतः	तोत्स्यन्ति	*totsyati*	*totsyatah*	*totsyanti*

(7) Conditional Mood : लृङ् (भविष्यति क्रियातिपत्तौ) ***Parasmaipadī :*** **If he inflicts**

1p॰	अतोत्स्यम्	अतोत्स्याव	अतोत्स्याम	*atotsyam*	*atotsyāva*	*atotsyāma*
2p॰	अतोत्स्यः	अतोत्स्यतम्	अतोत्स्यत	*atotsyah*	*atotsyatam*	*atotsyata*
3p॰	अतोत्स्यत्	अतोत्स्यताम्	अतोत्स्यन्	*atotsyat*	*atotsyatām*	*atotsyan*

(8) Imperative Mood : लोट् (आज्ञार्थे; प्रश्नार्थे; विध्यादौ) ***Parasmaipadī :*** **He Should inflict. Please inflict**

1p॰	तुदानि	तुदाव	तुदाम	*tudāni*	*tudāva*	*tudāma*
2p॰	तुद	तुदतम्	तुदत	*tuda*	*tudatam*	*tudata*
3p॰	तुदतु	तुदताम्	तुदन्तु	*tudatu*	*tudatām*	*tudantu*

(9) Potential or Subjunctive Mood : विधिलिङ् (विध्यादौ) ***Parasmaipadī :*** **He may inflict**

1p॰	तुदेयम्	तुदेव	तुदेम	*tudeyam*	*tudeva*	*tudema*
2p॰	तुदेः	तुदेतम्	तुदेत	*tudeh*	*tudetam*	*tudeta*
3p॰	तुदेत्	तुदेताम्	तुदेयुः	*tudet*	*tudetām*	*tudeyuh*

(10) Benedictive or Optative Mood : आशीर्लिङ्` (आशिषि) ***Parasmaipadī :*** **May he inflict!**

1p॰	तुद्यासम्	तुद्यास्व	तुद्यास्म	*tudyāsam*	*tudyāsva*	*tudyāsma*
2p॰	तुद्याः	तुद्यास्तम्	तुद्यास्त	*tudyāh*	*tudyāstam*	*tudyāsta*
3p॰	तुद्यात्	तुद्यास्ताम्	तुद्यासुः	*tudyāt*	*tudyāstām*	*tudyāsuh*

EXAMPLES cum EXERCISE : (cumulative learning)

(1) He meets me. *sah mām˜ milati.* सः माम् मिलति (√मिल्)।

(2) He met me yesterday. *sah mām˜ hyah amilat.* सः मां ह्यः अमिलत्।

(3) Please meet me tomorrow. *kṛpayā mām˜ śvah milatu.* कृपया मां श्वः मिलतु।

(4) He attains peace. *sah śāntim˜ vindati (āpnaoti).* सः शान्तिं विन्दति-आप्नोति (√विद् √आप्)

(5) The Yogi attains liberation. *yogī nirvāṇam˜ ṛćchati.* योगी निर्वाणम् ऋच्छति (√ऋच्छ्)।

(6) I want it. *aham etat iććhāmi.* अहम् एतत् इच्छामि (√इष्) ।

(7) He does not want it. *sah etat na iććhati.* सः एतत् न इच्छति।

(8) What do you want? *bhavān kim iććhasi?* भवान् किम् इच्छति?

(9) Why does she want it? *sā etat kimartham iććhati?* सा एतत् किमर्थम् इच्छति?

THE SEVENTH CLASS

rudhādih gaṇah रुधादिः गणः।

The seventh class of the verbs is रुधादि *(rudhādi)* class. The typical example of this class is verb root √रुध् (√*rudh* to hinder). There are 25 verbs in the रुधादि (seventh) class.

In the Present (लट्), Imperfect past (लङ्), Imperative (लोट्) and Potential (विधि) tenses of √रुध् the न विकरणम् comes in. In *parasmaipadī* Indefinite Past tense (लुङ्), two kinds of verbs are formed.

Scheme of Conjugations for the Seventh Class - Root √रुध् to hinder

(1) Present Tense : लट् (सामान्य-वर्तमाने) ***Parasmaipadī :*** **He hinders**

1p॰	रुणध्मि (मि)	रुन्ध्वः (वः)	रुन्ध्मः (मः)	*ruṇadhmi*	*rundhvah*	*rundhmah*
2p॰	रुणत्सि (सि)	रुन्द्धः (थः)	रुन्द्ध (थ)	*ruṇatsi*	*runddhah*	*runddha*
3p॰	रुणद्धि (ति)	रुन्द्धः (तः)	रुन्धन्ति (अन्ति)	*ruṇaddhi*	*runddhah*	*rundhanti*

(2) Past imperfect Tense : लङ् (अनद्य-भूते) ***Parasmaipadī :*** **He hindered**

1p॰	अरुणधम्	अरुन्ध्व	अरुन्ध्म	*aruṇadham*	*arundhva*	*arundhma*
2p॰	अरुणः	अरुन्द्धम्	अरुन्द्ध	*aruṇah*	*arundhatam*	*arudha*
3p॰	अरुणत्	अरुन्धाम्	अरुन्धन्	*aruṇat*	*arundhām*	*arundhan*

(3) Perfect Past Tense : लिट् (परोक्ष-भूते) ***Parasmaipadī :*** **He had hindered**

1p॰	रुरोध	रुरुधिव	रुरुधिम	*rurodha*	*rurudhiva*	*rurudhima*
2p॰	रुरुधिथ	रुरुधिथुः	रुरुध	*rurudhitha*	*rurudhithuh*	*rurudha*
3p॰	रुरोध	रुरुधतुः	रुरुधुः	*rurodha*	*rurudhatuh*	*rurudhuh*

(4) Indefinite Past Tense : लुङ् (दूरवर्ति-भूते) ***Parasmaipadī :*** **He had hindered**

1p॰	अरुधम्	अरुधाव	अरुधाम	*arudham*	*arudhāva*	*arudhāma*
2p॰	अरुधः	अरुधतम्	अरुधत	*arudhah*	*arudhatam*	*arudhata*
3p॰	अरुधत्	अरुधताम्	अरुधन्	*arudhat*	*arudhatām*	*arudhan*

(5) Definite Future : लुट् (सामान्य-भविष्यति) ***Parasmaipadī :*** **He will hinder**

1p॰	रोद्धास्मि	रोद्धास्वः	रोद्धास्मः	*roddhāsmi*	*roddhāsvah*	*roddhāsmah*
2p॰	रोद्धासि	रोद्धास्थः	रोद्धास्थ	*roddhāsi*	*roddhāsthah*	*roddhāstha*
3p॰	रोद्धा	रोद्धारौ	रोद्धारः	*roddhā*	*roddhārau*	*roddhārah*

(6) Indefinite Future : लृट् (अपूर्ण-भविष्यति) *Parasmaipadī :* **He shall hinder**

1pº	रोत्स्यामि	रोत्स्यावः	रोत्स्यामः	*rotsyāmi*	*rotsyāvah*	*rotsyāmah*
2pº	रोत्स्यसि	रोत्स्यथः	रोत्स्यथ	*rotsyasi*	*rotsyathah*	*rotsyatha*
3pº	रोत्स्यति	रोत्स्यतः	रोत्स्यन्ति	*rotsyati*	*rotsyatah*	*rotsyanti*

(7) Conditional Mood : लृङ् (भविष्यति क्रियातिपत्तै) *Parasmaipadī :* **If he hinders**

1pº	अरोत्स्यम्	अरोत्स्याव	अरोत्स्याम	*arotsyam*	*arotsyāva*	*arotsyāma*
2pº	अरोत्स्यः	अरोत्स्यतम्	अरोत्स्यत	*arotsyah*	*arotsyatam*	*arotsyata*
3pº	अरोत्स्यत्	अरोत्स्यताम्	अरोत्स्यन्	*arotsyat*	*arotsyatām*	*arotsyan*

(8) Imperative Mood : लोट् (आज्ञार्थे; प्रश्नार्थे; विध्यादौ) *Parasmaipadī :* **He Should hinder, Please hinder**

1pº	रुणधानि	रुणधाव	रुणधाम	*ruṇadhāni*	*ruṇadhāva*	*ruṇadhāma*
2pº	रुन्द्धि	रुन्द्धम्	रुन्द्ध	*runddhi*	*runddham*	*runddha*
3pº	रुणद्धु	रुन्द्धाम्	रुन्द्धन्तु	*ruṇaddhu*	*runddhām*	*runddhantu*

(9) Potential or Subjunctive Mood : विधिलिङ् (विध्यादौ) *Parasmaipadī :* **He may hinder**

1pº	रुन्ध्याम्	रुन्ध्याव	रुन्ध्याम	*rundhyām*	*rundhyāva*	*rundhyāma*
2pº	रुन्ध्याः	रुन्ध्यातम्	रुन्ध्यात	*rundhyāh*	*rundhyātam*	*rundhyāta*
*3p*º	रुन्ध्यात्	रुन्ध्याताम्	रुन्ध्युः	*rundhyāt*	*rundhyātām*	*rundhyuh*

(10) Benedictive or Optative Mood : आशीर्लिङ् (आशिषि) *Parasmaipadī :* **May he hinder!**

1pº	रुध्यासम्	रुध्यास्व	रुध्यास्म	*rudhyāsam*	*rudhyāsva*	*rudhyāsma*
2pº	रुध्याः	रुध्यास्तम्	रुध्यास्त	*rudhyāh*	*rudhyāstam*	*rudhyāsta*
3pº	रुध्यात्	रुध्यास्ताम्	रुध्यासुः	*rudhyāt*	*rudhyāstām*	*rudhyāsuh*

EXAMPLES :

(1) The Lord destroys the wicked. *devah duṣṭān hinasti.* देवः दुष्टान् हिनस्ति (√हिंस्)।

(2) I shall enjoy peace. *aham˜ śāntim˜ bhokṣāmi.* अहं शांतिं भोक्ष्यामि (√भुज्)।

(3) King enjoys the kingdom. *rājā rājyam˜ bhunakti.* राजा राज्यं भुनक्ति।

THE EIGHTTH CLASS

tanādih gaṇah तनादिः गणः।

The eighth class of the verbs is तनादि (*tanādi*) class. The typical example of this class is the verb √तन् (√*tan* to spread). There are only 10 verbs in this class. The most widely used verb is √kr (to do) √कृ।

In the Present (लट्), Imperfect past (लङ्), Imperative (लोट्) and Potential (विधि) tenses of तनादिः class उ विकरणम् comes in. This उ then becomes ओ with *guṇa,* as explained in the भ्वादिः (1st) class.

1. *Vikaraṇa* उ is added to the verbal base before adding the tense suffixes. तन् + उ = तनु
2. This *vikaraṇa* उ becomes ओ before the (अङित्) suffixes of मि, सि, ति। तनु → तनो + मि = तनोमि, तनोषि, तनोति।
3. This *vikaraṇa* उ is optionally dropped before the suffixes of वः, मः, वहि, महि etc. तनु - उ + वः = तन्वः (तनुवः), तन्मः (तनुमः) , तन्वहे (तनुवहे), तन्महे (तनुमहे) ...etc.

Scheme of Conjugations for the Eighth Class - Root √तन् to spread

(1) Present Tense : लट् (सामान्य-वर्तमाने) ***Parasmaipadī :*** **He spreads**

	Singular	Dual	Plural	Singular	Dual	Plural
1p▫	तनोमि (ओमि)	तन्वः-तनुवः (वः)	तन्मः-तनुमः (मः)	*tanomi*	*tanvah/tanuvah*	*tanmah/tanumah*
2p▫	तनोषि (सि)	तनुथः (थः)	तनुथ (थ)	*tanoṣi*	*tanuthah*	*tanutha*
3p▫	तनोति (ति)	तनुतः (तः)	तन्वन्ति (अन्ति)	*tanoti*	*tanutah*	*tanvanti*

(2) Past imperfect Tense : लङ् (अनद्य-भूते) ***Parasmaipadī :*** **He spreaded**

1p▫	अतनवम्	अतनुव	अतनुम	*atanavam*	*atanuva*	*atanuma*
2p▫	अतनोः	अतनुतम्	अतनुत	*atanoh*	*atanutam*	*atanuta*
3p▫	अतनोत्	अतनुताम्	अतन्वन्	*atanot*	*atanutām*	*atanvan*

(3) Perfect Past Tense : लिट् (परोक्ष-भूते) ***Parasmaipadī :*** **He had spreaded**

1p▫	ततान	तेनिव	तेनिम	*tatāna*	*teniva*	*tenima*
2p▫	तेनिथ	तेनथुः	तेन	*tenitha*	*tenathuh*	*tena*
3p▫	ततान	तेनतुः	तेनुः	*tatāna*	*tenatuh*	*tenuh*

(4) Indefinite Past Tense : लुङ् (दूरवर्ति-भूते) ***Parasmaipadī :*** **he had spreaded**

1p▫	अतानिषम्	अतानिष्व	अतानिष्म	*atāniṣam*	*atāniṣva*	*atāniṣma*
2p▫	अतानीः	अतानिष्टम्	अतानिष्ट	*atānīh*	*atāniṣṭam*	*atāniṣṭa*
3p▫	अतानीत्	अतानिष्टाम्	अतानिषुः	*atānīt*	*atāniṣṭām*	*atāniṣuh*

(5) Definite Future : लुट् (सामान्य-भविष्यति) ***Parasmaipadī :*** **He will spread**

1p▫	तनितास्मि	तनितास्वः	तनितास्मः	*tanitāsmi*	*tanitāsvah*	*tanitāsmah*
2p▫	तनितासि	तनितास्थः	तनितास्थ	*tanitāsi*	*tanitāsthah*	*tanitāstha*
3p▫	तनिता	तनितारौ	तनितारः	*tanitā*	*tanitārau*	*tanitārah*

(6) Indefinite Future : लृट् (अपूर्ण-भविष्यति) ***Parasmaipadī :*** **He shall spread**

1p▫	तनिष्यामि	तनिष्यावः	तनिष्यामः	*taniṣyāmi*	*taniṣyāvah*	*taniṣyāmah*
2p▫	तनिष्यसि	तनिष्यथः	तनिष्यथ	*taniṣyasi*	*taniṣyathah*	*taniṣyatha*
3p▫	तनिष्यति	तनिष्यतः	तनिष्यन्ति	*taniṣyati*	*taniṣyatah*	*taniṣyanti*

(7) Conditional Mood : लृङ् (भविष्यति क्रियातिपत्तौ) ***Parasmaipadī :*** **If he spreads**

1p▫	अतनिष्यम्	अतनिष्याव	अतनिष्याम	*ataniṣyam*	*ataniṣyāva*	*ataniṣyāma*
2p▫	अतनिष्यः	अतनिष्यतम्	अतनिष्यत	*ataniṣyah*	*ataniṣyatam*	*ataniṣyata*
3p▫	अतनिष्यत्	अतनिष्यताम्	अतनिष्यन्	*ataniṣyat*	*ataniṣyatām*	*atanṣyan*

(8) Imperative Mood : लोट् (आज्ञार्थे; प्रश्नार्थे; विध्यादौ) ***Parasmaipadī :*** **He should spread. Please spread.**

1p▫	तनवानि	तनवाव	तनवाम	*tanavāni*	*tanavāva*	*tanavāma*
2p▫	तनु	तनुतम्	तनुत	*tanu*	*tanutam*	*tanuta*
3p▫	तनोतु	तनुताम्	तन्वन्तु	*tanotu*	*tanutām*	*tanvantu*

(9) Potential or Subjunctive Mood : विधिलिङ् (विध्यादौ) ***Parasmaipadī :*** **He may spread**

1p▫	तनुयाम्	तनुयाव	तनुयाम	*tanuyām*	*tanuyāva*	*tanuyāma*
2p▫	तनुयाः	तनुयातम्	तनुयात	*tanuyāh*	*tanuyātam*	*tanuyāta*
3p▫	तनुयात्	तनुयाताम्	तनुयुः	*tanuyāt*	*tanuyātām*	*tanuyuh*

(10) Benedictive or Optative Mood : आशीर्लिङ्` (आशिषि) ***Parasmaipadī :*** **May he spread!**

1p▫	तन्यासम्	तन्यास्व	तन्यास्म	*tanyāsam*	*tanyāsva*	*tanyāsma*
2p▫	तन्याः	तन्यास्तम्	तन्यास्त	*tanyāh*	*tanyāstam*	*tanyāsta*
3p▫	तन्यात्	तन्यास्ताम्	तन्यासुः	*tanyāt*	*tanyāstām*	*tanyāsuh*

EXAMPLES :

The most important verb of this class is √kṛ (√कृ to do).

The complete chart for this verb is as follows : As said above, in the Present (लट्), Imperfect past (लङ्), Imperative (लोट्) and Potential (विधि) tenses, (i) the √कृ take उ विकरणम्। (ii) when उ comes after कृ, the कृ takes *guṇa* and becomes अर् (रपरत्वम्). (iii) then उ विकरणम् is added, as shown in भ्वादिः (1st) class. कृ = क् + ऋ → क् + ऋ + अ + उ = क् + अर् + उ = करु (iv). This *vikaraṇa* उ becomes ओ before the (अङित्) suffixes of मि, सि, ति। कृ → क् + ऋ + अ + ओ + मि = करोमि, करोषि, करोति। ...etc.

To do √kṛ √कृ

1. **लट्** (Present tense, action began but not complete eg▫ I do, I am doing)

परस्मैपदी			आत्मनेपदी		
करोमि	कुर्वः	कुर्मः।	कुर्वे	कुर्वहे	कुर्महे।
करोषि	कुरुथः	कुरुथ।	कुरुषे	कुर्वाथे	कुरुध्वे।
करोति	कुरुतः	कुर्वन्ति।	कुरुते	कुर्वाते	कुर्वते।

2. **लङ्** (First Preterite, Imperfect Past tense, act of recent past eg▫ I was doing, I did)

परस्मैपदी			आत्मनेपदी		
अकरवम्	अकुर्व	अकुर्म।	अकुर्वि	अकुर्वहि	अकुर्महि
अकरोः	अकुरुतम्	अकुरुत।	अकुरुथाः	अकुर्वाथाम्	अकुरुध्वम्
अकरोत्,	अकुरुताम्,	अकुर्वन्।	अकुरुत,	अकुर्वाताम्,	अकुर्वत।

3. **लिट्** (Second Preterite, Perfect Past tense, action of absolute past and out of sight eg▫ he was, he had been)

परस्मैपदी			आत्मनेपदी		
चकार	चकृव	चकृम	चक्रे	चकृवहे	चकृमहे।
चकर्थ	चकृथुः	चकृ	चकृषे	चक्राथे	चकृढ्वे।
चकार	चक्रतुः	चक्रुः	चक्रे	चक्राते	चिक्रिरे।

4. **लुङ्** (Third Preterite, Aorist or Indefinite Past tense, eg▫ I had been, there was a king)

परस्मैपदी			आत्मनेपदी		
अकार्षम्	अकाष्व|	अकाष्म||।	अकृषि	अकृष्वहि	अकृष्महि।
अकार्षीः	अकाष्ट|म्	अकाष्ट|।	अकृथाः	अकृषाथाम्	अकृढ्वम्।
अकार्षीत्	अकाष्टा|म्	अकार्षुः।	अकृत	अकृषाताम्	अकृषत।

5. **लुट्** (Definite Future or First Future tense, the action that will happen after a fixed period, but not remote, although not immidiate. eg▫ I will , I shall do it tommorrow)

परस्मैपदी			आत्मनेपदी		
कर्तास्मि	कर्तास्वः	कर्तास्मः।	कर्ताहे	कर्तास्वहे	कर्तास्महे।
कर्तासि	कर्तास्थः	कर्तास्थ।	कर्तासे	कर्तासाथे	कर्ताध्वे।
कर्ता	कर्तारौ	कर्तारः।	कर्ता	कर्तारौ	कर्तारः।

6. Áट् (Indefinite Future or Second Future tense, action is contingent up on some future event. eg▫ I shall be)

परस्मैपदी			आत्मनेपदी		
करिष्यामि	करिष्यावः	करिष्यामः।	करिष्ये	करिष्यावहे	करिष्यामहे।
करिष्यसि	करिष्यथः	करिष्यथ।	करिष्यसे	करिष्येथे	करिष्यध्वे।
करिष्यति	करिष्यतः	करिष्यन्ति।	करिष्यते	करिष्येते	करिष्यन्ते।

(Imperative mood)
7. लोट् (Order, command, injunction, request, advice. It generally denotes or addresses second or third person eg▫ you do, let me be, O God! help us)

परस्मैपदी			आत्मनेपदी		
करवाणि	करवाव	करवाम।	करवै	करवावहै	करवामहै।
कुरु	कुरुतम्	कुरुत।	कुरुष्व	कुर्वाथाम्	कुरुध्वम्।
करोतु	कुरुताम्	कुर्वन्तु।	कुरुताम्	कुर्वाताम्	कुर्वताम्।

(Subjunctive mood)
8. विधिलिङ् (Potential or possibility, eg▫ It may happen, I may, can, would, should, ought to do)

परस्मैपदी			आत्मनेपदी		
कुर्याम्	कुर्याव	कुर्याम।	कुर्वीय	कुर्वीवहि	कुर्वीमहि।
कुर्याः	कुर्यातम्	कुर्यात।	कुर्वीथाः	कुर्वीयाथाम्	कुर्वीध्वम्।
कुर्यात्	कुर्याताम्	कुर्युः।	कुर्वीत	कुर्वीयाताम्	कुर्वीरन्।

(Precative or Benedictive mood)
9. आशीर्लिङ् (Optative or Benedictive mood, eg▫ may you succeed)

परस्मैपदी			आत्मनेपदी		
क्रियासम्	क्रियास्व	क्रियास्म।	कृषीय	कृषीवहि	कृषीमहि।
क्रियाः	क्रियास्तम्	क्रियास्त।	कृषीष्ठाः	कृषीयास्थाम्	कृषीढ्वम्।
क्रियात्	क्रियास्ताम्	क्रियासु।	कृषीष्ठ	कृषीयास्ताम्	कृषीरन्।

10. Áङ् (Conditional Mood, depending upon, eg▫ I should .. if)

परस्मैपदी			आत्मनेपदी		
अकरिष्यम्	अकरिष्याव	अकरिष्याम	अकरिष्ये	अकरिष्यावहि	अकरिष्यामहि
अकरिष्यः	अकरिष्यतम्	अकरिष्यत	अकरिष्यथाः	अकरिष्येथाम्	अकरिष्यध्वम्
अकरिष्यत्	अकरिष्यताम्	अकरिष्यन्	अकरिष्यत	अकरिष्येताम्	अकरिष्यन्त।

THE NINETH CLASS
kryādih gaṇah क्रयादिः गणः।

The nineth classe of the verbs is क्रयादि *(kryādi)* class. The typical example of this class is the root √क्री (√*krī* to trade; buy or sell). There are 61 verbs in क्रयादि (nineth) class.

In the Present (लट्), Imperfect past (लङ्), Imperative (लोट्) and Potential (विधि) tenses, this class takes ना विकरणम्।

Scheme of Conjugations for the Nineth Class - Root √क्री to trade

(1) **Present Tense :** लट् (सामान्य-वर्तमाने) ***Parasmaipadī :*** **He trades**

	Singular	Dual	Plural	Singular	Dual	Plural
1p▫	क्रीणामि (आमि)	क्रीणीवः (वः)	क्रीणीमः (मः)	*krīṇāmi*	*krīṇīvah*	*krīṇīmah*
2p▫	क्रीणासि (सि)	क्रीणीथः (थः)	क्रीणीथ (थ)	*krīṇāsi*	*krīṇīthah*	*krīṇītha*
3p▫	क्रीणाति (ति)	क्रीणीतः (तः)	क्रीणन्ति (अन्ति)	*krīṇāti*	*krīṇītah*	*krīṇanti*

(2) **Past imperfect Tense :** लङ् (अनद्य-भूते) ***Parasmaipadī :*** **He traded**

1p▫	अक्रीणाम्	अक्रीणीव	अक्रीणीम	*akrīṇām*	*akrīṇīva*	*akrīṇīma*
2p▫	अक्रीणाः	अक्रीणीतम्	अक्रीणीत	*akrīṇāh*	*akrīṇītam*	*akrīṇīta*
3p▫	अक्रीणात्	अक्रीणीताम्	अक्रीणन्	*akrīṇāt*	*akrīṇītām*	*akrīṇan*

(3) **Perfect Past Tense :** लिट् (परोक्ष-भूते) ***Parasmaipadī :*** **He had traded**

1p▫	चिक्राय	चिक्रियिव	चिक्रियिम	*ćikrāya*	*ćikriyiva*	*ćikriyima*
2p▫	चि→यिथ	चिक्रियथुः	चिक्रिथ	*ćikrayitha*	*ćikriyathuh*	*ćikritha*
3p▫	चिक्राय	चिक्रियतुः	चिक्रियुः	*ćikrāya*	*ćikriyatuh*	*ćikriyuh*

(4) **Indefinite Past Tense :** लुङ् (दूरवर्ति-भूते) ***Parasmaipadī :*** **He had traded**

1p▫	अक्रैषम्	अक्रैष्व	अक्रैष्म	*akraiṣam*	*akraiṣva*	*akraiṣma*
2p▫	अक्रैषीः	अक्रैष्टम्	अक्रैष्ट	*akraiṣīh*	*akraiṣṭam*	*akraiṣṭa*
3p▫	अक्रैषीत्	अक्रैष्टाम्	अक्रैषुः	*akraiṣīt*	*akraiṣṭām*	*akraiṣuh*

(5) **Definite Future :** लुट् (सामान्य-भविष्यति) ***Parasmaipadī :*** **He will trade**

1p▫	क्रेतास्मि	क्रेतास्वः	क्रेतास्मः	*kretāsmi*	*kretāsvah*	*kretāsmah*
2p▫	क्रेतासि	क्रेतास्थः	क्रेतास्थ	*kretāsi*	*kretāsthah*	*kretāstha*
3p▫	क्रेता	क्रेतारौ	क्रेतारः	*kretā*	*kretārau*	*kretārah*

(6) **Indefinite Future :** लृट् (अपूर्ण-भविष्यति) ***Parasmaipadī :*** **He shall trade**

1p▫	क्रेष्यामि	क्रेष्यावः	क्रेष्यामः	*kreṣyāmi*	*kreṣyāvah*	*kreṣyāmah*
2p▫	क्रेष्यसि	क्रेष्यथः	क्रेष्यथ	*kreṣyasi*	*kreṣyathah*	*kreṣyatha*
3p▫	क्रेष्यति	क्रेष्यतः	क्रेष्यन्ति	*kreṣyati*	*kreṣyatah*	*kreṣyanti*

(7) **Conditional Mood :** लृङ् (भविष्यति क्रियातिपत्तौ) ***Parasmaipadī :*** **Had he traded**

1p▫	अक्रेष्यम्	अक्रेष्याव	अक्रेष्याम	*akreṣyam*	*akreṣyāva*	*akreṣyāma*
2p▫	अक्रेष्यः	अक्रेष्यतम्	अक्रेष्यत	*akreṣyah*	*akreṣyatam*	*akreṣyata*
3p▫	अक्रेष्यत्	अक्रेष्यताम्	अक्रेष्यन्	*akreṣyat*	*akreṣyatām*	*akreṣyan*

(8) **Imperative Mood :** लोट् (आज्ञार्थे; प्रश्नार्थे; विध्यादौ) ***Parasmaipadī :*** **He should trade. Please trade**

1p▫	क्रीणानि	क्रीणाव	क्रीणाम	*krīṇāni*	*krīṇāva*	*krīṇāma*
2p▫	क्रीणीहि	क्रीणीतम्	क्रीणीत	*krīṇīhi*	*krīṇītam*	*krīṇīta*
3p▫	क्रीणातु	क्रीणीताम्	क्रीणन्तु	*krīṇātu*	*krīṇītām*	*krīṇantu*

(9) **Potential or Subjunctive Mood :** विधिलिङ् (विध्यादौ) ***Parasmaipadī :*** **He may trade**

1p▫	क्रीणीयाम्	क्रीणीयाव	क्रीणीयाम	*krīṇīyām*	*krīṇīyāva*	*krīṇīyāma*
2p▫	क्रीणीयाः	क्रीणीयातम्	क्रीणीयात	*krīṇīyāh*	*krīṇīyātam*	*krīṇīyāta*
3p▫	क्रीणीयात्	क्रीणीयाताम्	क्रीणीयुः	*krīṇīyāt*	*krīṇīyātām*	*krīṇīyuh*

(10) **Benedictive or Optative Mood :** आशीर्लिङ्` (आशिषि) ***Parasmaipadī :*** **May he trade!**

1p▫	क्रीयासम्	क्रीयास्व	क्रीयास्म	*krīyāsam*	*krīyāsva*	*krīyāsma*
2p▫	क्रीयाः	क्रीयास्तम्	क्रीयास्त	*krīyāh*	*krīyāstam*	*krīyāsta*
3p▫	क्रीयात्	क्रीयास्ताम्	क्रीयासुः	*krīyāt*	*krīyāstām*	*krīyāsuh*

EXAMPLES cum EXERCISE :

(1) He buys books. *sah pustakāni krīṇāti.* सः पुस्तकानि क्रीणाति (√क्रृञ्)।

(2) I will by the fruits. *aham˜ phalāni kreṣyāmi.* अहं फलानि क्रेष्यामि।

(3) She is cutting the plant. *sā vṛkṣam˜ lunāti.* सा वृक्षं लुनाति (√लु)।

(4) He wares a blanket. *sah kambalam˜ gṛhṇāti.* सः कम्बलं गृह्णाति (√ग्रह्)।

(5) I am eating food. *aham annam aśnāmi.* अहम् अन्नम् अश्नामि (√अश्)।

(6) I know him. *aham˜ tam˜ jānāmi.* अहं तं जानामि। √ज्ञा = to know.

(7) He knows you. *sah bhavantam˜ jānāti.* सः भवन्तं जानाति।

(8) She knows him. *sā tam˜ jānāti.* सा तं जानाति।

(9) He knew me. *sah mām ajānāt.* सः माम् अजानात्।

(10) We ought to know him. *vayam˜ tam˜ jānīyāma.* वयं तं जानीयाम।

(11) He will know you. *sah bhavantam˜ jñāsyati.* सः भवन्तं ज्ञास्यति।

(12) You must know Sanskrit. *bhavān samskṛtam˜ jānātu.* भवान् संस्कृतं जानातु।

THE TENTH CLASS
ćurādih gaṇah चुरादिः गणः।

The tenth class is चुरादि *(ćurādi)* class. The typical example is root √चुर् (√*ćur* to steal). There are **411** verbs in the चुरादि (tenth) class.

(i) If the middle vowel in a चुरादि verb has a short vowel such as इ, उ or ऋ, it takes *guṇa* (= ए, ओ, अर्) eg▫ (1) चुर् + गुण = च् + उ + अ + र् = चोर्।

(ii) If the root verb ends in इ, उ or ऋ vowel, this इ उ ऋ vowel receives *vrddhi.* eg▫ (2) *ली + वृद्धि = लै + इ = लाय्।* (3) *यु + वृद्धि = यौ + इ = याव्।* (4) *वृ + वृद्धि = वृ + इ = वार्।*

(iii) Then all चुरादि verbs take णिच् suffix, of which ण् and च् get dropped and only इ gets added. eg▫ (1) चोर् + णिच् = चोर् + णिच् - ण् - च + इ = चोरि। (2) लाय् + णिच् = लायि। (3) याद् + णिच् = यादि। (4) वार् + णिच् = वारि।

(iv) This modified root verb then undergoes संज्ञा (modification) eg▫ (1) चोरि = चोरय्। (2) लायि = लायय्। (3) यादि = यादय्। (4) वारि = वारय्। It forms the **verbal base**.

(v) This verbal base receives अ विकरणम् in the Present (लट्), Imperfect past (लङ्), Imperative (लोट्) and Potential (विधि) tenses. eg▫ चोरय् + अ = चोरय।

(vi) But, in Past indefinite tense (लुङ्), the root undergoes duplication and modification.

(vii) *Vikaraṇa* अ is then added before adding the tense suffix. चोरय् + अ = चोरय

(viii) This *vikaraṇa* अ becomes आ before the tense suffixes that begin with म or व। चोरय → चोरया + मि = चोरयामि, चोरयावः चोरयामः।

Scheme of Conjugations for the Tenth Class - Root √चुर् to steal

(1) Present Tense : लट् (सामान्य-वर्तमाने) ***Parasmaipadī :*** **He steals**

	Singular	Dual	Plural	Singular	Dual	Plural
1p▫	चोरयामि (यामि)	चोरयावः (यावः)	चोरयामः (यामः)	*ćorayāmi*	*ćorayāvah*	*ćorayāmah*
2p▫	चोरयसि (यसि)	चोरयथः (यथः)	चोरयथ (यथ)	*ćorayasi*	*ćorayathah*	*ćorayatha*
3p▫	चोरयति (यति)	चोरयतः (यतः)	चोरयन्ति (यन्ति)	*ćorayati*	*ćorayatah*	*ćorayanti*

(2) Past imperfect Tense : लङ् (अनद्य-भूते) ***Parasmaipadī :*** **He stole**

1p▫	अचोरयम्	अचोरयाव	अचोरयाम	*aćorayam*	*aćorayāva*	*aćorayāma*
2p▫	अचोरयः	अचोरयतम्	अचोरयत	*aćorayah*	*aćorayatam*	*aćorayata*
3p▫	अचोरयत्	अचोरयताम्	अचोरयन्	*aćorayat*	*aćorayatām*	*aćorayan*

(3) Perfect Past Tense : लिट् (परोक्ष-भूते) ***Parasmaipadī :*** **He had stolen**

1p▫	चोरयामास	चोरयामासिव	चोरयामासिम	*ćorayāmāsa*	*ćorayāmāsiva*	*ćorayāmāsima*
2p▫	चोरयामासिथ	चोरयामासथुः	चोरयामास	*ćorayāmāsitha*	*ćorayāmāsathuh*	*ćorayāmāsa*
3p▫	चोरयामास	चोरयामासतुः	चोरयामासुः	*ćorayāmāsa*	*ćorayāmāsatuh*	*ćorayāmāsuh*

(4) Indefinite Past Tense : लुङ् (दूरवर्ति-भूते) ***Parasmaipadī :*** **He had stolen**

1p▫	अचूचुरम्	अचूचुराव	अचूचुराम	*aćūćuram*	*aćūćurāva*	*aćūćurāma*
2p▫	अचूचुरः	अचूचुरतम्	अचूचुरत	*aćūćurah*	*aćūćuratam*	*aćūćurata*
3p▫	अचूचुरत्	अचूचुरताम्	अचूचुरन्	*aćūćurat*	*aćūćuratām*	*aćūćuran*

(5) Definite Future : लुट् (सामान्य-भविष्यति) ***Parasmaipadī :*** **He will steal**

1p▫	चोरयितास्मि	चोरतितास्वः	चोरयितास्मः	*ćorayitāsmi*	*ćorayitāsvah*	*ćorayitāsmah*
2p▫	चोरयितासि	चोरयितास्थः	चोरयितास्थ	*ćorayitāsi*	*ćorayitāsthah*	*ćorayitāstha*
3p▫	चोरयिता	चोरयितारौ	चोरयितारः	*ćorayitā*	*ćorayitārau*	*ćorayitārah*

(6) Indefinite Future : लृट् (अपूर्ण-भविष्यति) ***Parasmaipadī :*** **He shall steal**

1p▫	चोरयिष्यामि	चोरयिष्यावः	चोरयिष्यामः	*ćorayisyāmi*	*ćorayiṣyāvah*	*ćorayiṣyāmah*
2p▫	चोरयिष्यसि	चोरयिष्यथः	चोरयिष्यथ	*ćorayisyasi*	*ćorayiṣyathah*	*ćorayiṣyatha*
3p▫	चोरयिष्यति	चोरयिष्यतः	चोरयिष्यन्ति	*ćorayisyati*	*ćorayiṣyatah*	*ćorayiṣyanti*

(7) Conditional Mood : लृङ् (भविष्यति क्रियातिपत्तै) ***Parasmaipadī :*** **If he steals**

1p▫	अचोरयिष्यम्	अचोरयिष्याव	अचोरयिष्याम	*aćorayisyam*	*aćorayiṣyāva*	*aćorayiṣyāma*
2p▫	अचोरयिष्यः	अचोरयिष्यतम्	अचोरयिष्यत	*aćorayisyah*	*aćorayiṣyatam*	*aćorayiṣyata*
3p▫	अचोरयिष्यत्	अचोरयिष्यताम्	अचोरयिष्यन्	*aćorayiṣyat*	*aćorayiṣyatām*	*aćorayiṣyan*

(8) Imperative Mood : लोट् (आज्ञार्थे; प्रश्नार्थे; विध्यादौ) ***Parasmaipadī :*** **He should steal! Please steal!**

1p▫	चोरयाणि	चोरयाव	चोरयाम	*ćorayāṇi*	*ćorayāva*	*ćorayāma*
2p▫	चोरय	चोरयतम्	चोरयत	*ćoraya*	*ćorayatam*	*ćorayata*
3p▫	चोरयतु	चोरयताम्	चोरयन्तु	*ćorayatu*	*ćorayatām*	*ćorayantu*

(9) Potential or Subjunctive Mood : विधिलिङ् (विध्यादौ) ***Parasmaipadī :*** **He may steal**

1p▫	चोरयेयम्	चोरयेव	चोरयेम	*ćorayeyam*	*ćorayeva*	*ćorayema*
2p▫	चोरयेः	चोरयेतम्	चोरयेत	*ćorayeh*	*ćorayetam*	*ćorayeta*
3p▫	चोरयेत्	चोरयेताम्	चोरयेयुः	*ćorayet*	*ćorayetām*	*ćorayeyuh*

(10) Benedictive or Optative Mood : आशीर्लिङ्` (आशिषि) ***Parasmaipadī :*** **May he steal!**

1p▫	चौर्यासम्	चौर्यास्व	चौर्यास्म	*ćauryāsam*	*ćauryāsva*	*ćauryāsma*
2p▫	चौर्याः	चौर्यास्तम्	चौर्यास्त	*ćauryāh*	*ćauryāstam*	*ćauryāsta*
3p▫	चौर्यात्	चौर्यास्ताम्	चौर्यासुः	*ćauryāt*	*ćauryāstām*	*ćauryāsuh*

EXAMPLES cum **EXERCISE** : (cumulative learning)

1. He steals money. *sah dhanam˜ ćorayati.* सः धनं चोरयति।
2. He is stealing money. *sah dhanam˜ ćorayati.* सः धनं चोरयति।
3. I do not steal. *aham˜ na ćorayāmi.* अहं न चोरयामि। Do you steal? *api bhavān ćorayati?* अपि भवान् चोरयति।
4. No one may steal. *ko'pi na ćorayet.* कोऽपि न चोरयेत्।
5. I am telling you. *aham˜ bhavantam˜ kathayāmi.* अहं भवन्तं कथयामि।
6. He told me a story. *sah mām˜ kathām akathayat.* सः मां कथाम् अकथयत् (√कथ्)।
7. They will tell him. *te tam˜ kathayiṣyanti.* ते तं कथयिष्यन्ति।

2. CHARTS of CASES

(1) MASCULINE NOUN ENDING IN *(a)* अ (राम) Rāma (Gītā 10.31)

CASE-विभक्ति	Singular	Dual	Plural
(1st) Nominative -	रामः	रामौ	रामाः
(2nd) Accusative (to, what?)	रामम्	रामौ	रामान्
(3rd) Instrumental (with, by)	रामेण	रामाभ्याम्	रामैः
(4th) Dative (for, to)	रामाय	रामाभ्याम्	रामेभ्यः
(5th) Ablative (from. than)	रामात्	रामाभ्याम्	रामेभ्यः
(6th) Possessive (of)	रामस्य	रामयोः	रामाणाम्
(7th) Locative (in, on)	रामे	रामयोः	रामेषु
Vocative (address)	राम	रामौ	रामाः

(2) NEUTER NOUN ENDING IN *(a)* अ (वन) forest

(1st) Nominative -	वनम्	वने	वनानि
(2nd) Accusative (to, what?)	वनम्	वने	वनानि
(3rd) Instrumental (with, by)	वनेन	वनाभ्याम्	वनैः
(4th) Dative (for, to)	वनाय	वनाभ्याम्	वनेभ्यः
(5th) Ablative (from. than)	वनात्	वनाभ्याम्	वनेभ्यः
(6th) Possessive (of)	वनस्य	वनयोः	वनानाम्
(7th) Locative (in, on)	वने	वनयोः	वनेषु
Vocative (address)	वन	वने	वनानि

(3) FEMININE NOUN ENDING IN *(ā)* आ (माला) necklace

CASE-विभक्ति	Singular	Dual	Plural
(1st) Nominative -	माला	माले	मालाः
(2nd) Accusative (to, what?)	मालाम्	माले	मालाः
(3rd) Instrumental (with, by)	मालया	मालाभ्याम्	मालाभिः
(4th) Dative (for, to)	मालायै	मालाभ्याम्	मालाभ्यः
(5th) Ablative (from. than)	मालायाः	मालाभ्याम्	मालाभ्यः
(6th) Possessive (of)	मालायाः	मालयोः	मालानाम्
(7th) Locative (in, on)	मालायाम्	मालयोः	मालासु
Vocative (address)	माले	माले	मालाः

(4) MASCULINE NOUN ENDING IN *(i)* इ (कवि) poet (Gītā 10.39)

(1st) Nominative -	कविः	कवी	कवयः
(2nd) Accusative (to, what?)	कविम्	कवी	कवीन्
(3rd) Instrumental (with, by)	कविना	कविभ्याम्	कविभिः
(4th) Dative (for, to)	कवये	कविभ्याम्	कविभ्यः
(5th) Ablative (from. than)	कवेः	कविभ्याम्	कविभ्यः
(6th) Possessive (of)	कवेः	कव्योः	कवीनाम्
(7th) Locative (in, on)	कवौ	कव्योः	कविषु
Vocative (address)	कवे	कवी	कवयः

(5) NEUTER NOUN ENDING IN *(i)* इ (वारि) water

CASE-विभक्ति	Singular	Dual	Plural
(1st) Nominative -	वारि	वारिणी	वारीणि
(2nd) Accusative (to, what?)	वारि	वारिणी	वारीणि
(3rd) Instrumental (with, by)	वारिणा	वारिभ्याम्	वारिभिः
(4th) Dative (for, to)	वारिणे	वारिभ्याम्	वारिभ्यः
(5th) Ablative (from. than)	वारिणः	वारिभ्याम्	वारिभ्यः
(6th) Possessive (of)	वारिणः	वारिणोः	वारीणाम्
(7th) Locative (in, on)	वारिणि	वारिणोः	वारिषु
Vocative (address)	वारे, वारि	वारिणी	वारीणि

(6) FEMININE NOUN ENDING IN *(i)* **इ (मति)** mind (Gītā 6.36)

(1st) Nominative -	मतिः	मती	मतयः
(2nd) Accusative (to, what?)	मतिम्	मती	मतीः
(3rd) Instrumental (with, by)	मत्या	मतिभ्याम्	मतिभिः
(4th) Dative (for, to)	मत्यै, मतये	मतिभ्याम्	मतिभ्यः
(5th) Ablative (from, than)	मत्याः, मतेः	मतिभ्याम्	मतिभ्यः
(6th) Possessive (of)	मत्याः, मतेः	मत्योः	मतीनाम्
(7th) Locative (in, on)	मत्याम्, मतौ	मत्योः	मतिषु
Vocative (address)	मते	मती	मतयः

(7) FEMININE NOUN ENDING IN *(ī)* **ई (नदी)** river (Gītā 11.28)

CASE-विभक्ति	Singular	Dual	Plural
(1st) Nominative -	नदी	नद्यौ	नद्यः
(2nd) Accusative (to, what?)	नदीम्	नद्यौ	नदीः
(3rd) Instrumental (with, by)	नद्या	नदीभ्याम्	नदीभिः
(4th) Dative (for, to)	नद्यै	नदीभ्याम्	नदीभ्यः
(5th) Ablative (from. than)	नद्याः	नदीभ्याम्	नदीभ्यः
(6th) Possessive (of)	नद्याः	नद्योः	नदीनाम्
(7th) Locative (in, on)	नद्याम्	नद्योः	नदीषु
Vocative (address)	नदि	नद्यौ	नद्यः

(8) MASCULINE NOUN ENDING IN *(u)* **उ (गुरु)** teacher (Gītā 2.5)

(1st) Nominative -	गुरुः	गुरू	गुरवः
(2nd) Accusative (to, what?)	गुरुम्	गुरू	गुरून्
(3rd) Instrumental (with, by)	गुरुणा	गुरुभ्याम्	गुरुभिः
(4th) Dative (for, to)	गुरवे	गुरुभ्याम्	गुरुभ्यः
(5th) Ablative (from. than)	गुरोः	गुरुभ्याम्	गुरुभ्यः
(6th) Possessive (of)	गुरोः	गुर्वोः	गुरुणाम्
(7th) Locative (in, on)	गुरौ	गुर्वोः	गुरुषु
Vocative (address)	गुरो	गुरू	गुरवः

(9) FEMININE NOUN ENDING IN *(u)* **उ (धेनु)** cow (Gītā 10.28)

(1st) Nominative -	धेनुः	धेनू	धेनवः

(2nd) Accusative (to, what?)	धेनुम्	धेनू	धेनूः
(3rd) Instrumental (with, by)	धेन्वा	धेनुभ्याम्	धेनुभिः
(4th) Dative (for, to)	धेन्वै	धेनुभ्याम्	धेनुभ्यः
(5th) Ablative (from. than)	धेनोः	धेनुभ्याम्	धेनुभ्यः
(6th) Possessive (of)	धेनोः	धेन्वोः	धेनूनाम्
(7th) Locative (in, on)	धेन्वाम्	धेन्वोः	धेनुषु
Vocative (address)	धेनो	धेनू	धनवः

(10) FEMININE NOUN ENDING IN *(ū)* **ऊ (वधू)** bride

CASE-विभक्ति	Singular	Dual	Plural
(1st) Nominative -	वधूः	वध्वौ	वध्वः
(2nd) Accusative (to, what?)	वधूम्	वध्वौ	वधूः
(3rd) Instrumental (with, by)	वध्वा	वधूभ्याम्	वधूभिः
(4th) Dative (for, to)	वध्वै	वधूभ्याम्	वधूभ्यः
(5th) Ablative (from. than)	वध्वाः	वधूभ्याम्	वधूभ्यः
(6th) Possessive (of)	वध्वाः	वध्वोः	वधूनाम्
(7th) Locative (in, on)	वध्वाम्	वध्वोः	वधूषु
Vocative (address)	वधु	वध्वौ	वध्वः

(11) MASCULINE NOUN ENDING IN *(ṛ)* **ऋ (पितृ)** father (Gītā 1.26)

(1st) Nominative -	पिता	पितरौ	पितरः
(2nd) Accusative (to, what?)	पितरम्	पितरौ	पितॄन्
(3rd) Instrumental (with, by)	पित्रा	पितृभ्याम्	पितृभिः
(4th) Dative (for, to)	पित्रे	पितृभ्याम्	पितृभ्यः
(5th) Ablative (from. than)	पितुः	पितृभ्याम्	पितृभ्यः
(6th) Possessive (of)	पितुः	पित्रोः	पितॄणाम्
(7th) Locative (in, on)	पितरि	पित्रोः	पितृषु
Vocative (address)	पितः	पितरौ	पितरः

(12) FEMININE NOUN ENDING IN *(ṛ)* **ऋ (मातृ)** mother (Gītā 9.17)

(1st) Nominative -	माता	मातरौ	मातरः
(2nd) Accusative (to, what?)	मातरम्	मातरौ	मातॄः
(3rd) Instrumental (with, by)	मात्रा	मातृभ्याम्	मातृभिः
(4th) Dative (for, to)	मात्रे	मातृभ्याम्	मातृभ्यः
(5th) Ablative (from. than)	मातुः	मातृभ्याम्	मातृभ्यः
(6th) Possessive (of)	मातुः	मात्रोः	मातॄणाम्
(7th) Locative (in, on)	मातरि	मात्रोः	मातृषु
Vocative (address)	मातः	मातरौ	मातरः

(13) FEMININE NOUN ENDING IN *(ć)* **च् (वाच्)** speech (Gītā 2.42)

(1st) Nominative -	वाक्	वाचौ	वाचः
(2nd) Accusative (to, what?)	वाचम्	वाचौ	वाचः
(3rd) Instrumental (with, by)	वाचा	वाग्भ्याम्	वाग्भिः
(4th) Dative (for, to)	वाचे	वाग्भ्याम्	वाग्भ्यः
(5th) Ablative (from. than)	वाचः	वाग्भ्याम्	वाग्भ्यः

(6th) Possessive (of)	वाचः	वाचोः	वाचाम्
(7th) Locative (in, on)	वाचि	वाचोः	वाक्षु
Vocative (address)	वाक्-वाग्	वाचौ	वाचः

(14) MASCULINE NOUN ENDING IN *(t)* **त् (मरुत्)** wind (Gītā 10.21)

(1st) Nominative -	मरुत्	मरुतौ	मरुतः
(2nd) Accusative (to, what?)	मरुतम्	मरुतौ	मरुतः
(3rd) Instrumental (with, by)	मरुता	मरुद्भ्याम्	मरुद्भिः
(4th) Dative (for, to)	मरुते	मरुद्भ्याम्	मरुद्भ्यः
(5th) Ablative (from. than)	मरुतः	मरुद्भ्याम्	मरुद्भ्यः
(6th) Possessive (of)	मरुतः	मरुतोः	मरुताम्
(7th) Locative (in, on)	मरुति	मरुतोः	मरुत्सु
Vocative (address)	मरुत्	मरुतौ	मरुतः

(15) MASCULINE PRONOUN ENDING IN *t* **त् (भवत्)** you (Gītā 1.8)

(1st) Nominative -	भवान्	भवन्तौ	भवन्तः
(2nd) Accusative (to, what?)	भवन्तम्	भवन्तौ	भवतः
(3rd) Instrumental (with, by)	भवता	भवद्भ्याम्	भवद्भिः
(4th) Dative (for, to)	भवते	भवद्भ्याम्	भवद्भ्यः
(5th) Ablative (from. than)	भवतः	भवद्भ्याम्	भवद्भ्यः
(6th) Possessive (of)	भवतः	भवतोः	भवताम्
(7th) Locative (in, on)	भवति	भवतोः	भवत्सु
Vocative (address)	भवन्	भवन्तौ	भवन्तः

(16) NEUTER NOUN ENDING IN *(t)* **त् (जगत्)** world (Gītā 7.6)

(1st) Nominative -	जगत्	जगती	जगन्ति
(2nd) Accusative (to, what?)	जगत्	जगती	जगन्ति
(3rd) Instrumental (with, by)	जगता	जगद्भ्याम्	जगद्भिः
(4th) Dative (for, to)	जगते	जगद्भ्याम्	जगद्भ्यः
(5th) Ablative (from. than)	जगतः	जगद्भ्याम्	जगद्भ्यः
(6th) Possessive (of)	जगतः	जगतोः	जगताम्
(7th) Locative (in, on)	जगति	जगतोः	जगत्सु
Vocative (address)	जगत्	जगती	जगन्ति

(17) MASCULINE NOUN ENDING IN *(d)* **द् (सुहृद्)** friend (Gītā 1.26)

CASE-विभक्ति	Singular	Dual	Plural
(1st) Nominative -	सुहृद्	सुहृदौ	सुहृदः
(2nd) Accusative (to, what?)	सुहृदम्	सुहृदौ	सुहृदः
(3rd) Instrumental (with, by)	सुहृदा	सुहृद्भ्याम्	सुहृद्भिः
(4th) Dative (for, to)	सुहृदे	सुहृद्भ्याम्	सुहृद्भ्यः
(5th) Ablative (from. than)	सुहृदः	सुहृद्भ्याम्	सुहृद्भ्यः
(6th) Possessive (of)	सुहृदः	सुहृदोः	सुहृदाम्
(7th) Locative (in, on)	सुहृदि	सुहृदोः	सुहृत्सु
Vocative (address)	सुहृद्	सुहृदौ	सुहृदः

(18) MASCULINE NOUN ENDING IN *in* इन् (शशिन्) moon (Gītā 10.21)

CASE-विभक्ति	Singular	Dual	Plural
(1st) Nominative -	शशी	शशिनौ	शशिनः
(2nd) Accusative (to, what?)	शशिनम्	शशिनौ	शशिनः
(3rd) Instrumental (with, by)	शशिना	शशिभ्याम्	शशिभिः
(4th) Dative (for, to)	शशिने	शशिभ्याम्	शशिभ्यः
(5th) Ablative (from. than)	शशिनः	शशिभ्याम्	शशिभ्यः
(6th) Possessive (of)	शशिनः	शशिनोः	शशिनाम्
(7th) Locative (in, on)	शशिनि	शशिनोः	शशिषु
Vocative (address)	शशिन्	शशिनौ	शशिनः

(19) MASCULINE NOUN ENDING IN *(n)* न् (आत्मन्) soul (Gītā 6.5)

(1st) Nominative -	आत्मा	आत्मानौ	आत्मानः
(2nd) Accusative (to, what?)	आत्मानम्	आत्मानौ	आत्मनः
(3rd) Instrumental (with, by)	आत्मना	आत्मभ्याम्	आत्मभिः
(4th) Dative (for, to)	आत्मने	आत्मभ्याम्	आत्मभ्यः
(5th) Ablative (from. than)	आत्मनः	आत्मभ्याम्	आत्मभ्यः
(6th) Possessive (of)	आत्मनः	आत्मनोः	आत्मनाम्
(7th) Locative (in, on)	आत्मनि	आत्मनोः	आत्मसु
Vocative (address)	आत्मन्	आत्मानौ	आत्मनः

(20) NEUTER NOUN ENDING IN *(n)* न् (कर्मन्) deed (Gītā 2.49)

(1st) Nominative -	कर्म	कर्मणी	कर्माणि
(2nd) Accusative (to, what?)	कर्म	कर्मणी	कर्माणि
(3rd) Instrumental (with, by)	कर्मणा	कर्मभ्याम्	कर्मभिः
(4th) Dative (for, to)	कर्मणे	कर्मभ्याम्	कर्मभ्यः
(5th) Ablative (from. than)	कर्मणः	कर्मभ्याम्	कर्मभ्यः
(6th) Possessive (of)	कर्मणः	कर्मणोः	कर्मणाम्
(7th) Locative (in, on)	कर्मणि	कर्मणोः	कर्मसु
Vocative (address)	कर्म	कर्मणी	कर्माणि

(21) MASCULINE NOUN ENDING IN *(s)* स् (चन्द्रमस्) moon (Gītā 15.12)

(1st) Nominative -	चन्द्रमाः	चन्द्रमसौ	चन्द्रमसः
(2nd) Accusative (to, what?)	चन्द्रमसम्	चन्द्रमसौ	चन्द्रमसः
(3rd) Instrumental (with, by)	चन्द्रमसा	चन्द्रमोभ्याम्	चन्द्रमोभिः
(4th) Dative (for, to)	चन्द्रमसे	चन्द्रमोभ्याम्	चन्द्रमोभ्यः
(5th) Ablative (from. than)	चन्द्रमसः	चन्द्रमोभ्याम्	चन्द्रमोभ्यः
(6th) Possessive (of)	चन्द्रमसः	चन्द्रमसोः	चन्द्रमसाम्
(7th) Locative (in, on)	चन्द्रमसि	चन्द्रमसोः	चन्द्रमःसु
Vocative (address)	चन्द्रमः	चन्द्रमसौ	चन्द्रमसः

(22) NEUTER NOUN ENDING IN *(s)* स् (पयस्) water, milk

(1st) Nominative -	पयः	पयसी	पयांसि
(2nd) Accusative (to, what?)	पयः	पयसी	पयांसि

(3rd) Instrumental (with, by)	पयसा	पयोभ्याम्	पयोभिः
(4th) Dative (for, to)	पयसे	पयोभ्याम्	पयोभ्यः
(5th) Ablative (from. than)	पयसः	पयोभ्याम्	पयोभ्यः
(6th) Possessive (of)	पयसः	पयसोः	पयसाम्
(7th) Locative (in, on)	पयसि	पयसोः	पयःसु
Vocative (address)	पयः	पयसी	पयांसि

(23) **MASCULINE ADJECTIVE ENDING IN** *(s)* स् (गरीयस्) superior (Gītā 11.43)

CASE-विभक्ति	Singular	Dual	Plural
(1st) Nominative -	गरीयान्	गरीयांसौ	गरीयांसः
(2nd) Accusative (to, what?)	गरीयांसम्	गरीयांसौ	गरीयसः
(3rd) Instrumental (with, by)	गरीयसा	गरीयोभ्याम्	गरीयोभिः
(4th) Dative (for, to)	गरीयसे	गरीयोभ्याम्	गरीयोभ्यः
(5th) Ablative (from. than)	गरीयः	गरीयोभ्याम्	गरीयोभ्यः
(6th) Possessive (of)	गरीयः	गरीयसोः	गरीयसाम्
(7th) Locative (in, on)	गरीयसि	गरीयसोः	गरीयसु

DECLENSIONS OF THE PRONOUNS

(24) **FIRST PERSON, I** (अस्मद्) — **2nd PERSON, You** (युष्मद्)

(1st)	अहम्	आवाम्	वयम्	त्वम्	युवाम्	यूयं
(2nd)	माम्,मा	आवाम् , नौ	अस्मान्, नः	त्वाम्, त्वा	युवाम्, वाम्	युष्मान्,वः
(3rd)	मया	आवाभ्याम्	अस्माभिः	त्वया	युवाभ्यां	युष्माभिः
(4th)	मह्यम्, मे	आवाभ्याम्, नौ	अस्मभ्यः,नः	तुभ्यम्, ते	युवाभ्या, वाम्	युष्मभ्यः,वः
(5th)	मत्	आवाभ्याम्	अस्मत्	त्वत्	युवाभ्यां	युष्मत्
(6th)	मम,मे	आवयोः, नौ	अस्माकम्, नः	तव, ते	युवयोः, वाम्	युष्माकं,वः
(7th)	मयि	आवयोः	अस्मासु	त्वयि	युवयोः	युष्मासु

(25) **THIRD PERSON, He she,it** - away (तद्)

	MASCULINE, he			FEMININE, she		
(1st)	सः	तौ	ते	सा	ते	ताः
(2nd)	तम्	तौ	तान्	ताम्	ते	ताः
(3rd)	तेन	ताभ्याम्	तैः	तया	ताभ्याम्	ताभिः
(4th)	तस्मै	ताभ्याम्	तेभ्यः	तस्यै	ताभ्याम्	ताभ्यः
(5th)	तस्मात्	ताभ्याम्	तेभ्यः	तस्याः	ताभ्याम्	ताभ्यः
(6th)	तस्य	तयोः	तेषाम्	तस्याः	तयोः	तासाम्
(7th)	तस्मिन्	तयोः	तेषु	तस्याम्	तयोः	तासु

NEUTER GENDER, it

(1st)	तत्-तद्	ते	तानि
(2nd)	तत्-तद्	ते	तानि The rest is same as MASCULINE↑

(26) **WHO, WHICH** (यद्)

	MASCULINE			FEMININE		
(1st)	यः	यौ	ये	या	ये	याः
(2nd)	यम्	यौ	यान्	याम्	ये	याः
(3rd)	येन	याभ्याम्	यैः	यया	याभ्याम्	याभिः

(4th)	यस्मै	याभ्याम्	येभ्यः	यस्यै	याभ्याम्	याभ्यः
(5th)	यस्मात्	याभ्याम्	येभ्यः	यस्याः	याभ्याम्	याभ्यः
(6th)	यस्य	ययोः	येषाम्	यस्याः	ययोः	यासाम्
(7th)	यस्मिन्	ययोः	येषु	यस्याम्	ययोः	यासु

NEUTER GENDER

(1st)	यत्-यद्	ये	यानि	
(2nd)	यत्-यद्	ये	यानि	The rest is same as MASCULINE↑

(27) THIS - near (इदम्)

	MASCULINE			FEMININE		
(1st)	अयम्	इमौ	इमे	इयम्	इमे	इमाः
(2nd)	इमम्	इमौ	इमान्	इमाम्	इमे	इमाः
(3rd)	अनेन	आभ्याम्	एभिः	अनया	आभ्याम्	आभिः
(4th)	अस्मै	आभ्याम्	एभ्यः	अस्यै	आभ्याम्	आभ्यः
(5th)	अस्मात्	आभ्याम्	एभ्यः	अस्याः	आभ्याम्	आभ्यः
(6th)	अस्य	अनयोः	एषाम्	अस्याः	अनयोः	आसाम्
(7th)	अस्मिन्	अनयोः	एषु	अस्याम्	अनयोः	आसु

NEUTER GENDER

(1st)	इदम्	इमे	इमानि	
(2nd)	इदम्	इमे	इमानि	The rest is same as MASCULINE↑

(28) **THIS** - close (एतद्)

	MASCULINE			FEMININE		
(1st)	एषः	एतौ	एते	एषा	एते	एताः
(2nd)	एतम्	एतौ	एतान्	एताम्	एते	एताः
(3rd)	एतेन	एताभ्याम्	एतैः	एतया	एताभ्याम्	एताभिः
(4th)	एतस्मै	एताभ्याम्	एतेभ्यः	एतस्यै	एताभ्याम्	एताभ्यः
(5th)	एतस्मात्	एताभ्याम्	एतेभ्यः	एतस्याः	एताभ्याम्	एताभ्यः
(6th)	एतस्य	एतयोः	एतेषाम्	एतस्याः	एतयोः	एतासां
(7th)	एतस्मिन्	एतयोः	एतेषु	एतस्याम्	एतयोः	एतासु

NEUTER GENDER

(1st)	एतत्	एते	एतानि	
(2nd)	एतत्	एते	एतानि	The rest is same as MASCULINE↑

(29) **MASCULINE PRONOUN** सर्व **(all)**

CASE-विभक्ति	Singular	Dual	Plural
(1st) Nominative -	सर्वः	सर्वौ	सर्वे
(2nd) Accusative (to, what?)	सर्वम्	सर्वौ	सर्वान्
(3rd) Instrumental (with, by)	सर्वेण	सर्वाभ्याम्	सर्वैः
(4th) Dative (for, to)	सर्वस्मै	सर्वाभ्याम्	सर्वेभ्यः
(5th) Ablative (from. than)	सर्वस्मात्	सर्वाभ्याम्	सर्वेभ्यः
(6th) Possessive (of)	सर्वस्य	सर्वयोः	सर्वेषाम्
(7th) Locative (in, on)	सर्वस्मिन्	सर्वयोः	सर्वेषु
Vocative	सर्व	सर्वौ	सर्वे

NEUTER PRONOUN सर्व

(1st)	सर्वम्	सर्वे	सर्वाणि
(2nd)	सर्वम्	सर्वे	सर्वाणि The rest is same as MASCULINE↑

FEMININE PRONOUN सर्व

(1st) Nominative -	सर्वा	सर्वे	सर्वाः
(2nd) Accusative (to, what?)	सर्वाम्	सर्वे	सर्वाः
(3rd) Instrumental (with, by)	सर्वया	सर्वाभ्याम्	सर्वाभिः
(4th) Dative (for, to)	सर्वस्यै	सर्वाभ्याम्	सर्वाभ्यः
(5th) Ablative (from. than)	सर्वस्याः	सर्वाभ्याम्	सर्वाभ्यः
(6th) Possessive (of)	सर्वस्याः	सर्वयोः	सर्वासाम्
(7th) Locative (in, on)	सर्वस्याम्	सर्वयोः	सर्वासु
Vocative	सर्वे	सर्वे	सर्वाः

(30) MASCULINE PRONOUN किम् (what, who?)

CASE-विभक्ति	Singular	Dual	Plural
(1st) Nominative -	कः	कौ	के
(2nd) Accusative (to, what?)	कम्	कौ	कान्
(3rd) Instrumental (with, by)	केन	काभ्याम्	कैः
(4th) Dative (for, to)	कस्मै	काभ्याम्	केभ्यः
(5th) Ablative (from. than)	कस्मात्	काभ्याम्	केभ्यः
(6th) Possessive (of)	कस्य	कयोः	केषाम्
(7th) Locative (in, on)	कस्मिन्	कयोः	केषु

NEUTER PRONOUN किम्

(1st)	किम्	के	कानि
(2nd)	किम्	के	कानि The rest is same as MASCULINE↑

FEMININE PRONOUN किम्

(1st) Nominative -	का	के	काः
(2nd) Accusative (to, what?)	काम्	के	काः
(3rd) Instrumental (with, by)	कया	काभ्याम्	काभिः
(4th) Dative (for, to)	कस्यै	काभ्याम्	काभ्यः
(5th) Ablative (from. than)	कस्याः	काभ्याम्	काभ्यः
(6th) Possessive (of)	कस्याः	कयोः	कासाम्
(7th) Locative (in, on)	कस्याम्	कयोः	कासु

4. DECLENSIONS OF THE NUMERICAL ADJECTIVES

(31) ONE (एक)

Always Singular

CASE	Masculine	Neuter	Feminine
(1st)	एकः	एकम्	एका

(32) TWO (द्वि)

Always Dual

Masculine	Neuter	Feminine
द्वौ	द्वे	द्वे

(2nd)	एकम्	एकम्	एकाम्	द्वौ	द्वे	द्वे
(3rd)	एकेन	एकेन	एकया	द्वाभ्याम्	द्वाभ्याम्	द्वाभ्याम्
(4th)	एकस्मै	एकस्मै	एकस्यै	द्वाभ्याम्	द्वाभ्याम्	द्वाभ्याम्
(5th)	एकस्मात्	एकस्मात्	एकस्याः	द्वाभ्याम्	द्वाभ्याम्	द्वाभ्याम्
(6th)	एकस्य	एकस्य	एकस्याः	द्वयोः	द्वयोः	द्वयोः
(7th)	एकस्मिन्	एकस्मिन्	एकस्याम्	द्वयोः	द्वयोः	द्वयोः
(Voc)	एक	एके	एक	द्वौ	द्वे	द्वे

(33) THREE (त्रि)

Always Plural

CASE	Masculine	Neuter	Feminine
(1st)	त्रयः	त्रीणि	तिस्रः
(2nd)	त्रीन्	त्रीणि	तिस्रः
(3rd)	त्रिभिः	त्रिभिः	तिसृभिः
(4th)	त्रिभ्यः	त्रिभ्यः	तिसृभ्यः
(5th)	त्रिभ्यः	त्रिभ्यः	तिसृभ्यः
(6th)	त्रयाणाम्	त्रयाणाम्	तिसृणाम्
(7th)	त्रिषु	त्रिषु	तिसृषु
(Voc)	त्रयः	तिस्रः	त्रीणि

(34) FOUR (चतुर्)

Always Plural

	Masculine	Neuter	Feminine
(1st)	चत्वारः	चत्वारि	चतस्रः
(2nd)	चतुरः	चत्वारि	चतस्रः
(3rd)	चतुर्भिः	चतुर्भिः	चतसृभिः
(4th)	चतुर्भ्यः	चतुर्भ्यः	चतसृभ्यः
(5th)	चतुर्भ्यः	चतुर्भ्यः	चतसृभ्यः
(6th)	चतुर्णाम्	चतुर्णाम्	चतसृणाम्
(7th)	चतुर्षु	चतुर्षु	चतसृषु
(Voc)	चत्वारः	चत्वारि	चतस्रः

(35) FIVE	SIX	SEVEN	EIGHT	NINE
पञ्चन्	षष्	सप्तन्	अष्टन्	नवन्

Same in all three genders; always plural.

5.	6.	7.	8.	9.
पञ्च	षट्-षड्	सप्त	अष्ट-अष्टौ	नव
पञ्च	षट्-षड्	सप्त	अष्ट-अष्टौ	नव
पञ्चभिः	षड्भिः	सप्तभिः	अष्टभिः	नवभिः
पञ्चभ्यः	षड्भ्यः	सप्तभ्यः	अष्टभ्यः	नवभ्यः
पञ्चभ्यः	षड्भ्यः	सप्तभ्यः	अष्टभ्यः	नवभ्यः
पञ्चानाम्	षण्णाम्	सप्तानाम्	अष्टानाम्	नवानाम्
पञ्चसु	षट्सु	सप्तसु	अष्टसु	नवसु
पञ्च	षट्-षड्	सप्त	अष्ट-अष्टौ	नव

NOTES:

(i) Numerals from दशन् to नवदशन् decline same as नवन्।

(ii) एकोनविंशति, ऊनविंशति and विंशति are feminine words. They decline like word मति given above.

EXAMPLES :

ईश्वरः एकः अस्ति हस्तौ पादौ च द्वौ भवतः। महादेवाः त्रयः कथ्यन्ते वेदाः चत्वारः सन्ति।
पाण्डवाः पञ्च आसन् ऋतवः षट् भवन्ति। सप्ताहे सप्त वासराःलूतायाः अष्ट पादाः वै।
ग्रहाः तु नव ज्ञाताः रावणस्य मुखानि दश॥

5. RATNAKAR'S CHART OF PARTICIPLES

ADJECTIVES AND INDECLINABLES

(1) ADJECTIVE PARTICIPLES

Participle	Suffix		Example - root verbs √कृ √लभ्	
1. Past Passive Participle	त	(क्त)	कृत	(done, has been done)
2. Past Active Participle	तवत्	(क्तवतु)	कृतवत्	(has done)
3. Present Active Participle	अत्	(शतृ)	कुर्वत्	(doing, while doing, doer)
4. Present Active Participle	आन	(शानच्)	कुर्वाण	(doing)
5. Present Active Participle	मान	(शानच्)	लभमान	(getting)
6. Present Passive Participle	यमान	(शानच्)	क्रियमाण	(being done)
7. Potential Passive Participle	तव्य	(तव्यत्)	कर्तव्य	(ought, fit to be done)
	अनीय	(अनीयर्)	करणीय	(ought, fit to be done)
	य	(यत्)	कार्य	(ought, fit to be done)

(2) INDECLINABLE PARTICIPLES

Participle	Suffix		Example - root verbs √कृ √लभ्
8. Indeclinable Past Participle (without a prefix, Gerund)	त्वा	(क्त्वा)	कृत्वा (having done)
9. Indeclinable Past Participle (with a prefix)	य	(ल्यप्)	अनुकृत्य (having done accordingly)
10. Infinitive of Purpose	तुम्	(तुमुन्)	कर्तुम् (for doing)

6. TENSES AND MOODS OF COMMON VERBS

तिङन्तप्रकरणम्।

2p √as (√अस्`) to be

Present Tense (लट्)

अस्मि	स्वः	स्मः
असि	स्थः	स्थ
अस्ति	स्तः	सन्ति

Past Tense (लङ्)

आसम्	आस्व	आस्म
आसीः	आस्तम्	आस्त
आसीत्	आस्ताम्	आसन्

Future Tense (लृट्)

भविष्यामि	भविष्यावः	भविष्यामः
भविष्यसि	भविष्यथः	भविष्यथ
भविष्यति	भविष्यतः	भविष्यन्ति

Imperative mood (लोट्)

असानि	असाव	असाम
एधि	स्तम्	स्त
अस्तु	स्ताम्	सन्तु

Potential mood (विधिलिङ्)

स्याम्	स्याव	स्याम
स्याः	स्यातम्	स्यात
स्यात्	स्याताम्	स्युः

6p √is (√इष्) to desire

Present Tense (लट्)

इच्छामि	इच्छावः	इच्छामः
इच्छसि	इच्छथः	इच्छथ
इच्छति	इच्छतः	इच्छन्ति

Past Tense (लङ्)

ऐच्छम्	ऐच्छाव	ऐच्छाम
ऐच्छः	ऐच्छतम्	ऐच्छत
ऐच्छत्	ऐच्छताम्	ऐच्छन्

Future Tense (लृट्)

एषिष्यामि	एषिष्यावः	एषिष्यामः
एषिष्यसि	एषिष्यथः	एषिष्यथ
एषिष्यति	एषिष्यतः	एषिष्यन्ति

Imperative mood (लोट्)

इच्छानि	इच्छाव	इच्छाम
इच्छ	इच्छतम्	इच्छत
इच्छतु	इच्छताम्	इच्छन्तु

Potential mood (विधिलिङ्)

इच्छेयम्	इच्छेव	इच्छेम
इच्छेः	इच्छेतम्	इच्छेत
इच्छेत्	इच्छेताम्	इच्छेयुः

10p √kath (√कथ्`) to tell

Present Tense (लट्)

कथयामि	कथयावः	कथयामः
कथयसि	कथयथः	कथयथ
कथयति	कथयतः	कथयन्ति

Past Tense (लङ्)

अकथयम्	अकथयाव	अकथयाम
अकथयः	अकथयतम्	अकथयत
अकथयत्	अकथयताम्	अकथयन्

Future Tense (लृट्)

कथयिष्यामि	कथयिष्यावः	कथयिष्यामः
कथयिष्यसि	कथयिष्यथः	कथयिष्यथ
कथयिष्यति	कथयिष्यतः	कथयिष्यन्ति

Imperative mood (लोट्)

कथयानि	कथयाव	कथयाम
कथय	कथयतम्	कथयत
कथयतु	कथयताम्	कथयन्तु

Potential mood (विधिलिङ्)

कथयेयम्	कथयेव	कथयेम
कथयेः	कथयेतम्	कथयेत
कथयेत्	कथयेताम्	कथयेयुः

1p √krīḍ' (√क्रीड्) to play

Present Tense (लट्)

क्रीडामि	क्रीडावः	क्रीडामः
क्रीडसि	क्रीडथः	क्रीडथ
क्रीडति	क्रीडतः	क्रीडन्ति

Past Tense (लङ्)

अक्रीडम्	अक्रीडाव	अक्रीडाम
अक्रीडः	अक्रीडतम्	अक्रीडत

अक्रीडत्　　अक्रीडताम्　　अक्रीडन्

Future Tense (लृट्)

क्रीडिष्यामि　क्रीडिष्यावः　क्रीडिष्यामः
क्रीडिष्यसि　क्रीडिष्यथः　क्रीडिष्यथ
क्रीडिष्यति　क्रीडिष्यतः　क्रीडिष्यन्ति

Imperative mood (लोट्)

क्रीडानि　क्रीडाव　क्रीडाम
क्रीड　क्रीडतम्　क्रीडत
क्रीडतु　क्रीडताम्　क्रीडन्तु

Potential mood (विधिलिङ्)

क्रीडेयम्　क्रीडेव　क्रीडेम
क्रीडेः　क्रीडेतम्　क्रीडेत
क्रीडेत्　क्रीडेताम्　क्रीडेयुः

1p √gam (√गम्`) to go

Present Tense (लट्)

गच्छामि　गच्छावः　गच्छामः
गच्छसि　गच्छथः　गच्छथ
गच्छति　गच्छतः　गच्छन्ति

Past Tense (लङ्)

अगच्छम्　अगच्छाव　अगच्छाम
अगच्छः　अगच्छतम्　अगच्छत
अगच्छत्　अगच्छताम्　अगच्छन्

Future Tense (लृट्)

गमिष्यामि　गमिष्यावः　गमिष्यामः
गमिष्यसि　गमिष्यथः　गमिष्यथ
गमिष्यति　गमिष्यतः　गमिष्यन्ति

Imperative mood (लोट्)

गच्छानि　गच्छाव　गच्छाम
गच्छ　गच्छतम्　गच्छत
गच्छतु　गच्छताम्　गच्छन्तु

Potential mood (विधिलिङ्)

गच्छेयम्　गच्छेव　गच्छेम
गच्छेः　गच्छेतम्　गच्छेत
गच्छेत्　गच्छेताम्　गच्छेयुः

9p√grah (√ग्रह्) to accept

Present Tense (लट्)

गृह्णामि　गृह्णीवः　गृह्णीमः
गृह्णासि　गृह्णीथः　गृह्णीथ
गृह्णाति　गृह्णीतः　गृह्णन्ति

Past Tense (लङ्)

अगृह्णाम्　अगृह्णीव　अगृह्णीम
अगृह्णाः　अगृह्णीतम्　अगृह्णीत
अगृह्णात्　अगृह्णीताम्　अगृह्णन्

Future Tense (लृट्)

ग्रहिष्यामि　ग्रहिष्यावः　ग्रहिष्यामः
ग्रहिष्यसि　ग्रहिष्यथः　ग्रहिष्यथ
ग्रहिष्यति　ग्रहिष्यतः　ग्रहिष्यन्ति

Imperative mood (लोट्)

गृह्णानि　गृह्णाव　गृह्णाम
गृह्ण　गृह्णीतम्　गृह्णीत
गृह्णातु　गृह्णीताम्　गृह्णन्तु

Potential mood (विधिलिङ्)

गृह्णीयाम्　गृह्णीयाव　गृह्णीयाम
गृह्णीयाः　गृह्णीयाताम्　गृह्णीयात
गृह्णीयात्　गृह्णीयाताम्　गृह्णीयुः

1p √ćal (√चल्) to move

Present Tense (लट्)

चलामि　चलावः　चलामः
चलसि　चलथः　चलथ
चलति　चलतः　चलन्ति

Past Tense (लङ्)

अचलम्　अचलव　अचलाम
अचलः　अचलतम्　अचलत
अचलत्　अचलताम्　अचलन्

Future Tense (लृट्)

चलिष्यामि　चलिष्यावः　चलिष्यामः
चलिष्यसि　चलिष्यथः　चलिष्यथ
चलिष्यति　चलिष्यतः　चलिष्यन्ति

Imperative mood (लोट्)

चलानि　चलाव　चलाम
चल　चलतम्　चलत
चलतु　चलताम्　चलन्तु

Potential mood (विधिलिङ्)

चलेयम्　चलेव　चलेम
चलेः　चलेतम्　चलेत
चलेत्　चलेताम्　चलेयुः

10p √ćint (√चिन्त्) to think

Present Tense (लट्)

चिन्तयामि	चिन्तयावः	चिन्तयामः
चिन्तयसि	चिन्तयथः	चिन्तयथ
चिन्तयति	चिन्तयतः	चिन्तयन्ति

Past Tense (लङ्)

अचिन्तयम्	अचिन्तयाव	अचिन्तयाम
अचिन्तयः	अचिन्तयतम्	अचिन्तयत
अचिन्तयत्	अचिन्तयताम्	अचिन्तयन्

Future Tense (लृट्)

चिन्तयिष्यामि	चिन्तयिष्यावः	चिन्तयिष्यामः
चिन्तयिष्यसि	चिन्तयिष्यथः	चिन्तयिष्यथ
चिन्तयिष्यति	चिन्तयिष्यतः	चिन्तयिष्यन्ति

Imperative mood (लोट्)

चिन्तयानि	चिन्तयाव	चिन्तयाम
चिन्तय	चिन्तयतम्	चिन्तयत
चिन्तयतु	चिन्तयताम्	चिन्तयन्तु

Potential mood (विधिलिङ्)

चिन्तयेयम्	चिन्तयेव	चिन्तयेम
चिन्तयेः	चिन्तयेतम्	चिन्तयेत
चिन्तयेत्	चिन्तयेताम्	चिन्तयेयुः

1p √ji (√जि) to win

Present Tense (लट्)

जयामि	जयावः	जयामः
जयसि	जयथः	जयथ
जयति	जयतः	जयन्ति

Past Tense (लङ्)

अजयम्	अजयाव	अजयाम
अजयः	अजयतम्	अजयत
अजयत्	अजयताम्	अजयन्

Future Tense (लृट्)

जयिष्यामि	जयिष्यावः	जयिष्यामः
जयिष्यसि	जयिष्यथः	जयिष्यथ
जयिष्यति	जयिष्यतः	जयिष्यन्ति

Imperative mood (लोट्)

जयानि	जयाव	जयाम
जय	जयतम्	जयत
जयतु	जयताम्	जयन्तु

Potential mood (विधिलिङ्)

जयेयम्	जयेव	जयेम
जयेः	जयेतम्	जयेत
जयेत्	जयेताम्	जयेयुः

9p √jñā (√ज्ञा) to know

Present Tense (लट्)

जानामि	जानीवः	जानीमः
जानासि	जानीथः	जानीथ
जानाति	जानीतः	जानन्ति

Past Tense (लङ्)

अजानाम्	अजानीव	अजानीम
अजानाः	अजानीतम्	अजानीत
अजानात्	अजानीताम्	अजानन्

Future Tense (लृट्)

ज्ञास्यामि	ज्ञास्यावः	ज्ञास्यामः
ज्ञास्यसि	ज्ञास्यथः	ज्ञास्यथ
ज्ञास्यति	ज्ञास्यतः	ज्ञास्यन्ति

Imperative mood (लोट्)

जानानि	जानाव	जानाम
जानीहि	जानीतम्	जानीत
जानातु	जानीताम्	जानन्तु

Potential mood (विधिलिङ्)

जानीयाम्	जानीयाव	जानीयाम
जानीयाः	जानीयातम्	जानीयात
जानीयात्	जानीयाताम्	जानीयुः

1p √tyaj (√त्यज्) to renounce)

Present Tense (लट्)

त्यजामि	त्यजावः	त्यजामः
त्यजसि	त्यजथः	त्यजथ
त्यजति	त्यजतः	त्यजन्ति

Past Tense (लङ्)

अत्यजम्	अत्यजाव	अत्यजाम
अत्यजः	अत्यजतम्	अत्यजत
अत्यजत्	अत्यजताम्	अत्यजन्

Future Tense (लृट्)

त्यक्ष्यामि	त्यक्ष्यावः	त्यक्ष्यामः
त्यक्ष्यसि	त्यक्ष्यथः	त्यक्ष्यथ
त्यक्ष्यति	त्यक्ष्यतः	त्यक्ष्यन्ति

Imperative mood (लोट्)

त्यजानि	त्यजाव	त्यजाम
त्यज	त्यजतम्	त्यजत

त्यजतु	त्यजताम्	त्यजन्तु

Potential mood (विधिलिङ्)

त्यजेयम्	त्यजेव	त्यजेम
त्यजेः	त्यजेतम्	त्यजेत
त्यजेत्	त्यजेताम्	त्यजेयुः

3p √dā (√दा) to give)

Present Tense (लट्)

ददामि	दद्वः	दद्मः
ददासि	दत्थः	दत्थ
ददाति	दत्तः	ददति

Past Tense (लङ्)

अददाम्	अदद्व	अदद्म
अददाः	अदत्तम्	अदत्त
अददात्	अदत्ताम्	अददुः

Future Tense (लृट्)

दास्यामि	दास्यावः	दास्यामः
दास्यसि	दास्यथः	दास्यथ
दास्यति	दास्यतः	दास्यन्ति

Imperative mood (लोट्)

ददानि	ददाव	ददाम
देहि	दत्तम्	दत्त
ददातु	दत्ताम्	ददतु

Potential mood (विधिलिङ्)

दद्याम्	दद्याव	दद्याम
दद्याः	दद्यातम्	दद्यात
दद्यात्	दद्याताम्	दद्युः

3a √dā (√दा) to give

Present Tense (लट्)

ददे	दद्वहे	दद्महे
दत्से	ददाथे	दद्ध्वे
दत्ते	ददाते	ददते

Past Tense (लङ्)

अददि	अदद्वहि	अदद्महि
अदत्थाः	अददाथाम्	अदद्ध्वम्
अदत्त	अददाताम्	अददत

Future Tense (लृट्)

दास्ये	दास्यावहे	दास्यामहे
दास्यसे	दास्येथे	दास्यध्वे
दास्यते	दास्येते	दास्यन्ते

Imperative mood (लोट्)

ददै	ददावहै	ददामहै
दत्स्व	ददाथाम्	दद्ध्वम्
दत्ताम्	ददाताम्	ददताम्

Potential mood (विधिलिङ्)

ददीय	ददीवहि	ददीमहि
ददीथाः	ददीयाथाम्	ददीध्वम्
ददीत	ददीयाताम्	ददीरन्

1p √drś (√दृश्) to see)

Present Tense (लट्)

पश्यामि	पश्यावः	पश्यामः
पश्यासि	पश्यथः	पश्यथ
पश्यति	पश्यतः	पश्यन्ति

Past Tense (लङ्)

अपश्यम्	अपश्याव	अपश्याम
अपश्यः	अपश्यतम्	अपश्यत
अपश्यत्	अपश्यताम्	अपश्यन्

Future Tense (लृट्)

द्रक्ष्यामि	द्रक्ष्यावः	द्रक्ष्यामः
द्रक्ष्यसि	द्रक्ष्यथः	द्रक्ष्यथ
द्रक्ष्यति	द्रक्ष्यतः	द्रक्ष्यन्ति

Imperative mood (लोट्)

पश्यानि	पश्याव	पश्याम
पश्य	पश्यतम्	पश्यत
पश्यतु	पश्यताम्	पश्यन्तु

Potential mood (विधिलिङ्)

पश्येयम्	पश्येव	पश्येम
पश्येः	पश्येतम्	पश्येत
पश्येत्	पश्येताम्	पश्येयुः

3p √dhā (√धा) to bear)

Present Tense (लट्)

दधामि	दध्वः	दध्मः
दधासि	धत्थः	धत्थ
दधाति	धत्तः	दधति

Past Tense (लङ्)

अदधाम्	अदध्व	अदध्म
अदधाः	अधत्तम्	अधत्त
अदधात्	अधत्ताम्	अदधुः

Future Tense (लृट्)

धास्यामि	धास्यावः	धास्यामः
धास्यसि	धास्यथः	धास्यथ
धास्यति	धास्यतः	धास्यन्ति

Imperative mood (लोट्)

दधानि	दधाव	दधाम
धेहि	धत्तम्	धत्त
दधातु	धत्ताम्	दधतु

Potential mood (विधिलिङ्)

दध्याम्	दध्याव	दध्याम
दध्याः	दध्यातम्	दध्यात
दध्यात्	दध्याताम्	दध्युः

1p √dhāv (√धाव्) to run

Present Tense (लट्)

धावामि	धावावः	धावामः
धावसि	धावथः	धावथ
धावति	धावतः	धावन्ति

Past Tense (लङ्)

अधावम्	अधावाव	अधावाम
अधावः	अधावतम्	अधावत
अधावत्	अधावताम्	अधावन्

Future Tense (लृट्)

धाविष्यामि	धाविष्यावः	धाविष्यामः
धाविष्यसि	धाविष्यथः	धाविष्यथ
धाविष्यति	धाविष्यतः	धाविष्यन्ति

Imperative mood (लोट्)

धावानि	धावाव	धावाम
धाव	धावतम्	धावत
धावतु	धावताम्	धावन्तु

Potential mood (विधिलिङ्)

धावेयम्	धावेव	धावेम
धावेः	धावेतम्	धावेत
धावेत्	धावेताम्	धावेयुः

1p √nand (√नन्द``) to enjoy)

Present Tense (लट्)

नन्दामि	नन्दावः	नन्दामः
नन्दसि	नन्दथः	नन्दथ
नन्दति	नन्दतः	नन्दन्ति

Past Tense (लङ्)

अनन्दम्	अनन्दाव	अनन्दाम
अनन्दः	अनन्दतम्	अनन्दत
अनन्दत्	अनन्दताम्	अनन्दन्

Future Tense (लृट्)

नन्दिष्यामि	नन्दिष्यावः	नन्दिष्यामः
नन्दिष्यसि	नन्दिष्यथः	नन्दिष्यथ
नन्दिष्यति	नन्दिष्यतः	नन्दिष्यन्ति

Imperative mood (लोट्)

नन्दानि	नन्दाव	नन्दाम
नन्द	नन्दतम्	नन्दत
नन्दतु	नन्दताम्	नन्दन्तु

Potential mood (विधिलिङ्)

नन्देयम्	नन्देव	नन्देम
नन्देः	नन्देतम्	नन्देत
नन्देत्	नन्देताम्	नन्देयुः

4p √naś (√नश्) to vanish)

Present Tense (लट्)

नश्यामि	नश्यावः	नश्यामः
नश्यसि	नश्यथः	नश्यथ
नश्यति	नश्यतः	नश्यन्ति

Past Tense (लङ्)

अनश्यम्	अनश्याव	अनश्याम
अनश्यः	अनश्यतम्	अनश्यत
अनश्यत्	अनश्यताम्	अनश्यन्

Future Tense (लृट्)

नंक्ष्यामि	नंक्ष्यावः	नंक्ष्यामः
नंक्ष्यसि	नंक्ष्यथः	नंक्ष्यथ
नंक्ष्यति	नंक्ष्यतः	नंक्ष्यन्ति

Imperative mood (लोट्)

नश्यानि	नश्याव	नश्याम
नश्य	नश्यतम्	नश्यत
नश्यतु	नश्यताम्	नश्यन्तु

Potential mood (विधिलिङ्)

नश्येयम्	नश्येव	नश्येम
नश्येः	नश्येतम्	नश्येत
नश्येत्	नश्येताम्	नश्येयुः

1p√nī (√नी) to carry

Present Tense (लट्)

नयामि	नयावः	नयामः

नयसि	नयथः	नयथ
नयति	नयतः	नयन्ति

Past Tense (लङ्)

अनयम्	अनयाव	अनयाम
अनयः	अनयतम्	अनयत
अनयत्	अनयताम्	अनयन्

Future Tense (लृट्)

नेष्यामि	नेष्यावः	नेष्यामः
नेष्यसि	नेष्यथः	नेष्यथ
नेष्यति	नेष्यतः	नेष्यन्ति

Imperative mood (लोट्)

नयानि	नयाव	नयाम
नय	नयतम्	नयत
नयतु	नयताम्	नयन्तु

Potential mood (विधिलिङ्)

नयेयम्	नयेव	नयेम
नयेः	नयेतम्	नयेत
नयेत्	नयेताम्	नयेयुः

1p √pać (√पच्) to cook)

Present Tense (लट्)

पचामि	पचावः	पचामः
पचसि	पचथः	पचथ
पचति	पचतः	पचन्ति

Past Tense (लङ्)

अपचम्	अपचाव	अपचाम
अपचः	अपचतम्	अपचत
अपचत्	अपचताम्	अपचन्

Future Tense (लृट्)

पक्ष्यामि	पक्ष्यावः	पक्ष्यामः
पक्ष्यसि	पक्ष्यथः	पक्ष्यथ
पक्ष्यति	पक्ष्यतः	पक्ष्यन्ति

Imperative mood (लोट्)

पचानि	पचाव	पचाम
पच	पचतम्	पचत
पचतु	पचताम्	पचन्तु

Potential mood (विधिलिङ्)

पचेयम्	पचेव	पचेम
पचेः	पचेतम्	पचेत
पचेत्	पचेताम्	पचेयुः

2p √pā (√पा) to protect)

Present Tense (लट्)

पामि	पावः	पामः
पासि	पाथः	पाथ
पाति	पातः	पान्ति

Past Tense (लङ्)

अपाम्	अपाव	अपाम
अपाः	अपातम्	अपात
अपात्	अपाताम्	अपुः

Future Tense (लृट्)

पास्यामि	पास्यावः	पास्यामः
पास्यसि	पास्यथः	पास्यथ
पास्यति	पास्यतः	पास्यन्ति

Imperative mood (लोट्)

पानि	पाव	पाम
पाहि	पातम्	पात
पातु	पाताम्	पान्तु

Potential mood (विधिलिङ्)

पायाम्	पायाव	पायाम
पायाः	पायातम्	पायात
पायात्	पायाताम्	पायुः

10 p√pūj (√पूज्`) to worship)

Present Tense (लट्)

पूजयामि	पूजयावः	पूजयामः
पूजयसि	पूजयथः	पूजयथ
पूजयति	पूजयतः	पूजयन्ति

Past Tense (लङ्)

अपूजयम्	अपूजयाव	अपूजयाम
अपूजयः	अपूजयतम्	अपूजयत
अपूजयत्	अपूजयताम्	अपूजयन्

Future Tense (लृट्)

पूजयिष्यामि	पूजयिष्यावः	पूजयिष्यामः
पूजयिष्यसि	पूजयिष्यथः	पूजयिष्यथ
पूजयिष्यति	पूजयिष्यतः	पूजयिष्यन्ति

Imperative mood (लोट्)

पूजयानि	पूजयाव	पूजयाम
पूजय	पूजयतम्	पूजयत
पूजयतु	पूजयताम्	पूजयन्तु

Potential mood (विधिलिङ्)

पूजयेयम्	पूजयेव	पूजयेम
पूजये:	पूजयेतम्	पूजयेत
पूजयेत्	पूजयेताम्	पूजयेयुः

4a √budh (√बुध्) to know)

Present Tense (लट्)

बुध्ये	बुध्यावहे	बुध्यामहे
बुध्यसे	बुध्येथे	बुध्यध्वे
बुध्यते	बुध्येते	बुध्यन्ते

Past Tense (लङ्)

अबुध्ये	अबुध्यावहि	अबुध्यामहि
अबुध्यथाः	अबुध्येथाम्	अबुध्यध्वम्
अबुध्यत	अबुध्येताम्	अबुध्यन्त

Future Tense (लृट्)

भोत्स्ये	भोत्स्यावहे	भोत्स्यामहे
भोत्स्यसे	भोत्स्येथे	भोत्स्यध्वे
भोत्स्यते	भोत्स्येते	भोत्स्यन्ते

Imperative mood (लोट्)

बुध्यै	बुध्यावहै	बुध्यामहै
बुध्यस्व	बुध्येथाम्	बुध्यध्वम्
बुध्यताम्	बुध्येताम्	बुध्यन्ताम्

Potential mood (विधिलिङ्)

बुध्येय	बुध्येवहि	बुध्येमहि
बुध्येथाः	बुध्येयाथाम्	बुध्येध्वम्
बुध्येत	बुध्येयाताम्	बुध्येरन्

6p √praććh (√प्रच्छ्) to ask)

Present Tense (लट्)

पृच्छामि	पृच्छावः	पृच्छामः
पृच्छसि	पृच्छथः	पृच्छथ
पृच्छति	पृच्छतः	पृच्छन्ति

Past Tense (लङ्)

अपृच्छम्	अपृच्छाव	अपृच्छाम
अपृच्छः	अपृच्छतम्	अपृच्छत
अपृच्छत्	अपृच्छताम्	अपृच्छन्

Future Tense (लृट्)

प्रक्ष्यामि	प्रक्ष्यावः	प्रक्ष्यामः
प्रक्ष्यसि	प्रक्ष्यथः	प्रक्ष्यथ
प्रक्ष्यति	प्रक्ष्यतः	प्रक्ष्यन्ति

Imperative mood (लोट्)

पृच्छानि	पृच्छाव	पृच्छाम
पृच्छ	पृच्छतम्	पृच्छत
पृच्छतु	पृच्छताम्	पृच्छन्तु

Potential mood (विधिलिङ्)

पृच्छेयम्	पृच्छेव	पृच्छेम
पृच्छेः	पृच्छेतम्	पृच्छेत
पृच्छेत्	पृच्छेताम्	पृच्छेयुः

2p √brū (√ब्रू) to speak)

Present Tense (लट्)

ब्रवीमि	ब्रूवः	ब्रूमः।			
ब्रवीषि	ब्रूथः	ब्रूथ।	आत्थ	आहथुः	ब्रूथ
ब्रवीति	ब्रूतः	ब्रुवन्ति।	आह	आहतुः	आहुः

Past Tense (लङ्)

अब्रवम्	अब्रूव	अब्रूम
अब्रवीः	अब्रूतम्	अब्रूत
अब्रवीत्	अब्रूताम्	अब्रुवन्

Future Tense (लृट्)

वक्ष्यामि	वक्ष्यावः	वक्ष्यामः
वक्ष्यसि	वक्ष्यथः	वक्ष्यथ
वक्ष्यति	वक्ष्यतः	वक्ष्यन्ति

Imperative mood (लोट्)

ब्रवाणि	ब्रवाव	ब्रवाम
ब्रूहि	ब्रूताम्	ब्रूत
ब्रवीतु	ब्रूताम्	ब्रुवन्तु

Potential mood (विधिलिङ्)

ब्रूयाम्	ब्रूयाव	ब्रूयाम
ब्रूयाः	ब्रूयातम्	ब्रूयात
ब्रूयात्	ब्रूयाताम्	ब्रूयुः

2a √brū (√ब्रू) to speak

Present Tense (लट्)

ब्रुवे	ब्रूवहे	ब्रूमहे
ब्रूषे	ब्रुवाथे	ब्रूध्वे
ब्रूते	ब्रुवाते	ब्रुवते

Past Tense (लङ्)

अब्रुवि	अब्रूवहि	अब्रूमहि
अब्रूथाः	अब्रुवाथाम्	अब्रूध्वम्
अब्रूत	अब्रुवाताम्	अब्रुवत

Future Tense (लृट्)

वक्ष्ये	वक्ष्यावहे	वक्ष्यामहे
वक्ष्यसे	वक्ष्येथे	वक्ष्यध्वे

वक्ष्यते	वक्ष्येते	वक्ष्यन्ते

Imperative mood (लोट्)

ब्रवम्	ब्रवावहै	ब्रवामहै
ब्रूष्व	ब्रुवाथाम्	ब्रूध्वम्
ब्रूताम्	ब्रूवाताम्	ब्रुवताम्

Potential mood (विधिलिङ्)

ब्रूवीय	ब्रूवीवहि	ब्रूवीमहि
ब्रुवीथाः	ब्रवीयाथाम्	ब्रवीध्वम्
ब्रुवीत	ब्रुवीयाताम्	ब्रुवीरन्

10p √bhakṣ (√भक्ष्`) to eat)

Present Tense (लट्)

भक्षयामि	भक्षयावः	भक्षयामः
भक्षयसि	भक्षयथः	भक्षयथ
भक्षयति	भक्षयतः	भक्षयन्ति

Past Tense (लङ्)

अभक्षयम्	अभक्षयाव	अभक्षयाम
अभक्षयः	अभक्षयतम्	अभक्षयत
अभक्षयत्	अभक्षयताम्	अभक्षयन्

Future Tense (लृट्)

भक्षयिष्यामि	भक्षयिष्यावः	भक्षयिष्यामः
भक्षयिष्यसि	भक्षयिष्यथः	भक्षयिष्यथ
भक्षयिष्यति	भक्षयिष्यतः	भक्षयिष्यन्ति

Imperative mood (लोट्)

भक्षयाणि	भक्षयाव	भक्षयाम
भक्षय	भक्षयतम्	भक्षयत
भक्षयतु	भक्षयताम्	भक्षयन्तु

Potential mood (विधिलिङ्)

भक्षयेयम्	भक्षयेव	भक्षयेम
भक्षयेः	भक्षयेतम्	भक्षयेत
भक्षयेत्	भक्षयेताम्	भक्षयेयुः

1p √bhaj (√भज्) to serve)

Present Tense (लट्)

भजामि	भजावः	भजामः
भजसि	भजथः	भजथ
भजति	भजतः	भजन्ति

Past Tense (लङ्)

अभजम्	अभजाव	अभजाम
अभजः	अभजतम्	अभजत
अभजत्	अभजताम्	अभजन्

Future Tense (लृट्)

भक्ष्यामि	भक्ष्यावः	भक्ष्यामः
भक्ष्यसि	भक्ष्यथः	भक्ष्यथ
भक्ष्यति	भक्ष्यतः	भक्ष्यन्ति

Imperative mood (लोट्)

भजानि	भजाव	भजाम
भज	भजतम्	भजत
भजतु	भजताम्	भजन्तु

Potential mood (विधिलिङ्)

भजेयम्	भजेव	भजेम
भजेः	भजेतम्	भजेत
भजेत्	भजेताम्	भजेयुः

1a √bhaj (√भज्) to serve)

Present Tense (लट्)

भजे	भजावहे	भजामहे
भजसे	भजेथे	भजध्वे
भजते	भजेते	भजन्ते

Past Tense (लङ्)

अभजे	अभजावहि	अभजामहि
अभजथाः	अभजेथाम्	अभजध्वम्
अभजत	अभजेताम्	अभजन्त

Future Tense (लृट्)

भक्ष्ये	भक्ष्यावहे	भक्ष्यामहे
भक्ष्यसे	भक्ष्येथे	भक्ष्यध्वे
भक्ष्यते	भक्ष्येते	भक्ष्यन्ते

Imperative mood (लोट्)

भजै	भजावहै	भजामहै
भजस्व	भजेथाम्	भजध्वम्
भजताम्	भजेताम्	भजन्ताम्

Potential mood (विधिलिङ्)

भजेय	भजेवहि	भजेमहि
भजेथाः	भजेयाथाम्	भजेध्वम्
भजेत	भजेयाताम्	भजेरन्

3p √bhī (√भी) to fear)

Present Tense (लट्)

बिभेमि	बिभीवः	बिभीमः
बिभेषि	बिभीथः	बिभीथ
बिभेति	बिभीतः	बिभ्यति

Past Tense (लङ्)

अबिभयम्	अबिभीव	अबिभीम
अबिभेः	अबिभीतम्	अबिभीत
अबिभेत्	अबिभीताम्	अबिभयुः

Future Tense (लृट्)

भेष्यामि	भेष्यावः	भेष्यामः
भेष्यसि	भेष्यथः	भेष्यथ
भेष्यति	भेष्यतः	भेष्यन्ति

Imperative mood (लोट्)

बिभयानि	बिभयाव	बिभयाम
बिभिहि	बिभीतम्	बिभीत
बिभेतु	बिभिताम्	बिभ्यतु

Potential mood (विधिलिङ्)

बिभियाम्	बिभियाव	बिभियाम
बिभियाः	बिभियातम्	बिभियात
बिभियात्	बिभियाताम्	बिभियुः

1p √bhram (√भ्रम्) to roam)

Present Tense (लट्)

भ्रमामि	भ्रमावः	भ्रमामः
भ्रमसि	भ्रमथः	भ्रमथ
भ्रमति	भ्रमतः	भ्रमन्ति

Present Tense (लट्)

भ्रम्यामि	भ्रम्यावः	भ्रम्यामः
भ्रम्यसि	भ्रम्यथः	भ्रम्यथ
भ्रम्यति	भ्रम्यतः	भ्रम्यन्ति

Past Tense (लङ्)

अभ्रमम्	अभ्रमाव	अभ्रमाम
अभ्रमः	अभ्रमतम्	अभ्रमत
अभ्रमत्	अभ्रमताम्	अभ्रमन्

Past Tense (लङ्)

अभ्रम्यम्	अभ्रम्याव	अभ्रम्याम
अभ्रम्यः	अभ्रम्यतम्	अभ्रम्यत
अभ्रम्यत्	अभ्रम्यताम्	अभ्रम्यन्

Future Tense (लृट्)

भ्रमिष्यामि	भ्रमिष्यावः	भ्रमिष्यामः
भ्रमिष्यसि	भ्रमिष्यथः	भ्रमिष्यथ
भ्रमिष्यति	भ्रमिष्यतः	भ्रमिष्यन्ति

Imperative mood (लोट्)

भ्रमाणि	भ्रमाव	भ्रमाम
भ्रम	भ्रमतम्	भ्रमत
भ्रमतु	भ्रमताम्	भ्रमन्तु

Imperative mood (लोट्)

भ्रम्याणि	भ्रम्याव	भ्रम्याम
भ्रम्य	भ्रम्यतम्	भ्रम्यत
भ्रम्यतु	भ्रम्यताम्	भ्रम्यन्तु

Potential mood (विधिलिङ्)

भ्रमेयम्	भ्रमेव	भ्रमेम
भ्रमेः	भ्रमेतम्	भ्रमेत
भ्रमेत्	भ्रमेताम्	भ्रमेयुः

Potential mood (विधिलिङ्)

भ्रम्येयम्	भ्रम्येव	भ्रम्येम
भ्रम्येः	भ्रम्येतम्	भ्रम्येत
भ्रम्येत्	भ्रम्येताम्	भ्रम्येयुः

1p √yaj (√यज्) to worship)

Present Tense (लट्)

यजामि	यजावः	यजामः
यजसि	यजथः	यजथ
यजति	यजतः	यजन्ति

Past Tense (लङ्)

अयजम्	अयजाव	अयजाम
अयजः	अयजतम्	अयजत
अयजत्	अयजताम्	अयजन्

Future Tense (लृट्)

यक्ष्यामि	यक्ष्यावः	यक्ष्यामः
यक्ष्यसि	यक्ष्यथः	यक्ष्यथ
यक्ष्यति	यक्ष्यतः	यक्ष्यन्ति

Imperative mood (लोट्)

यजानि	यजाव	यजाम
यज	यजतम्	यजत
यजतु	यजताम्	यजन्तु

Potential mood (विधिलिङ्)

यजेयम्	यजेव	यजेम
यजेः	यजेतम्	यजेत
यजेत्	यजेताम्	यजेयुः

1a √yaj (√यज्) to worship

Present Tense (लट्)

यजे	यजावहे	यजामहे
यजसे	यजेथे	यजध्वे

यजते	यजेते	यजन्ते

Past Tense (लङ्)

अयजे	अयजावहि	अयजामहि
अयजथाः	अयजेथाम्	वम्
अयजत	अयजेताम्	अयजन्त

Future Tense (लृट्)

यक्ष्ये	यक्ष्यावहे	यक्ष्यामहे
यक्ष्यसे	यक्ष्येथे	यक्ष्यध्वे
यक्ष्यते	यक्ष्येते	यक्ष्यन्ते

Imperative mood (लोट्)

यजै	यजावहै	यजामहै
यजस्व	यजेथाम्	यजध्वम्
यजताम्	यजेताम्	यजन्ताम्

Potential mood (विधिलिङ्)

यजेय	यजेवहि	यजेमहि
यजेथाः	यजेयाथाम्	यजेध्वम्
यजेत	यजेयाताम्	यजेरन्

1p √rakṣ (√रक्ष्) to protect)

Present Tense (लट्)

रक्षामि	रक्षावः	रक्षामः
रक्षसि	रक्षथः	रक्षथ
रक्षति	रक्षतः	रक्षन्ति

Past Tense (लङ्)

अरक्षम्	अरक्षाव	अरक्षाम
अरक्षः	अरक्षतम्	अरक्षत
अरक्षत्	अरक्षताम्	अरक्षन्

Future Tense (लृट्)

रक्षिष्यामि	रक्षिष्यावः	रक्षिष्यामः
रक्षिष्यसि	रक्षिष्यथः	रक्षिष्यथ
रक्षिष्यति	रक्षिष्यतः	रक्षिष्यन्ति

Imperative mood (लोट्)

रक्षाणि	रक्षाव	रक्षाम
रक्ष	रक्षतम्	रक्षत
रक्षतु	रक्षताम्	रक्षन्तु

Potential mood (विधिलिङ्)

रक्षेयम्	रक्षेव	रक्षेम
रक्षेः	रक्षेतम्	रक्षेत
रक्षेत्	रक्षेताम्	रक्षेयुः

1a √ram (√रम्) to entertain

Present Tense (लट्)

रमे	रमावहे	रमामहे
रमसे	रमेथे	रमध्वे
रमते	रमेते	रमन्ते

Past Tense (लङ्)

अरमे	अरमावहि	अरमामहि
अरमथाः	अरमेथाम्	अरमध्वम्
अरमत	अरमेताम्	अरमन्त

Future Tense (लृट्)

रमिष्ये	रमिष्यावहे	रमिष्यामहे
रमिष्यसे	रमिष्येथे	रमिष्यध्वे
रमिष्यते	रमिष्येते	रमिष्यन्ते

Imperative mood (लोट्)

रमै	रमावहै	रमामहै
रमस्व	रमेथाम्	रमध्वम्
रमताम्	रमेताम्	रमन्ताम्

Potential mood (विधिलिङ्)

रमेय	रमेवहि	रमेमहि
रमेथाः	रमेयाथाम्	रमेध्वम्
रमेत	रमेयाताम्	रमेरन्

2p √rud (√रुद्) to cry)

Present Tense (लट्)

रोदिमि	रुदिवः	रुदिमः
रोदिषि	रुदिथः	रुदिथ
रोदिति	रुदितः	रुदन्ति

Past Tense (लङ्)

अरोदिम्	अरुदिव	अरुदिम
अरोदिः	अरुदितम्	अरुदित
अरोदीत्	अरुदिताम्	अरुदन्

Future Tense (लृट्)

रोदिष्यामि	रोदिष्यावः	रोदिष्यामः
रोदिष्यसि	रोदिष्यथः	रोदिष्यथ
रोदिष्यति	रोदिष्यतः	रोदिष्यन्ति

Imperative mood (लोट्)

रोदानि	रोदाव	रोदाम
रुदिहि	रुदितम्	रुदित
रोदितु	रुदिताम्	रुदन्तु

Potential mood (विधिलिङ्)

रुद्याम्	रुद्याव	रुद्याम

रुद्याः	रुद्याम्	रुद्यात
रुद्यात्	रुद्याताम्	रुद्युः

1a √labh (√लभ्) to get)

Present Tense (लट्)

लभे	लभावहे	लभामहे
लभसे	लभेथे	लभध्वे
लभते	लभेते	लभन्ते

Past Tense (लङ्)

अलभे	अलभावहि	अलभामहि
अलभथाः	अलभेथाम्	अलभध्वम्
अलभत	अलभेताम्	अलभन्त

Future Tense (लृट्)

लप्स्ये	लप्स्यावहे	लप्स्यामहे
लप्स्यसे	लप्स्येथे	लप्स्यध्वे
लप्स्यते	लप्स्येते	लप्स्यन्ते

Imperative mood (लोट्)

लभै	लभावहै	लभामहै
लभस्व	लभेथाम्	लभध्वम्
लभताम्	लभेताम्	लभन्ताम्

Potential mood (विधिलिङ्)

लभेय	लभेवहि	लभेमहि
लभेथाः	लभेयाथाम्	लभेध्वम्
लभेत	लभेयाताम्	लभेरन्

6p √likh (√लिख्) to write)

Present Tense (लट्)

लिखामि	लिखावः	लिखामः
लिखसि	लिखथः	लिखथ
लिखति	लिखतः	लिखन्ति

Past Tense (लङ्)

अलिखम्	अलिखाव	अलिखाम
अलिखः	अलिखतम्	अलिखत
अलिखत्	अलिखताम्	अलिखन्

Future Tense (लृट्)

लेखिष्यामि	लेखिष्यावः	लेखिष्यामः
लेखिष्यसि	लेखिष्यथः	लेखिष्यथ
लेखिष्यति	लेखिष्यतः	लेखिष्यन्ति

Imperative mood (लोट्)

लिखानि	लिखाव	लिखाम
लिख	लिखतम्	लिखत
लिखतु	लिखताम्	लिखन्तु

Potential mood (विधिलिङ्)

लिखेयम्	लिखेव	लिखेम
लिखेः	लिखेतम्	लिखेत
लिखेत्	लिखेताम्	लिखेयुः

1p √vad (√वद्) to speak)

Present Tense (लट्)

वदामि	वदावः	वदामः
वदसि	वदथः	वदथ
वदति	वदतः	वदन्ति

Past Tense (लङ्)

अवदम्	अवदाव	अवदाम
अवदः	अवदतम्	अवदत
अवदत्	अवदताम्	अवदन्

Future Tense (लृट्)

वदिष्यामि	वदिष्यावः	वदिष्यामः
वदिष्यसि	वदिष्यथः	वदिष्यथ
वदिष्यति	वदिष्यतः	वदिष्यन्ति

Imperative mood (लोट्)

वदानि	वदाव	वदाम
वद	वदतम्	वदत
वदतु	वदताम्	वदन्तु

Potential mood (विधिलिङ्)

वदेयम्	वदेव	वदेम
वदेः	वदेतम्	वदेत
वदेत्	वदेताम्	वदेयुः

2p √vid (√विद्) to know)

Present Tense (लट्)

वेद	विद्व	विद्म।	वेद्मि	विद्वः	विद्मः
वेत्थ	विदथुः	विद।	वेत्सि	वित्थः	वित्थ
वेद	विदतुः	विदुः।	वेत्ति	वित्तः	विदन्ति

Past Tense (लङ्)

अवेदम्	अविद्व	अविद्म
अवेः	अवित्तम्	अवित्त
अवेत्	अवित्ताम्	अविदुः

Future Tense (लृट्)

वेदिष्यामि	वेदिष्यावः	वेदिष्यामः
वेदिष्यसि	वेदिष्यथः	वेदिष्यथ
वेदिष्यति	वेदिष्यत	वेदिष्यन्ति

Imperative mood (लोट्)

विदाङ्करवाणि	विदाङ्करवाव	विदाङ्करवाम
विदाङ्कुरु	विदाङ्कुरुतम्	विदाङ्कुरुत
विदाङ्करोतु	विदाङ्कुरुताम्	विदाङ्कुर्वन्तु

Potential mood (विधिलिङ्)

विद्याम्	विद्याव	विद्याम
विद्याः	विद्यातम्	विद्यात
विद्यात्	विद्याताम्	विद्युः

4a √vid (√विद्) to stay)

Present Tense (लट्)

विद्ये	विद्यवहे	विद्यमहे
विद्यसे	विद्येथे	विद्यध्वे
विद्यते	विद्येते	विद्यन्ते

Past Tense (लङ्)

अविद्ये	अविद्यावहि	अविद्यामहि
अविद्यथाः	अविद्येथाम्	अविद्यध्वम्
अविद्यत	अविद्येताम्	अविद्यन्त

Future Tense (लृट्)

वेत्स्ये	वेत्स्यावहे	वेत्स्यामहे
वेत्स्यसे	वेत्स्येथे	वेत्स्यध्वे
वेत्स्यते	वेत्स्येते	वेत्स्यन्ते

Imperative mood (लोट्)

विद्यै	विद्यावहै	विद्यामहै
विद्यस्व	विद्येथाम्	विद्यध्वम्
विद्यताम्	विद्येताम्	विद्यन्ताम्

Potential mood (विधिलिङ्)

विद्येय	विद्येवहि	विद्येमहि
विद्येथाः	विद्येयाथाम्	विद्येध्वम्
विद्येत	विद्येयाताम्	विद्येरन्

6p √vid (√विद्) to attain

Present Tense (लट्)

विन्दामि	विन्दावः	विन्दामः
विन्दसि	विन्दथः	विन्दथ
विन्दति	विन्दतः	विन्दन्ति

Past Tense (लङ्)

अविन्दम्	अविन्दाव	अविन्दाम
अविन्दः	अविन्दतम्	अविन्दत
अविन्दत्	अविन्दताम्	अविन्दन्

Future Tense (लृट्)

वेत्स्यामि	वेत्स्यावः	वेत्स्यामः
वेत्स्यसि	वेत्स्यथः	वेत्स्यथ
वेत्स्यति	वेत्स्यतः	वेत्स्यन्ति

Imperative mood (लोट्)

विन्दानि	विन्दाव	विन्दाम
विन्द	विन्दतम्	विन्दत
विन्दतु	विन्दताम्	विन्दन्तु

Potential mood (विधिलिङ्)

विन्देयम्	विन्देव	विन्देम
विन्देः	विन्देतम्	विन्देत
विन्देत्	विन्देताम्	विन्देयुः

6a √vid (√विद्) to attain)

Present Tense (लट्)

विन्दे	विन्दावहे	विन्दामहे
विन्दसे	विन्देथे	विन्दध्वे
विन्दते	विन्देते	विन्दन्ते

Past Tense (लङ्)

अविन्दे	अविन्दावहि	अविन्दामहि
अविन्दथाः	अविन्देथाम्	अविन्दध्वम्
अविन्दत	अविन्देताम्	अविन्दन्त

Future Tense (लृट्)

वेत्स्ये	वेत्स्यावहे	वेत्स्यामहे
वेत्स्यसे	वेत्स्येथे	वेत्स्यध्वे
वेत्स्यते	वेत्स्येते	वेत्स्यन्ते

Imperative mood (लोट्)

विन्दै	विन्दावहै	विन्दामहै
विन्दस्व	विन्देथाम्	विन्दध्वम्
विन्दताम्	विन्देताम्	विन्दन्ताम्

Potential mood (विधिलिङ्)

विन्देय	विन्देवहि	विन्देमहि
विन्देथाः	विन्देयाथाम्	विन्देध्वम्
विन्देत	विन्देयाताम्	विन्देरन्

7a √vid (√विद्) to think)

Present Tense (लट्)

विन्दे	विन्द्वहे	विन्द्महे
विन्त्से	विन्दाथे	विन्दध्वे
विन्त्ते	विन्दाते	विन्दते

Past Tense (लङ्)

अविन्दि	अविन्द्वहि	अविन्द्महि

अविन्त्थाः	अविन्दाथाम्	अविन्दध्वम्
अविन्त	अविन्दाताम्	अविन्दन्त

Future Tense (लृट्)

वेत्स्ये	वेत्स्यावहे	वेत्स्यामहे
वेत्स्यसे	वेत्स्येथे	वेत्स्यध्वे
वेत्स्यते	वेत्स्येते	वेत्स्यन्ते

Imperative mood (लोट्)

विनदै	विनदावहै	विनदामहै
विन्त्स्व	विन्दाथाम्	विन्दध्वम्
विन्ताम्	विन्दाताम्	विन्दताम्

Potential mood (विधिलिङ्)

विन्दीय	विन्दीवहि	विन्दीमहि
विन्दीथाः	विन्दीयाथाम्	विन्दीध्वम्
विन्दीत	विन्दीयाताम्	विन्दीरन्

10a √vid (√विद्) to say

Present Tense (लट्)

वेदये	वेदयावहे	वेदयामहे
वेदयसे	वेदयेथे	वेदयध्वे
वेदयते	वेदयेते	वेदयन्ते

Past Tense (लङ्)

अवेदये	अवेदयावहि	अवेदयामहि
अवेदयथाः	अवेदयेथाम्	अवेदयध्वम्
अवेदयत	अवेदयेताम्	अवेदयन्त

Future Tense (लृट्)

वेदयिष्ये	वेदयिष्यावहे	वेदयिष्यामहे
वेदयिष्यसे	वेदयिष्येथे	वेदयिष्यध्वे
वेदयिष्यते	वेदयिष्येते	वेदयिष्यन्ते

Imperative mood (लोट्)

वेदयै	वेदयावहै	वेदयामहै
वेदयस्व	वेदयेथाम्	वेदयध्वम्
वेदयताम्	वेदयताम्	वेदयन्ताम्

Potential mood (विधिलिङ्)

वेदयेय	वेदयेवहि	वेदयेमहि
वेदयेथाः	वेदयेयाथाम्	वेदयेध्वम्
वेदयेत	वेदयेयाताम्	वेदयेरन्

1p √śru (√श्रु) to hear

Present Tense (लट्)

शृणोमि	शृणुवः	शृणुमः
शृणोसि	शृणुथः	शृणुथ
शृणोति	शृणुतः	शृण्वन्ति

Past Tense (लङ्)

अशृणवम्	अशृणुव	अशृणुम
अशृणोः	अशृणुतम्	अशृणुत
अशृणोत्	अशृणुताम्	अशृण्वन्

Future Tense (लृट्)

श्रोष्यामि	श्रोष्यावः	श्रोष्यामः
श्रोष्यसि	श्रोष्यथः	श्रोष्यथ
श्रोष्यति	श्रोष्यतः	श्रोष्यन्ति

Imperative mood (लोट्)

शृणवानि	शृणवाव	शृणवाम
शृणु	शृणुतम्	शृणुत
शृणोतु	शृणुताम्	शृण्वन्तु

Potential mood (विधिलिङ्)

शृणुयाम्	शृणुयाव	शृणुयाम
शृणुयाः	शृणुयातम्	शृणुयात
शृणुयात्	शृणयाताम्	शृणुयुः

1p √sthā (√स्था) to stay

Present Tense (लट्)

तिष्ठामि	तिष्ठावः	तिष्ठामः
तिष्ठसि	तिष्ठथः	तिष्ठथ
तिष्ठति	तिष्ठतः	तिष्ठन्ति

Past Tense (लङ्)

अतिष्ठम्	अतिष्ठाव	अतिष्ठाम
अतिष्ठः	अतिष्ठतम्	अतिष्ठत
अतिष्ठत्	अतिष्ठताम्	अतिष्ठन्

Future Tense (लृट्)

स्थास्यामि	स्थास्यावः	स्थास्यामः
स्थास्यसि	स्थास्यथः	स्थास्यथ
स्थास्यति	स्थास्यतः	स्थास्यन्ति

Imperative mood (लोट्)

तिष्ठानि	तिष्ठाव	तिष्ठाम
तिष्ठ	तिष्ठतम्	तिष्ठत
तिष्ठतु	तिष्ठताम्	तिष्ठन्तु

Potential mood (विधिलिङ्)

तिष्ठेयम्	तिष्ठेव	तिष्ठेम
तिष्ठेः	तिष्ठेतम्	तिष्ठेत
तिष्ठेत्	तिष्ठेताम्	तिष्ठेयुः

1a √sthā (√स्था) to stay

Present Tense (लट्)

तिष्ठे	तिष्ठावहे	तिष्ठामहे
तिष्ठसे	तिष्ठेथे	तिष्ठध्वे
तिष्ठते	तिष्ठेते	तिष्ठन्ते

Past Tense (लङ्)

अतिष्ठे	अतिष्ठावहि	अतिष्ठामहि
अतिष्ठथाः	अतिष्ठेथाम्	अतिष्ठध्वम्
अतिष्ठत	अतिष्ठेताम्	अतिष्ठन्त

Future Tense (लृट्)

स्थास्ये	स्थास्यावहे	स्थास्यामहे
स्थास्यसे	स्थास्येथे	स्थास्यध्वे
स्थास्यते	स्थास्येते	स्थास्यन्ते

Imperative mood (लोट्)

तिष्ठै	तिष्ठावहै	तिष्ठामहै
तिष्ठस्व	तिष्ठेथाम्	तिष्ठध्वम्
तिष्ठताम्	तिष्ठेताम्	तिष्ठन्ताम्

Potential mood (विधिलिङ्)

तिष्ठेय	तिष्ठेवहि	तिष्ठेमहि
तिष्ठेथाः	तिष्ठेयाथाम्	तिष्ठेध्वम्
तिष्ठेत	तिष्ठेयाताम्	तिष्ठेरन्

2p <u>√han (√हन्) to kill</u>)

Present Tense (लट्)

हन्मि	हन्वः	हन्मः
हंसि	हथः	हथ
हन्ति	हतः	घ्नन्ति

Past Tense (लङ्)

अहनम्	अहन्व	अहन्म
अहन्	अहतम्	अहत
अहन्	अहताम्	अघ्नन्

Future Tense (लृट्)

हनिष्यामि	हनिष्यावः	हनिष्यामः
हनिष्यसि	हनिष्यथः	हनिष्यथ
हनिष्यति	हनिष्यतः	हनिष्यन्ति

Imperative mood (लोट्)

हनानि	हनाव	हनाम
जहि	हतम्	हत
हन्तु	हताम्	घ्नन्तु

Potential mood (विधिलिङ्)

हन्याम्	हन्याव	हन्याम
हन्याः	हन्यातम्	हन्यात
हन्यात्	हन्याताम्	हन्युः

1p <u>√has (√हस्) to laugh</u>

Present Tense (लट्)

हसामि	हसावः	हसामः
हससि	हसथः	हसथ
हसति	हसतः	हसन्ति

Past Tense (लङ्)

अहसम्	अहसाव	अहसाम
अहसः	अहसतम्	अहसत
अहसत्	अहसताम्	अहसन्

Future Tense (लृट्)

हसिष्यामि	हसिष्यावः	हसिष्यामः
हसिष्यसि	हसिष्यथः	हसिष्यथ
हसिष्यति	हसिष्यतः	हसिष्यन्ति

Imperative mood (लोट्)

हसानि	हसाव	हसाम
हस	हसतम्	हसत
हसतु	हसताम्	हसन्तु

Potential mood (विधिलिङ्)

हसेयम्	हसेव	हसेम
हसेः	हसेतम्	हसेत
हसेत्	हसेताम्	हसेयुः

BOOKS by Prof. RATNAKAR NARALE

www.ratnakar-books.com

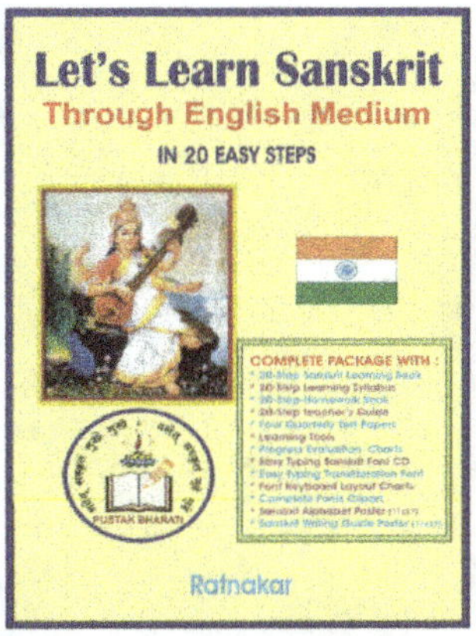

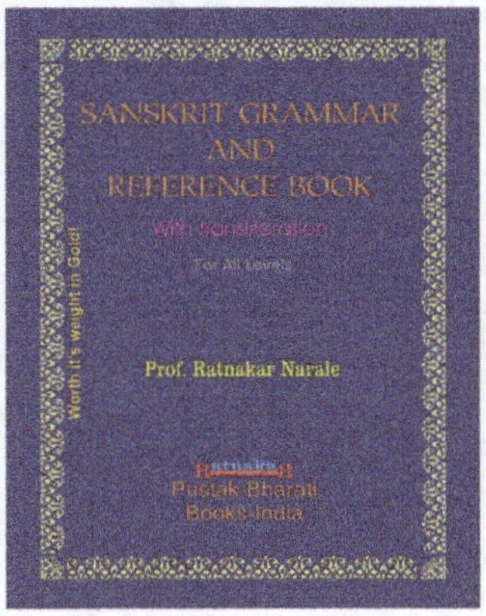

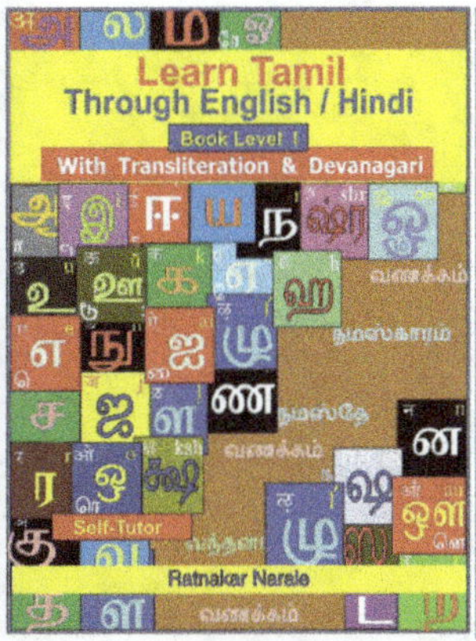

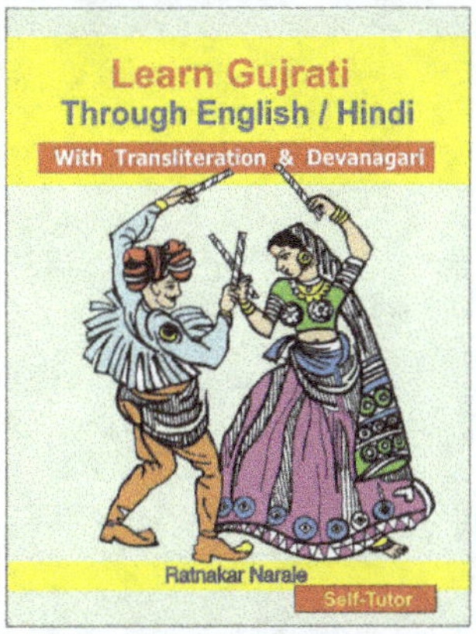

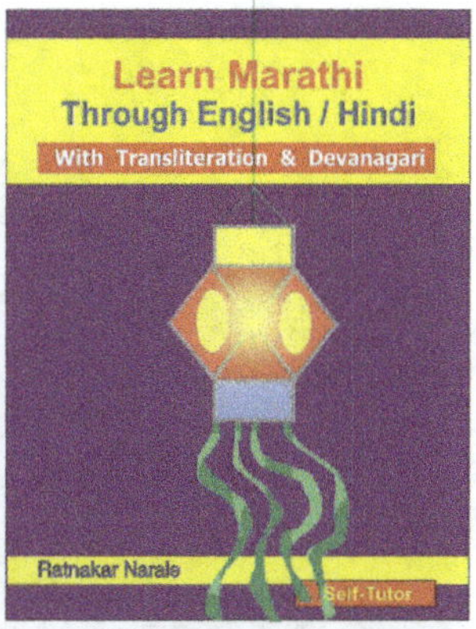

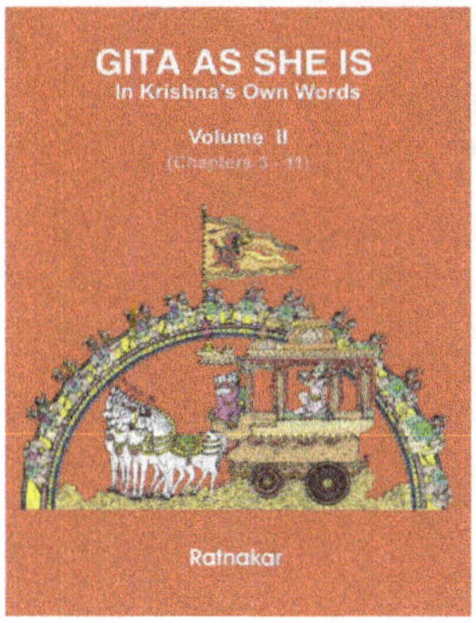

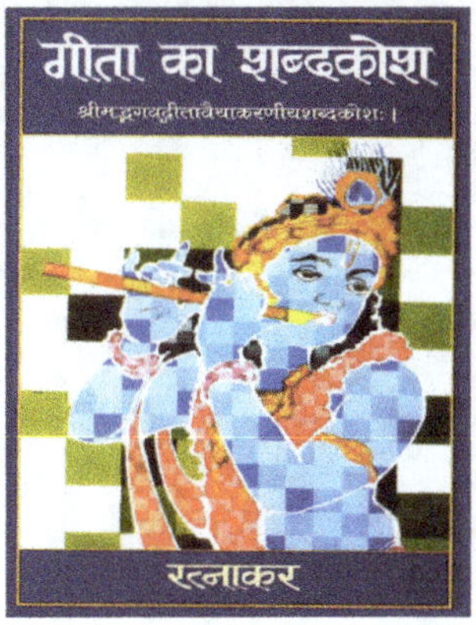

www.ingramcontent.com/pod-product-compliance
Lightning Source LLC
Chambersburg PA
CBHW081110080526
44587CB00021B/3527
* 9 7 8 1 8 9 7 4 1 6 9 1 4 *